权威·前沿·原创

皮书系列为
“十二五”“十三五”国家重点图书出版规划项目

四川企业可持续竞争力研究报告（2018）

ANNUAL REPORT ON SUSTAINABLE COMPETITIVENESS OF SICHUAN ENTERPRISES (2018)

主　编／王晓光　平文艺
副主编／付先凤　王海龙　王　桦　陈　杰

图书在版编目(CIP)数据

四川企业可持续竞争力研究报告. 2018 / 王晓光，平文艺主编. -- 北京：社会科学文献出版社，2018.12
（四川蓝皮书）
ISBN 978-7-5201-3949-6

Ⅰ. ①四… Ⅱ. ①王… ②平… Ⅲ. ①企业竞争-竞争力-研究报告-四川-2018 Ⅳ. ①F279.277.1

中国版本图书馆 CIP 数据核字（2018）第 261097 号

四川蓝皮书
四川企业可持续竞争力研究报告（2018）

主　　编 / 王晓光　平文艺
副 主 编 / 付先凤　王海龙　王　桦　陈　杰

出 版 人 / 谢寿光
项目统筹 / 吴　敏　邓泳红
责任编辑 / 张　超

出　　版 / 社会科学文献出版社・皮书出版分社（010）59367127
地址：北京市北三环中路甲29号院华龙大厦　邮编：100029
网址：www.ssap.com.cn
发　　行 / 市场营销中心（010）59367081　59367083
印　　装 / 三河市龙林印务有限公司

规　　格 / 开　本：787mm × 1092mm　1/16
印　张：19　字　数：289千字
版　　次 / 2018年12月第1版　2018年12月第1次印刷
书　　号 / ISBN 978-7-5201-3949-6
定　　价 / 98.00元

皮书序列号 / PSN B-2014-386-4/8

《四川企业可持续竞争力研究报告（2018）》
编 委 会

主要编撰者简介

王晓光　管理学博士，研究员，毕业于中国社会科学院研究生院，现任北京融智企业社会责任研究院院长，中国企业管理研究会副理事长，中国工业经济联合会企业社会责任促进中心主任，中国工业企业社会责任研究智库秘书长，国家企业社会责任标准起草组专家。主要从事企业社会责任管理、企业战略与组织等领域的研究，在企业社会责任管理与可持续竞争力领域提出了系统的理论框架。先后主持或参与了联合国开发计划署（UNDP）、国际劳工组织（ILO）、科技部、工信部、国务院国资委等国际组织与国家部委的研究项目十余个，主持大型企业的社会责任咨询与培训项目上百个，发表论文数十篇，出版专著和教材多部。

平文艺　四川省社会科学院企业社会责任研究与评估中心副主任，研究员。首倡并申报成立四川省社会科学院企业社会责任研究与评估中心，并组织和协调相关科研人员，展开对企业社会责任理论和实践的研究攻关。取得的主要成果有：2012～2017年的四川蓝皮书《四川企业社会责任研究报告》（社会科学文献出版社出版）、“四川省企业社会责任履行评估体系研究”（省政府社科基金课题）和横向研究项目“消费者权益维护与企业社会责任研究”、“成都市银企院校‘四方’联盟平台构建研究”、院级课题“英特尔责任密码——走进英特尔成都工厂”等。参与国家社科基金课题“社会主义市场经济条件下社会主义精神文明建设研究”、“农村精神文明研究”，获国家社科基金一、二等奖；参与省政府社科基金重大项目“党的第三代领导集体对邓小平理论的创新与发展研究”，获省政府一等奖。

付先凤 北京融智企业社会责任研究院副院长，主要从事海外投资风险评估、国际制裁和反腐败反商业贿赂合规管理、供应链社会责任管理、负责任投资等领域的理论和实践研究。先后参与了联合国全球契约组织、国务院国资委、中国工业经济联合会等的课题研究项目；参与了国内外企业社会责任咨询项目60余项，服务了国家开发银行、中国银行等20多家大型金融机构和中国航空工业集团、中国机械工业集团、中国五矿集团等20多家中央企业，以及中国银行业协会、中国信托业协会等近10家行业协会。在企业海外投资风险评估和风险管理、国际制裁合规管理、企业供应链尽责管理、可持续投资等方面具有丰富的经验。参与编写了《中国上市公司社会责任能力成熟度研究报告》等著作多部。

王海龙 北京融智企业社会责任研究院常务副院长，主要从事企业社会责任管理、可持续竞争力等领域的理论和实践研究。先后参与了国务院国资委、中国工业经济联合会等的课题研究项目；参与了国内外企业社会责任咨询项目60余项，服务了国家电网、中国航空工业集团、中国机械工业集团、中国五矿集团等20多家中央企业，以及中国银行业协会、中国信托业协会、中国工业经济联合会等近10家行业协会。在企业社会责任战略规划制定、企业社会责任指标体系构建、企业社会责任报告撰写等方面，具有丰富的经验。参与编写了《中国上市公司社会责任能力成熟度研究报告》等著作多部。

王　桦 管理学博士，毕业于复旦大学管理学院。现为北京石油化工学院副教授，主要从事企业风险管理等领域的研究，先后主持大中型企业管理咨询项目数十个。

陈　杰 四川省社会科学院金融与财贸经济研究所副研究员，从事工业经济、现代服务业、旅游业、城乡统筹和国际贸易法等研究，先后主持国家社科基金西部项目1项，省、市级科研项目30多项，在《求是》、《广东社会科学》、《天府新论》、《经济体制改革》和《西南金融》等刊物上发表论文十多篇，主编和参编著作5部，多项对策建议获省、市领导批示。

主编单位简介

北京融智企业社会责任研究院

北京融智企业社会责任研究院是一家专门从事企业社会责任研究与推广的专业机构，其核心团队包括国内较早从事社会责任研究和实践的主要专家，致力为政府、企业和非政府组织在社会责任领域提供强有力的研究平台、服务平台、沟通平台、创新平台和合作平台，积极推动国内企业社会责任理论与实践的持续健康发展。

研究院始终以建设国内领先、国际一流的企业社会责任研究与服务专业机构为着眼点，坚持秉承“融生达道、智造卓越”的办院宗旨，融智成智，积极为企业探寻可持续发展之道，用智慧帮助更多企业成就卓越。

研究院拥有一支具有较高专业水平、素质全面、能力突出、经验丰富、胸怀激情、具有国际视野的研究与服务团队，融合了一批来自国内外一流高等院校以及具备管理学、经济学、社会学、金融学、环境学等不同学科背景的人才队伍，造就了一批资深的企业社会责任专家。研究院拥有广泛的产业、学界、政府、国际机构资源，建立了高层次的社会责任国际平台，与国内企业社会责任政府主管部门保持着密切的合作与联系，形成了由来自中国社会科学院、国务院发展研究中心、北京大学、北京师范大学、厦门大学、对外经济贸易大学等机构的国内一流专家组成的“智库”。

研究院长期以来专注于可持续发展和企业社会责任领域的研究、咨询、培训和传播，出版了多本具有较大影响力的企业社会责任著作或研究报告，创新开展了多次不同形式的企业社会责任专项培训，研发了符合中国企业实际的可持续发展和社会责任管理体系与模式，为30多家中央企业、金融机构以及众多中小企业提供了社会责任的专门咨询服务，组织了多场具有广泛影响的企业社会责任国际和国内会议，积极为企业搭建社会责任的沟通与传播平台。

研究院目前是国家标准委员会核心合作单位，参与中国企业社会责任标准以及中国企业社会责任报告标准的制定。研究院创新推出了以社会责任管理能力成熟度模型为基础，以利益相关方关系管理为主线，以可持续竞争力提升为目标的社会责任管理体系和模式。

研究院一直坚持“用心、专心、同心”的客户服务理念，努力做到用心为客户谋事，专心为客户干事，同心为客户成事；一直坚持“热心、诚心、细心”的开放合作态度，不仅热心与社会各界开展各项合作，而且始终诚信地对待合作伙伴，细心地与合作伙伴携手共进。研究院期待为更多的客户提供专业、优质的服务，实现共同成长；期待与更多的有志之士紧密协作，共创中国企业可持续发展的未来。

四川省社会科学院企业社会责任研究与评估中心

四川省社会科学院企业社会责任研究与评估中心（SASSCSR）成立于2012年3月，是四川省社会科学院主管主办的学术研究机构。四川省社会科学院原院长侯水平研究员任中心主任，四川省社会科学院经济所所长蓝定香研究员任中心副主任，平文艺研究员任中心副主任兼秘书长。中心现有十余位研究人员，绝大多数具有博士学位和副研究员以上职称。

中心的定位是：集“四者”职能，建“责任”智库。以推动四川企业社会责任建设为宗旨，集企业社会责任的理论研究者、实践参与者、信息发布者、发展引导者于一体，建设“中国一流、四川特色”的企业社会责任高端智库。

理论研究者：准确把握国内外企业社会责任理论的研究动态，系统研究四川的企业社会责任理论。

实践参与者：通过建立各类社会组织和参与企业社会责任实践等多种方式，既推动四川企业社会责任建设，又及时了解实践中的热点、亮点、重点、难点，为理论研究提供活水源泉。

信息发布者：以《四川企业社会责任研究报告》（四川蓝皮书）发布会为主要平台，及时向社会各界发布中心的研究成果，介绍优秀企业典型。

发展引导者：通过理论研究、实践参与以及信息发布，引导企业社会责任建设制度化、规范化、科学化发展，为谱写中国梦美丽的四川篇章注入强大的正能量。

中心成立6年来，先后承担省政府社科基金课题“四川企业社会责任履行评估体系研究”、横向课题“消费者权益维护与企业社会责任建设研究”等。编著《英特尔责任密码——走进英特尔成都工厂》，连续6年编制并组织发布《四川企业社会责任研究报告》。

西部省情研究院

西部省情研究院是一家关注省情、研究省情、反映省情、沟通省情，促进省情发展，集学术理论研究、成果转化应用、咨询策划于一体的省情研究机构，现已拥有由中央、省、市有关领导担任顾问，由全国知名学者、各类专家、知名企业家、优秀管理者担任研究员和特约研究员的一流智囊团阵容。研究院的发展定位是：努力成为各级政府科学决策的思想库，并致力成为西部地区最有影响力的决策咨询服务中心。

“省情网·中国”（www.sqwgov.com）是由国家工信部批准注册的西部门户网站，是西部省情研究院的信息发布平台，通过高新软件技术“跨越梦想平台”进行发布，具有迅速、快捷、安全、覆盖面广的信息传播特点。网站基于移动互联网、微信、手机浏览等优势，达到广泛传播之目的，是各级党委、政府、企事业单位、商家品牌最好的传播途径和宣传平台。目前，网站精心打造了时政要闻、专家文坛、专家风采、省情博览、现代农业、城镇建设、市州联线、西部发展、西部文化、西部旅游、西部健康、西部品牌、西部风情、西部教育、交通物流、西部科技、西部财经、资源环境等多个专业频道和特色栏目，受到社会各界好评和广泛关注，对塑造城市品牌、提高企业知名度、带动招商引资、推动区域经济发展起到巨大推动作用。

序

在这部书稿即将发往出版社的时候，是习近平总书记和李克强总理作出重要批示，要求严查长春长生科技公司制售假疫苗案的时候，是亿万国民群情激愤、口诛笔伐该公司主要决策者和涉案者的时候，也是中央多部门立即开展对该案件严查细审的时候。这一案件性质之恶、为害之大、影响之深，让每一个公民不禁质问：这些人良心何在？这些企业责任何在？道德底线何在？通过这个案例，可以看出，企业社会责任理念在全社会还不够普及，可持续发展机制在许多企业中还没有形成。一些企业家根本没有社会责任意识，更对可持续发展与企业的关系不做思考。他们在拼命追逐利益的同时，无疑也为企业的发展埋下了严重的隐患。究其根本原因，很多企业认为履行社会责任只会给企业带来额外的成本，而没有从根本上认识到企业社会责任与企业可持续发展之间的关系。

企业社会责任与企业可持续发展之间究竟是什么样的关系呢？有关企业社会责任和可持续发展关系的研究，目前已到了高度融合的阶段。自 20 世纪 30 年代工业文明构建过程中英国人谢尔顿提出了“企业社会责任”概念以来，对此涉及的经济、社会和环境的科学概念，一直被世人关注和讨论。到 1987 年，世界环境与发展委员（WCED）编制的《我们共同的未来》可持续发展报告，提出了“可持续发展”这个概念。自此，“可持续发展”概念就与企业（组织）社会责任概念处于内含兼容、内容相融、价值通融的境界，经常被交替使用或互动推行。

企业社会责任是指企业在为股东创造利润的同时，还要承担对员工、消费者、社区、环境等责任，强调企业在创造经济价值的过程中对人的价值的关注和对环境、消费者与社会的贡献。企业作为社会的重要组成元素，积极履行社会责任，在经济新常态的背景下，对解决社会就业问题、改善民生、保护资源和环境、促进社会可持续发展具有重要意义。企业可持续发展则是指企业为了自身的永续发展，在经营决策过程中既要考虑企业经营目标的实现，提高企业市场地位，又要保持企业在未来扩张的经营环境中保持持续的盈利增长和能力的提高，即实现企业的长期可持续发展。

一般认为，企业提升可持续发展能力，在实践中要注重与投资者、顾客、拥护者、供方和员工不断地进行对话，注重其声誉和品牌管理，同时要加强对自然、人和社会资本贡献的能力。这与企业社会责任理论不谋而合。企业社会责任要求企业尊重和满足利益相关者的利益，与各个利益相关者建立良性、和谐的互动关系，从而营造良好的内外部环境，增加企业盈利的机会。正如习近平同志在2016年网络安全和信息化工作座谈会上强调的那样：“只有富有爱心的财富才是真正有意义的财富，只有积极承担社会责任的企业才是最有竞争力和生命力的企业。”

有鉴于此，本报告沿着二者共融的逻辑思维，提出“企业可持续竞争力”的概念。即在全球化背景下和新时代中国特色社会主义的征程中，企业如何进一步推进社会责任和可持续发展的深度融合，并努力提升自己的竞争力。在此基础上，运用这个理论创新观点，去分析和认识近几年四川企业履行社会责任和推进可持续发展的现状。结果显示，二者融合推进，确实明显地增强了企业可持续发展竞争力，具体表现在四川企业在经济和科技创新上取得了卓越成绩，在公司治理上取得了明显进步，在精准扶贫上做出了重大贡献，在环境保护上取得了显著成效。2017年，四川省委、省政府积极引导企业深入推进履行社会责任。省委围绕创业创新、精准扶贫和环境保护等重要工作，对企业提出了履行社会责任的要求；省政府多次在经济会议上，要求企业在经济、生态和社会建设中发挥重要作用。为了贯彻落实省委、省政府的相关要求，四川省委宣传部、省精神文明办、省经信委、省国资委、省环保厅、省科技厅、省工商局和省金融工作局等部门，结合各自职能，加强对企业社会责任的指导和监督。其中，省委宣传部和省精神文明办积极组织和指导企业结合伦理道德建设与学雷锋及志愿者服务等活动，开展企业社会责任舆论宣传和表彰。省经信委主办了企业社会责任推进会，表彰了九洲电器、硅宝科技等履行社会责任先进单位。省环境保护厅加大对企业履行环保责任的监控力度，指导环保协会对重点企业进行环评，表彰一批先进环保企业，促进环保责任缺失的企业及时整改。此外，《四川日报》、《华西都市报》、《成都商报》、《四川经济日报》、《企业家日报》、四川电视台和四川在线等新闻媒体，高度重视企业社会责任的宣传报道，不断推出履行社会责任的先进典型。特别值得一提的是，四川省社会科学院和成都市民政局联合举办了英特尔成都工厂履行社会责任现场会，引起了工信部的高度关注和支持。

正是由于四川企业的内生动力，加上党委、政府、媒体和第三方机构的共同推动，四川企业社会责任的发展态势一直走在西部省区的前列。也正是基于四川企业社会责任发展的基础，北京融智企业社会责任研究院和四川省社会科学院企业社会责任研究与评估中心协商决定，在过去数年研究工作的基础上，进一步从“企业可持续竞争力”的新视角，以四川 100 家上市公司为样本，运用大数据和田野调查及典型案例的方法，创新设计“企业可持续竞争力”评价模型，由点及面地评估四川企业可持续竞争力现状，从而得出相应数值，编制一本反映具有四川特色的企业社会责任和可持续发展相融合而形成竞争力的蓝皮书。

本报告构建了一个与以往有很大不同的创新框架。除了总报告写得别开生面以外，技术报告完是集企业社会责任与可持续发展内涵于一体的竞争力评价标准体系。它应该是中国首创，值得点赞！

我饶有兴趣地读完本报告，感到此报告对四川 100 家样本企业进行了全面评价分析，真实地反映了这些企业可持续竞争力的现状和面貌。这些企业中的兴蓉环境、乐山电力、新希望、硅宝科技、卫士通、川润股份、成飞集成、蓝光发展、广安爱众、博瑞传播等企业，都是实归名至。它们的共同特点有三：一是企业创新发展的财务业绩和履行社会责任的非财务业绩“双突出”；二是推进可持续发展的战略和制度建设及公司治理成效显著；三是企业可持续发展和管理创新方面的信息披露及时，且内容丰富，其中大多数企业每年都坚持不懈地编制和发布社会责任报告。与此同时，也应看到，它们的这些优点、亮点，正是四川其他企业的弱点、缺点。这大概也正是大多数川企认识自我、挑战自我、抓住机遇、克服不足、迎头赶上的理由所在。

还应特别提到的是，列入典型案例的企业，虽然多数不是上市公司，但它们恰恰反映了四川非上市公司履行企业社会责任和夯实可持续发展能力的实际情况。比如，建国汽车集团从坚持党建引领、推进企业社会责任创新的角度，生动地体现了中国企业社会责任本土化过程中的实际情况，具有在全国推广的价值。巴山牧业的青峪猪产业园，则体现了四川广大农村创业青年知识分子在乡村振兴过程中，将企业社会责任嵌入企业发展战略，打造新时代可持续竞争力企业标杆的企业家风采。还有家乐福、宜家等外资企业，则是在川跨国公司打造可持续竞争力的样板企业，创造的新鲜经验可圈可点。

鉴于此，我热切期待《四川企业可持续竞争力研究报告（2018）》早日出版。

王晓光　平文艺

2018 年 10 月于北京

摘　要

互联网时代，外部市场环境快速变化，技术创新日益频繁，社会公众维权意识空前高涨，对企业生产经营活动产生的社会与环境影响更加敏感，如何有效识别与应对外部环境的变化，保持长期竞争优势？企业可持续竞争力理论应运而生。其目的是向企业提供一个基于系统论思想，实现企业与经济社会环境协调可持续发展的管理思想和方法，帮助企业嵌入企业社会责任战略及运作机制，打造“百年老店”。

本报告以四川上市公司为样本，对四川企业进行可持续竞争力的评价研究，构建了可持续竞争力的“四面体模型”，将企业的经济、社会、环境价值创造与外部影响联系起来进行评价，分析四川企业在成长过程中内部经营行为与产生的外部影响的协调性与持续性，发现企业的短板，为企业的管理改进提出有针对性的评价分析结论。

本报告由总报告、技术报告、专题篇、案例篇和附录五大部分构成。

总报告是对全书主要研究成果的总体性概括，基于 2017 年四川样本企业可持续竞争力评价，总结四川企业可持续竞争力建设的具体情况，包括四川 100 家样本企业可持续发展战略与推进、可持续经济价值创造、可持续社会价值创造、可持续环境价值创造、沟通优化、综合实践创新六个方面的全面分析。

技术报告包括两大部分，一是对企业可持续竞争力理论的说明，主要从什么是企业可持续竞争力、企业可持续竞争力的理论架构、企业可持续竞争力的阶段划分三个方面进行了说明；二是对企业可持续竞争力评价方法的说明，主要从指标构建、赋值赋权、评价过程等三个方面进行了说明。

专题篇针对样本企业中企业数量最多的两大行业——化工行业与机械设

备行业企业的可持续竞争力情况进行了系统分析评价，给出了研究评价的结论与发现，并且按照不同指标维度给出了四川样本企业的优秀实践案例。

案例篇对建国汽车集团、瑞典宜家、巴山牧业、家乐福等四川企业履行社会责任、提升可持续竞争力的实践工作进行全面的介绍。

附录集中展示了2017年四川企业可持续竞争力评价的总体得分情况和每个具体指标的评价结果。

目录

Ⅰ 总报告

Ⅱ 技术报告

Ⅲ 专题篇

Ⅳ 案例篇

Ⅴ 附录

皮书数据库阅读**使用指南**

总 报 告

General Report

B.1 四川企业可持续竞争力评价报告

王晓光　平文艺　王海龙　付先凤*

摘 要： 本报告通过对四川样本企业2017年年度数据的搜集，发现四川企业可持续竞争力的整体发展处于成长阶段，多数企业具备了进一步提升可持续竞争力的基础条件，普遍树立了履行社会责任、推进可持续发展的经营理念与思想意识。在可持续发展治理、提升可持续发展能力方面的投入力度需要进一步加强；在可持续经济价值创造方面取得显著成效，持续运营能力较强；在可持续社会价值创造方面差异明显，部分行

* 王晓光，北京融智企业社会责任研究院院长，中国企业管理研究会副理事长，中国工业经济联合会企业社会责任促进中心主任，中国工业企业社会责任研究智库秘书长，国家企业社会责任标准起草组专家，博士，研究方向为企业可持续竞争力；平文艺，四川省社会科学院企业社会责任研究与评估中心副主任，研究员，研究方向为企业社会责任理论和实践；王海龙，北京融智企业社会责任研究院常务副院长，中国工业企业社会责任研究智库专家，研究方向为企业社会责任管理；付先凤，北京融智企业社会责任研究院副院长，中国工业企业社会责任研究智库专家，研究方向为可持续投融资。

业需要提高认识；在可持续环境价值创造方面需要进一步加大投入，改善环境绩效。通过搜集到的数据对2017年四川企业可持续发展推进、可持续经济价值、可持续社会价值、可持续环境价值、沟通优化等方面进行了评价与分析。通过研究发现：四川企业已树立可持续发展理念并制定战略，但忽视战略的落地实施；四川企业可持续发展管理投入不足，水平不高；四川企业可持续经济价值创造能力较高，在可持续竞争力的几个维度中得分最高；四川企业对社会价值创造的关注度不高，可持续社会价值创造水平有待提高；四川企业可持续环境价值创造整体水平最低，迫切需要改进提升；四川企业对加强合规信息披露、改善社会沟通非常重视；四川企业重视综合实践创新，成效良好。

关键词： 四川　企业　可持续竞争力

一　基本情况

本研究以公开信息收集为研究的资料数据来源，考虑到信息披露的一致性是评价研究的重要基础，在信息披露方面，上市公司由于有监管要求和自身管理水平相对较高而信息披露相对充分，因此，本报告以2017年四川上市企业中的前100家企业为样本开展数据搜集与分析。其中有66家在深圳证券交易所上市，34家在上海证券交易所上市。

样本企业的所有制分布情况为：12家中央国有企业、19家地方国有企业、59家民营企业、2家外资企业、1家集体企业、5家公众企业、2家其他企业。

样本企业的行业分布情况为电气设备行业5家，采掘行业1家，传媒行业3家，房地产行业3家，纺织服装行业1家，非银金融行业2家，公用事业行业9家，国防军工行业4家，化工行业14家，机械设备行业10家，计算机行业6家，家用电器行业4家，建筑材料行业4家，建筑装饰行业4家，交通运输行业2家，农林牧渔行业2家，汽车行业3家，轻工制造行业2家，商业贸易行业3家，食品饮料行业4家，通信行业3家，休闲服务行业1家，生物医药行业4家，有色金属行业4家，综合2家。

（一）四川企业可持续竞争力的整体发展处于成长阶段，多数企业具备了进一步提升可持续竞争力的基础条件

2017年四川企业可持续竞争力指数为64.58，其中1%（1家）的企业评级为AAAAA，1%（1家）的企业评级为AAAA，13%（13家）的企业评级为AAA，26%（26家）的企业评级为AA，43%（43家）的企业评级为A；15%（15家）的企业评级为BBB，1%（1家）的企业评级为BB；没有企业评级为C。四川企业总体处于可持续竞争力发展的成长阶段。

企业可持续竞争力的构建是一个与企业的发展战略、技术研发、生产管理及外部竞争环境密切联系的过程，成功的企业对自身的竞争力有清晰的认识，设定了明确的战略目标，并通过长期大量的资源投入而逐步建立起来。当前，国内外市场竞争日益激烈，传统粗放的低价策略、品牌策略在产能严重过剩、市场复杂多变的环境下，随着客户要求的提高、竞争对手实力的增强而大打折扣，效力变低。企业多年努力形成的原有核心竞争力也会随着技术的进步、市场环境的变化而丧失竞争优势，甚至成为企业进一步转型发展的障碍。这是当前很多国内企业共同面临的挑战。

可持续竞争力的建设就是针对这一状况提出的，目的在于使企业能够及时应对内外部环境变化而持续保持竞争优势，乃至形成新的竞争优势。其核心在于将企业的可持续成长与外部社会环境、市场环境的变化有机结合，发现企业与社会需求的价值交集，创新市场机会，识别各类直接与潜在风险，及时调整自身的核心能力，使之与环境变化相匹配。

从评价的总体情况看，四川企业在对可持续发展的认知、履行社会责

任、技术创新、市场创新与风险管理方面已经具备了一定的基础，部分企业还形成了相当的优势，具备了进一步提升可持续竞争力的基础条件。

（二）四川企业普遍树立了履行社会责任、推进可持续发展的经营理念与思想意识

通过研究发现，有96%的四川企业不同程度地树立了履行社会责任、推进可持续发展的理念或战略目标，并能将之体现在企业的使命、价值观或企业的愿景中。这充分表明四川企业已经普遍形成了企业与社会和谐相处实现可持续成长的共识，并且在思想理念和行为方式层面得到了具体的体现。企业的使命和价值观是企业核心经营理念的体现，是企业运营管理的基本指导原则。可持续发展理念的树立是企业可持续竞争力建设的前提条件。理念是抽象的，只有把理念落实到企业的运营实践中，才能真正实现企业的可持续成长。这个过程是企业创新、转型的过程，也是管理提升的过程。以可持续竞争力建设为中心，可以保证企业长期发展的正确方向，有效防控社会与环境风险，提升企业的品牌形象与社会认同。

（三）四川企业在可持续发展治理、提升可持续发展能力方面的投入力度需要进一步加强

2017年，有49%（49家）的样本企业建立了可持续发展组织机构或制定了可持续发展推进制度，有39%（39家）的样本企业开展了可持续发展能力建设活动，有32%（32家）的样本企业对可持续发展管理给予了充分的资源保障。但在上述几个可持续竞争力建设的基础工作领域主动开展相关工作的企业比例都未超过50%，这表明四川企业在加强可持续发展治理、提升可持续发展能力建设方面的工作重视程度与专项投入均不足。缺乏专项资源投入，企业可持续竞争力建设就无法取得进步，因此，川内企业亟须提高认识、加大资源的组织与投入力度。

可持续竞争力建设的最终目标是实现企业与经济社会环境的协调可持续发展，企业在为经济、社会、环境可持续创造价值的同时实现自身的利润和

价值。企业的利益目标与社会环境的利益目标的有效协调，能够使企业及时抓住社会环境变化带来的新的市场机会，同时防范社会环境风险。实现这一目标需要企业的管理者和员工转变认识，高度重视并切实加大可持续发展专项投入，促进可持续竞争力建设。

（四）四川企业在可持续经济价值创造方面取得显著成效，持续运营能力较强

2017 年，四川企业可持续经济价值指标平均得分为 67.29 分，其中 5%（5 家）的企业评级为 AAAAA，10%（10 家）的企业评级为 AAAA，19%（19 家）的企业评级为 AAA，34%（34 家）的企业评级为 AA，19%（19 家）的企业评级为 A；10%（10 家）的企业评级为 BBB，1%（1 家）的企业评级为 BB，1%（1 家）的企业评级为 B；1%（1 家）的企业评级为 CC。提升客户满意指标平均得分为 34.63 分，价值链合作指标平均得分为 41.17 分。上述评价结果表明四川企业在经济价值创造方面表现较为突出，良好的经营业绩成为企业可持续竞争力的重要支柱。

同时，也应注意到，经济价值创造能力是企业可持续竞争力的核心。可持续竞争力强调的不仅是企业的当期业绩，还包括企业与客户、企业与产业链上下游企业、企业与政府、企业与社会建立良好的合作关系，通过互利共赢的业务合作提升价值链整体的发展实力和发展潜力，提高企业的市场竞争力和影响力。数据表明，四川企业在提升客户满意度和开展价值链互利合作方面表现一般，有较大的进一步提升空间。

（五）四川企业在可持续社会价值创造方面差异明显，部分行业需要提高认识

2017 年，四川企业可持续社会价值指标平均得分为 34.04 分，其中 1%（1 家）的企业评级为 AAA，1%（1 家）的企业评级为 AA；8%（8 家）的企业评级为 BBB，8%（8 家）的企业评级为 BB，10%（10 家）的企业评级为 B；31%（31 家）的企业评级为 CCC，29%（29 家）的企业评级为

CC，12%（12家）的企业评级为C。支持员工成长指标平均得分为43.96分，支持社区发展指标平均得分为18.10分，参与社会公益指标平均得分为20.37分，安全生产运营指标平均得分为33.67分。从行业看，公用事业、农林牧渔、有色金属、化工、家用电器、传媒等行业表现较为突出。但是，四川企业可持续价值指标的总体得分仅有可持续经济价值指标的得分为平均水平的一半，表明四川企业对可持续社会价值创造方面的重视程度不足，需要进一步提高。

企业的所有生产经营活动都要在社会环境下进行，受到社会环境的深刻影响。尽管社会环境对企业经营绩效的影响不像市场因素的影响那么直接，对企业的影响却是长期的、持续的和潜在的。

在互联网时代，信息传递的便利性和快捷性，使某个个体的看法或行为往往通过互联网的广泛传播而成为影响企业市场形象和消费者购买决策的“蝴蝶翅膀”，企业应当对此有深刻的认识。同时，社会发展变化的速度越来越快，互联网的深入融合使企业跨界经营的成本大大降低，相关多元化战略的成功率明显提高，企业在改善与外部社会环境的关系的同时，也可以发现传统市场之外的新的市场机会，从而增强自身的持续发展能力。

（六）四川企业在可持续环境价值创造方面需要进一步加大投入，改善环境绩效

2017年四川企业可持续环境价值指标平均得分为17.24分，有12家企业未披露环境维度的相关信息。其中，仅有1%（1家）的企业评级为A；2%（2家）的企业评级为BBB，2%（2家）的企业评级为BB，2%（2家）的企业评级为B；5%（5家）的企业评级为CCC，27%（27家）的企业评级为CC，61%（61家）的企业评级为C。环境管理指标平均得分为26.37分，三废管理指标平均得分为18.89分，循环经济指标平均得分为15.78分。从行业指标看，家用电器、农林牧渔、公用事业等行业在可持续环境价值创造领域的表现较为突出。从上述得分可以看到，四川企业可持续环境价值创造维度的得分远低于可持续经济价值创造和可持续社

会价值创造的水平，是三者之中最低的。这表明四川相当一部分企业对环境维度的重视程度严重不足，投入较低，提高企业的环境价值创造水平任重而道远。

当前，国际和国内社会对环境保护的重视达到空前的高度，国家也相继出台了一系列推进生态环境保护的政策措施。企业加强环境保护工作的力度，不仅是为了响应有关政策文件的要求，也能有效降低企业的生产运营成本，降低企业的环境风险水平。同时，政府环境保护力度的加大，公众环保意识水平的提高，使绿色创新、绿色产品有了更加广阔的市场，企业的绿色经营理念也更容易得到客户的认可，有助于提高企业产品的市场竞争力。虽然四川企业在这方面取得了不少成绩，但从整体上看，企业之间的差距非常明显，领先企业数量稀少。因此，相关企业必须尽快端正认识，提高重视程度，加大环保投入，切实提高企业的环境保护管理能力和绩效水平。

二　评价情况

2017 年，四川企业可持续竞争力指数为 64.58，其中 1%（1 家）的企业评级为 AAAAA，1%（1 家）的企业评级为 AAAA，13%（13 家）的企业评级为 AAA，26%（26 家）的企业评级为 AA，43%（43 家）的企业评级为 A；15%（15 家）的企业评级为 BBB，1%（1 家）的企业评级为 BB；没有企业评级为 C。四川企业总体处于可持续竞争力发展的成长阶段。

从行业角度来看，可持续竞争力建设水平突出的主要有农林牧渔、公用事业、采掘、传媒、交通运输等行业，轻工制造、房地产、汽车等行业得分稍低（见图 1）。

从所有制的角度来看，公众企业、中央企业在可持续竞争力建设方面表现最为出色，其他类型的行业企业得分差距很小，基本处于同一水平（见图 2）。

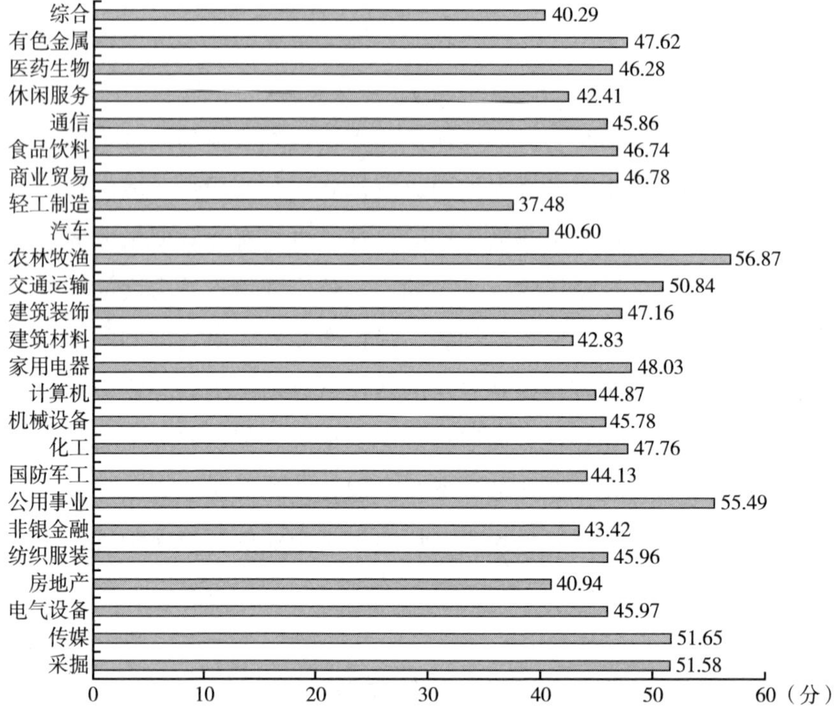

图1　四川企业各行业可持续竞争力综合评价情况

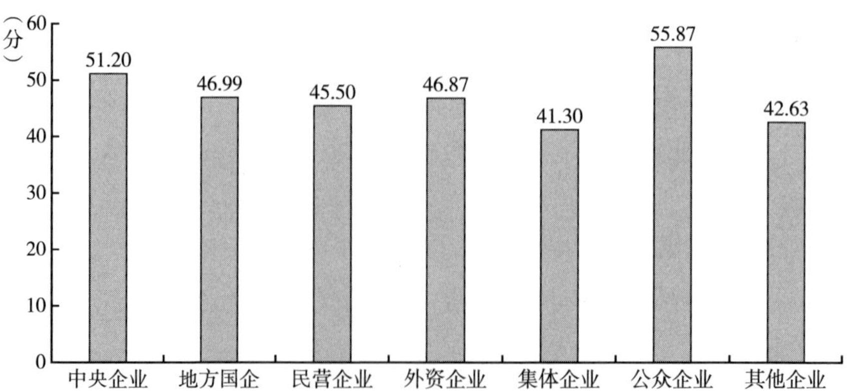

图2　四川企业按所有制综合评价情况

2017年四川企业可持续竞争力评价处于成熟阶段的企业有兴蓉环境、硅宝科技、新希望等84家，2017年四川企业可持续竞争力评价处于成长阶段的企业有山鼎设计、易见股份等16家，具体得分和所属行业情况见表1。

表1　2017年四川企业可持续竞争力评价企业

证券简称	企业属性	综合得分	证券简称	企业属性	综合得分
兴蓉环境	地方国有企业	80.59	川投能源	地方国有企业	66.99
乐山电力	公众企业	77.82	五粮液	地方国有企业	66.8
硅宝科技	公众企业	74.1	台海核电	民营企业	66.74
新希望	民营企业	74.08	国光股份	民营企业	66.7
卫士通	中央国有企业	73.14	环能科技	民营企业	66.7
广安爱众	地方国有企业	72.57	国栋建设	民营企业	66.58
川润股份	民营企业	71.31	沱牌舍得	民营企业	66.58
博瑞传播	地方国有企业	71.25	四川路桥	地方国有企业	66.26
成飞集成	中央国有企业	71.2	创维数字	公众企业	65.99
天齐锂业	民营企业	71.06	依米康	民营企业	65.72
岷江水电	中央国有企业	71.03	宏达股份	民营企业	65.56
蓝光发展	民营企业	70.82	西昌电力	中央国有企业	65.42
云图控股	民营企业	70.67	泸天化	地方国有企业	65.4
四川成渝	地方国有企业	70.39	银河磁体	公众企业	65.39
东方电气	中央国有企业	70.26	利君股份	民营企业	65.05
四川双马	民营企业	69.76	科伦药业	民营企业	64.97
天原集团	地方国有企业	69.69	红旗连锁	民营企业	64.21
北化股份	中央国有企业	69.51	浪莎股份	民营企业	64.96
四川长虹	地方国有企业	69.32	东材科技	民营企业	64.73
汇源通信	公众企业	69.06	新筑股份	民营企业	64.72
明星电力	中央国有企业	68.88	中铁工业	中央国有企业	64.62
茂业商业	外资企业	67.71	吉峰农机	民营企业	64.43
印纪传媒	民营企业	67.68	和邦生物	民营企业	64.39
通威股份	民营企业	67.65	明星电缆	民营企业	64.35
国金证券	民营企业	67.21	四川九洲	地方国有企业	64.07
长城动漫	民营企业	67.02	科新机电	民营企业	64.07

续表

证券简称	企业属性	综合得分	证券简称	企业属性	综合得分
水井坊	外资企业	64.03	天科股份	中央国有企业	61.1
天翔环境	民营企业	63.96	金石东方	民营企业	60.86
华西能源	民营企业	63.74	成都路桥	民营企业	60.85
雅化集团	民营企业	63.72	海特高新	民营企业	60.72
迈克生物	民营企业	63.68	浩物股份	地方国有企业	60.62
川大智胜	民营企业	63.66	久远银海	其他企业	60.6
利尔化学	其他企业	63.66	升达林业	民营企业	60.4
泸州老窖	地方国有企业	63.57	高新发展	地方国有企业	60.04
金路集团	民营企业	63.39	山鼎设计	民营企业	59.92
富临精工	民营企业	63.23	宜宾纸业	地方国有企业	59.84
厚普股份	民营企业	63.18	易见股份	民营企业	59.64
四川美丰	中央国有企业	62.69	四川金顶	民营企业	59.55
大西洋	地方国有企业	62.64	金亚科技	民营企业	59.52
振芯科技	民营企业	62.6	西部资源	民营企业	59.45
中光防雷	民营企业	62.59	泰合健康	民营企业	59.25
创意信息	民营企业	62.57	旭光股份	民营企业	58.92
峨眉山A	地方国有企业	62.41	华塑控股	民营企业	48.47
大通燃气	民营企业	62.4	*ST钒钛	中央国有企业	66.58
日机密封	集体企业	62.3	*ST三泰	民营企业	59.84
富临运业	民营企业	62.29	*ST华泽	民营企业	59.45
康弘药业	民营企业	62.21	*ST川化	地方国有企业	58.91
航发科技	中央国有企业	62	*ST天仪	民营企业	54.94
鹏博士	民营企业	61.65	S*ST前锋	地方国有企业	54.68
运达科技	民营企业	61.38	*ST金宇	民营企业	54.31

（一）可持续发展推进指标评价分析

从行业属性来看，业内所有公司都能将可持续发展理念体现在企业的使命和价值观或企业愿景中，由建筑材料和建筑装饰的得分情况可见建筑材料和建筑装饰行业的可持续发展水平较高。四川企业可持续发展推进指标评价情况见图3。

2017年四川企业可持续发展推进指标中，从行业属性来看，20%（5

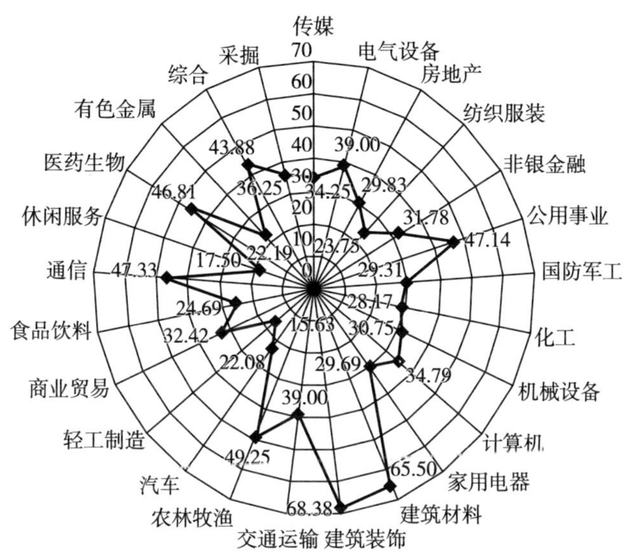

图 3　四川企业可持续发展推进指标评价情况

个）的行业可持续发展推进指标平均得分在 40 ~ 60 分区间。有 8%（2 个）的行业可持续发展推进指标平均得分在 60 分及以上（见图 4）。40% 的企业具有可持续发展理念并能将之体现在企业的使命和价值观或企业愿景中，样本企业中的领先企业在可持续发展战略方面的认识较为一致。

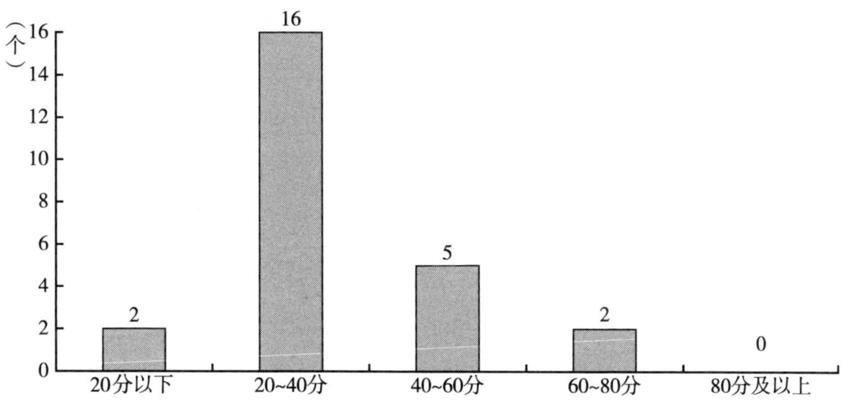

图 4　四川企业可持续发展推进指标行业平均得分分布

1. 企业已普遍将可持续发展理念融入运营

从企业属性来看，在可持续发展理念指标中，26 家企业可持续发展理念指标的得分在 40～60 分区间，11 家企业处于 80 分及以上的水平。92%的企业能将可持续发展理念体现到企业的使命和价值观中（见图 5）。

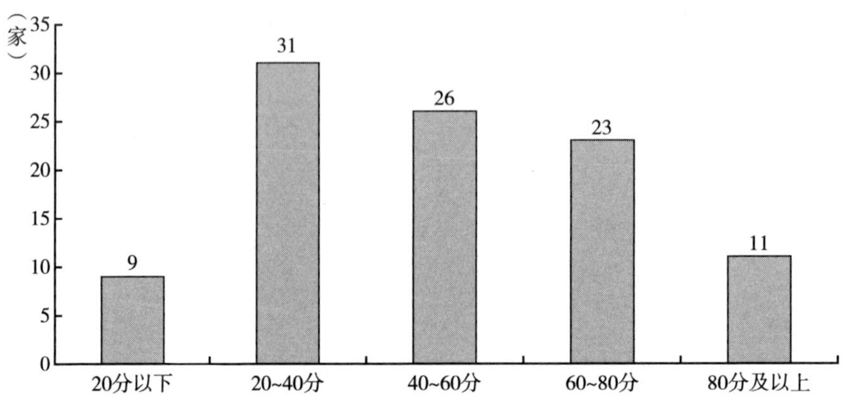

图 5　四川企业可持续发展理念指标得分企业分布

2. 企业制定可持续发展战略比例较高

2017 年，四川企业可持续发展战略指标得分在 40～60 分的有 25 家企业，得分在 60 分及以上的有 11 家企业，在 20 分以下的有 26 家企业。就得分分布情况来看，74%的企业制定了可持续发展战略规划（见图 6）。

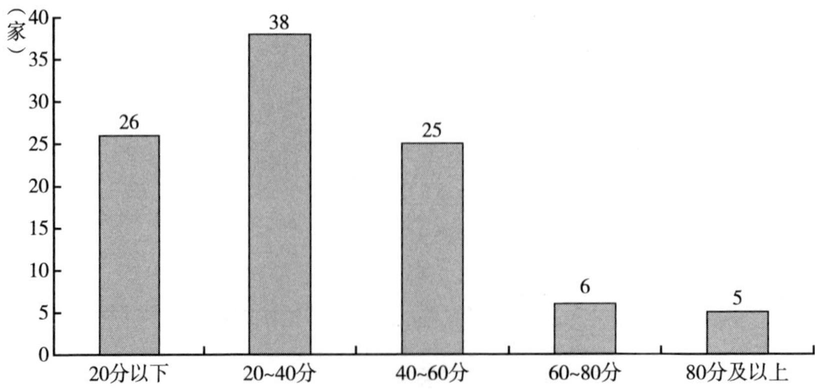

图 6　四川企业可持续发展战略指标得分企业分布

从行业属性来看，业内所有公司都制定了相关的可持续发展战略的行业有 19 个，20 个行业的可持续发展战略指标平均得分在 20 ~ 60 分区间（见图 7）。

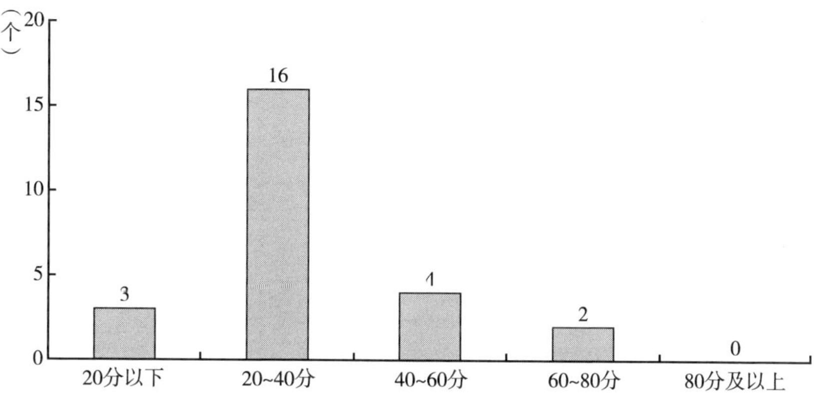

图 7　四川企业可持续发展战略指标行业平均得分分布

可持续发展规划指标的平均得分为 13.35 分。就得分分布情况来看，52% 的企业制定了可持续发展专项规划，66% 的企业可持续发展规划指标得分在 20 分以下，28% 的企业可持续发展规划指标得分在 20 ~ 40 分，6% 的企业可持续发展规划指标得分在 40 ~ 60 分（见图 8）。

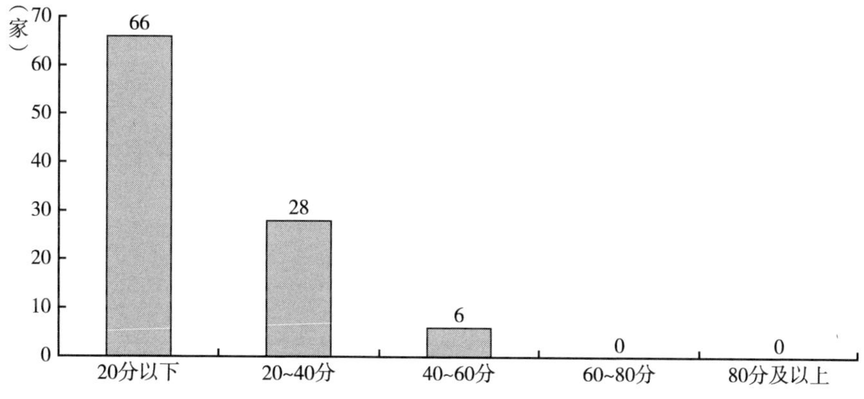

图 8　四川企业可持续发展规划指标得分企业分布

从行业属性来看，业内所有公司都制定了可持续发展规划的行业有5个，占20%，84%（21个）的行业可持续发展规划指标的得分在40分以下（见图9）。

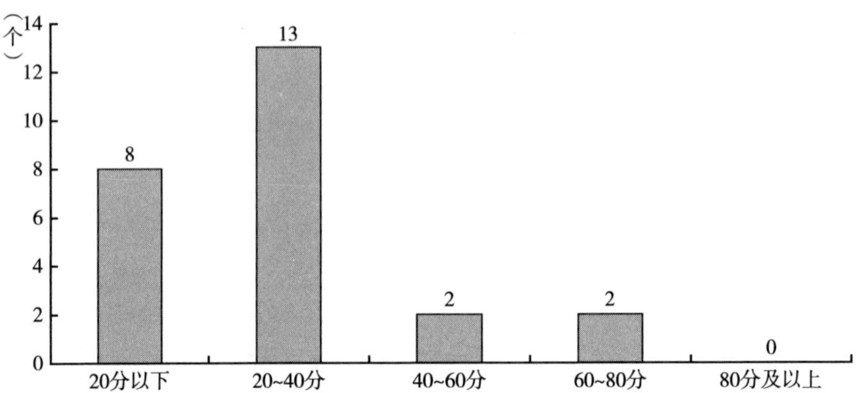

图9　四川企业可持续发展规划指标行业平均得分分布

从企业属性来看，50%（6家）的中央国有企业、68%（13家）的地方国有企业、47%（28家）的民营企业、50%（1家）的外资企业、60%（3家）的公众企业、50%（1家）的其他企业制定了可持续发展规划（见图10）。

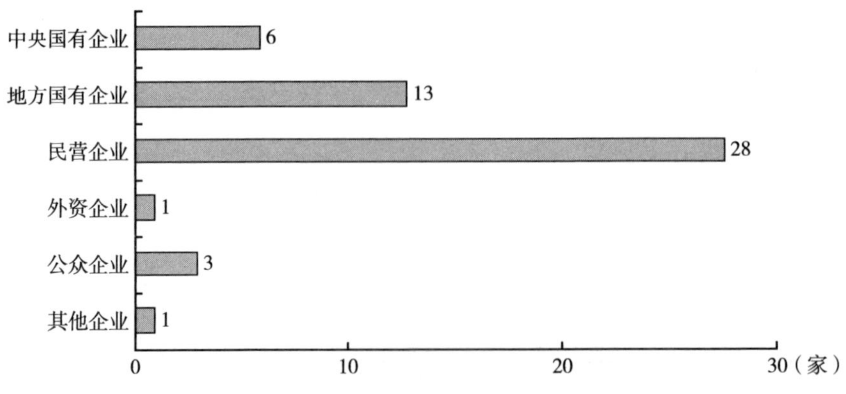

图10　制定可持续发展规划的企业数

3. 企业可持续发展治理水平有待提升

2017 年，四川企业可持续发展治理平均得分为 6.2 分。就得分分布情况来看，49% 的企业建立了可持续发展组织机构或制定了可持续发展推进制度。从行业属性来看，业内所有公司都建立了可持续发展组织机构或制定了可持续发展推进制度的行业有 4 个。从企业属性来看，75%（9 家）的中央国有企业、53%（10 家）的地方国有企业、44%（26 家）的民营企业、40%（2 家）的公众企业和所有的外资企业都建立了可持续发展组织机构或制定了可持续发展推进制度。

从可持续发展组织机构得分分布情况来看，22% 的企业建立了可持续发展组织机构。从行业属性来看，业内所有公司都建立了可持续发展组织机构的行业有 2 个，占 8%。从企业属性来看，17%（2 家）的中央国有企业、32%（6 家）的地方国有企业、20%（12 家）的民营企业和 40%（2 家）的公众企业建立了可持续发展组织机构。

从可持续发展制度建设指标得分分布情况来看，33% 的企业制定了可持续发展推进制度。从行业属性来看，业内所有公司都制定了可持续发展推进制度的行业有 1 个，占 4%。从企业属性来看，67%（8 家）的中央国有企业、26%（5 家）的地方国有企业、27%（16 家）的民营企业、40%（2 家）的公众企业和所有的外资企业都制定了可持续发展推进制度。

4. 可持续发展能力建设水平不高

2017 年，从四川企业可持续发展能力建设指标得分分布情况来看，39% 的企业开展了可持续发展能力建设活动。从行业属性来看，业内所有公司都进行了可持续发展/社会责任的专项培训、交流或者进行了可持续发展知识管理的行业有 15 个，占 60%。从企业属性来看，58%（7 家）的中央国有企业、42%（8 家）的地方国有企业、32%（19 家）的民营企业、40%（2 家）的公众企业和所有的外资及企业都进行了可持续发展的能力建设活动。

可持续发展专项培训这项三级指标平均得分为 6.19 分。就得分分布情况来看，29%的企业进行了可持续发展的专项培训活动。从行业属性来看，业内所有公司都开展可持续发展专项培训活动的行业有1个。从企业属性来看，42%（5家）的中央国有企业、21%（4家）的地方国有企业、25%（15家）的民营企业、40%（2家）的公众企业和所有的集体、外资企业都进行了可持续发展专项培训。

从可持续发展知识管理指标得分分布情况来看，21%的企业进行了可持续发展的知识管理。从企业属性来看，33%（4家）的中央国有企业、21%（4家）的地方国有企业、17%（10家）的民营企业、20%（1家）的公众企业和所有的集体企业都进行了可持续发展知识管理。

5. 可持续发展管理投入不足

2017年，从四川企业可持续发展管理投入指标得分分布情况来看，32%的企业对可持续发展管理给予资源保障。从行业属性来看，业内所有公司都进行了可持续发展管理投入的行业有14个，占64%。从企业属性来看，58%（7家）的中央国有企业、42%（8家）的地方国有企业、22%（13家）的民营企业、50%（1家）的外资企业、40%（2家）的公众企业和所有的集体企业都进行了可持续发展管理投入。

从可持续发展专项预算指标这项三级指标的得分分布情况来看，28%的企业制定了可持续发展专项预算。4%的企业可持续发展专项预算得分在60分及以上。从行业属性来看，业内所有企业都编制了可持续发展专项预算的行业有14个，占64%。从企业属性来看，50%（6家）的中央国有企业、37%（7家）的地方国有企业、19%（11家）的民营企业、50%（1家）的外资企业和40%（2家）的公众企业和所有的集体企业都编制了可持续发展专项预算。

从可持续发展专兼职人员指标得分分布情况来看，17%的企业安排了可持续发展专兼职人员。从行业属性来看，业内所有企业都安排了可持续发展专兼职人员的行业有11个，占44%。从企业属性来看，33%（4家）的中央国有企业、26%（5家）的地方国有企业、10%（6家）的民营企业和40%（2家）的公众企业都安排了可持续发展专兼职人员。

（二）可持续经济价值指标评价分析

2017 年，四川企业可持续经济价值指标平均得分为 67.29 分，全部企业均披露了可持续经济价值指标的相关信息。其中 87%（87 家）的企业评级为 A 档，12%（12 家）的企业评级为 B 档，1%（1 家）的企业评级为 C 档。从行业指标看，农林牧渔、公用事业、纺织服装、非银金融、传媒、食品饮料、商业贸易、家用电器等行业表现较为突出。从总体上看，各行业可持续经济价值指标的水平均较高，并且得分差距不大。四川企业可持续经济价值指标分行业评价的总体情况见图 11。

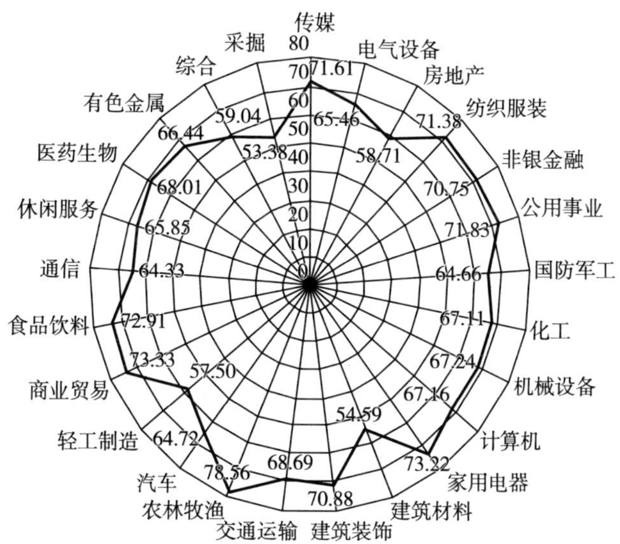

图 11　四川企业可持续经济价值指标分行业评价情况

按照所有制性质划分，四川企业中，外资企业、公众企业的可持续经济价值指标得分位居前列。其他类型的企业得分稍靠后，但差距较小，总体水平较高（见图 12）。

四川企业可持续经济价值指标的总体得分在所有一级指标中得分最高，表明四川企业生产经营管理水平较高，企业的经营绩效良好，具有较好的可持续成长能力。

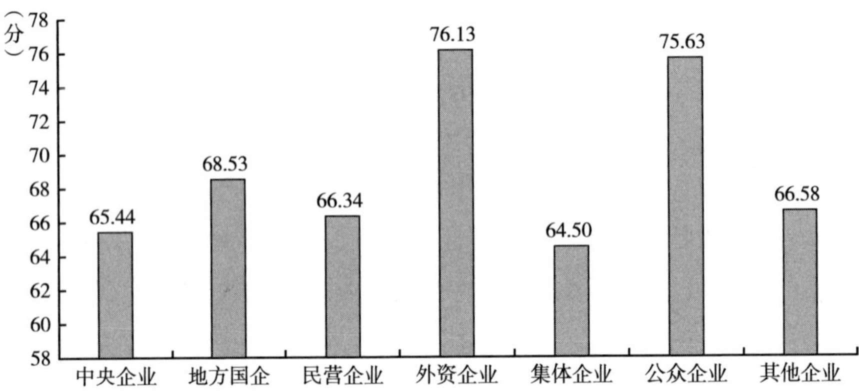

图 12　四川企业可持续经济价值指标按所有制评价情况

1. 企业经营业绩普遍良好

2017 年，四川企业经营业绩指标平均得分为 70.62 分。就得分分布情况来看，86% 的企业经营业绩指标得分在 60 分及以上（见图 13）。

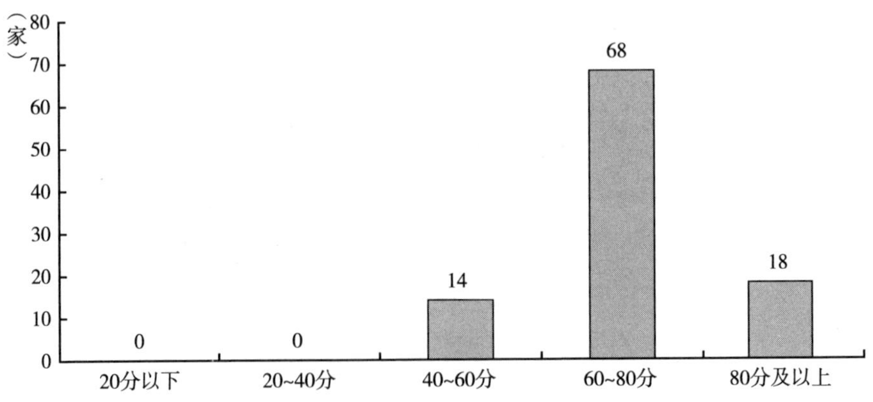

图 13　四川企业经营业绩指标得分企业分布

从行业属性来看，84%（21 家）的行业企业经营业绩指标平均得分在 60 分及以上。从企业属性来看，所有类型企业的经营业绩指标平均得分均位于 60 ~ 80 分区间。

2017 年，四川企业营业收入指标平均得分为 75.43 分。就得分分布情况来看，97%的企业营业收入指标得分在60分及以上。其中，34%的企业营业收入指标得分在80分及以上（见图14）。

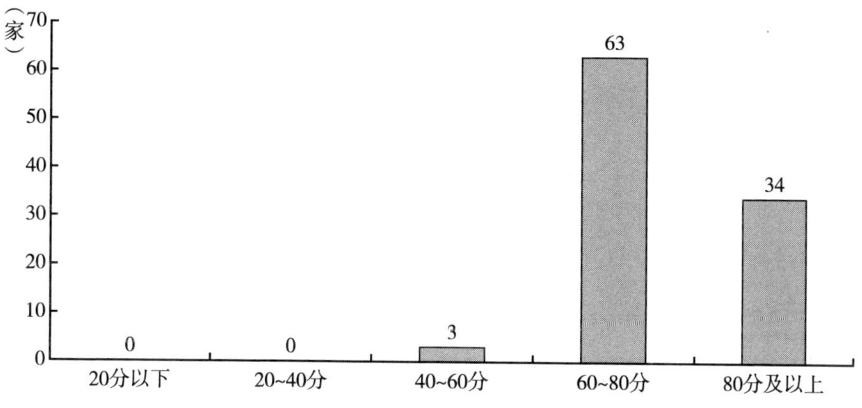

图14　四川企业营业收入指标得分企业分布

从行业属性来看，有96%（24个）的行业营业收入指标平均得分在60分及以上。其中，有20%（5个）的行业营业收入指标平均得分在80分及以上。从企业属性来看，所有类型企业的营业收入指标平均得分均位于70~80分区间。

2017年，四川企业净利润指标平均得分为65.82分。就得分分布情况来看，81%的企业净利润指标得分在60分及以上。其中，15家企业净利润指标得分在80分及以上（见图15）。

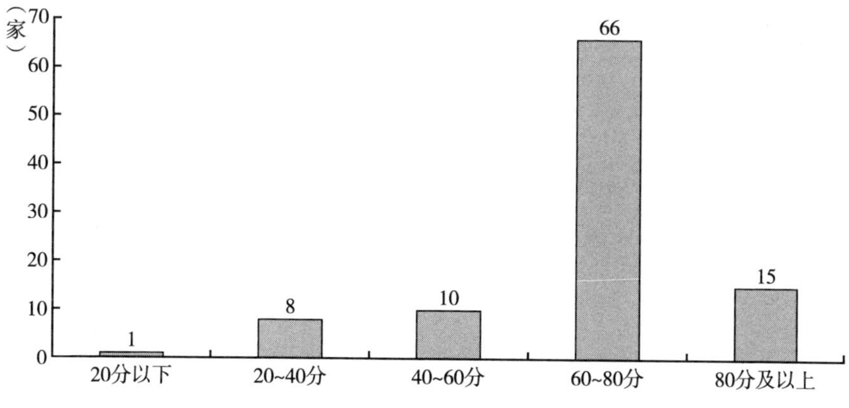

图15　四川企业净利润指标得分企业分布

从行业属性来看，24%（6个）的行业净利润指标平均得分在40~60分区间，72%（18个）的行业净利润指标平均得分在60分及以上。其中，有4%（1个）的行业的净利润指标平均得分在80分及以上。从企业属性来看，所有类型企业的净利润指标平均得分均位于60~80分区间。

2. 企业经济影响较好，对税收和就业等做出较大贡献

2017年，四川企业企业经济影响指标平均得分为64.58分。就得分分布情况来看，78%的企业企业经济影响指标得分在60分及以上。其中4家企业企业经济影响指标平均得分在80分及以上（见图16）。

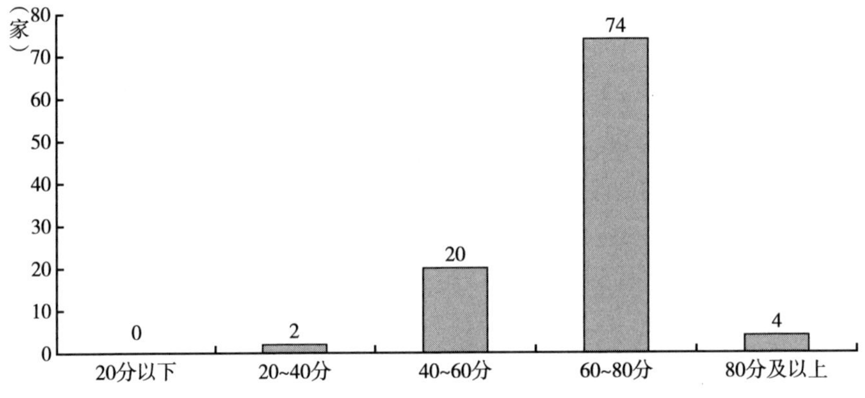

图16　四川企业企业经济影响指标得分企业分布

从行业属性来看，76%（19个）的行业企业企业经济影响指标平均得分在60~80分区间。有24%（6个）的行业企业企业经济影响指标平均得分在40~60分区间。从企业属性来看，所有类型企业的企业经济影响指标平均得分均位于60~80分区间。

2017年，四川企业缴纳税收指标的平均得分为71.84分。从得分分布情况来看，94%的企业缴纳税收指标得分在60分及以上。其中，有15家企业缴纳税收指标得分超过80分（见图17）。

从行业属性来看，96%（24个）的行业缴纳税收指标平均得分在60分及以上。有4%（1个）的行业缴纳税收指标平均得分在40~60分区间。从企业属性来看，所有类型企业缴纳税收指标平均得分均位于60~80分区间。

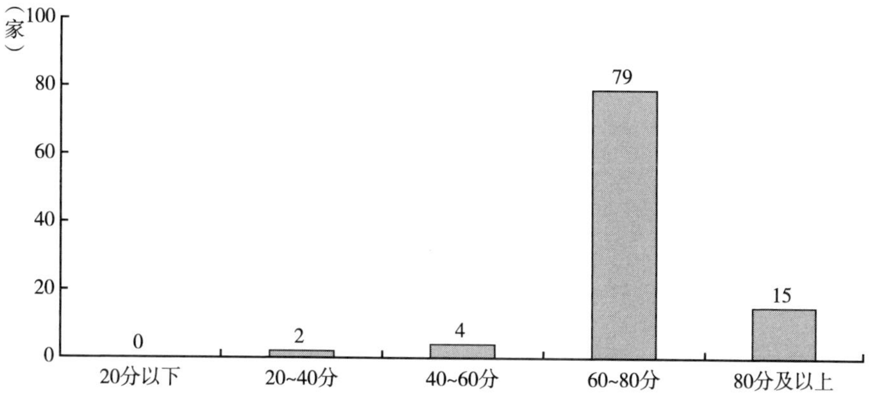

图 17　四川企业缴纳税收指标得分企业分布

2017 年，四川企业就业数量指标的平均得分为 57.31 分。从得分分布情况来看，55% 的企业就业数量指标得分在 60 分及以上。其中，6 家企业就业数量指标得分在 80 分及以上（见图 18）。

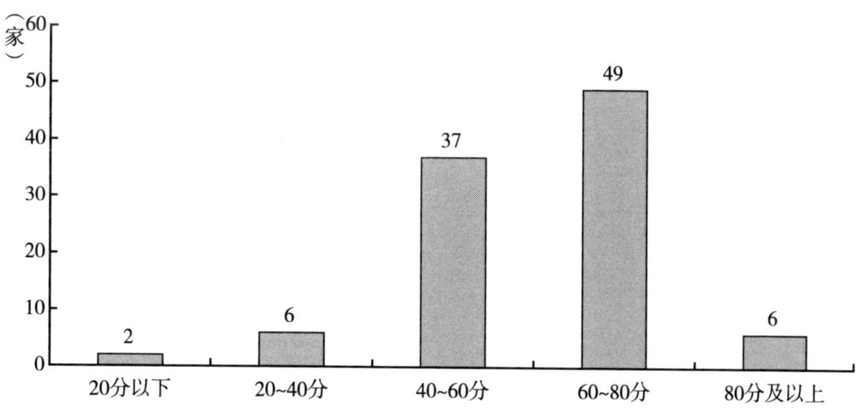

图 18　四川企业就业数量指标得分企业分布

从行业属性来看，68%（17 个）的行业就业数量指标平均得分在 40 ~ 60 分区间。有 28%（7 个）的行业就业数量指标平均得分在 60 分及以上（见图 19），从企业属性来看，所有类型企业就业数量指标平均得分均位于 50 ~ 80 分区间。

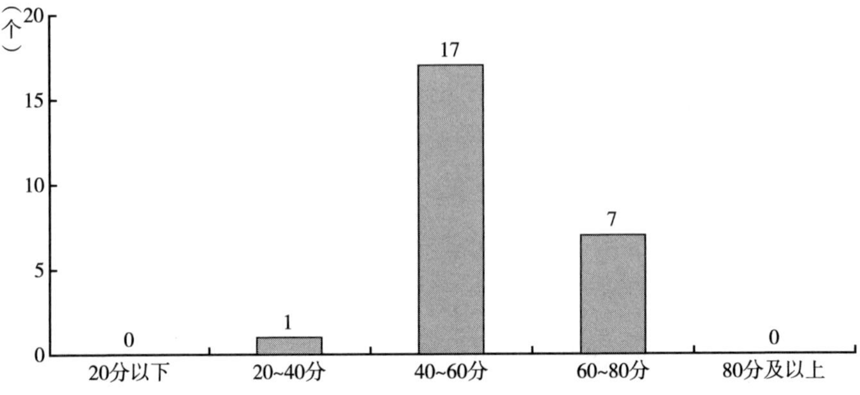

图 19　四川企业就业数量指标行业平均得分分布

3. 提升客户满意指标表现一般

2017 年四川企业提升客户满意指标平均得分为 34.63 分。中位数为 18.97 分，标准差为 82。个别企业未公开披露提升客户满意指标的相关信息。从行业指标看，家用电器、电器设备、医药生物、轻工制造、采掘等行业表现较为突出。从总体上看，各行业企业因为行业特点及信息披露等原因，提升客户满意方面可持续经济价值指标的得分差距较为明显，四川企业提升客户满意指标分行业评价的总体情况见图 20。

按照所有制性质划分，四川企业中，中央企业、集体企业、公众企业的提升客户满意指标得分位居前列（见图 21）。

（1）保障消费者权益亟待加强

四川企业在保障消费者权益指标方面的信息披露不理想，相当部分的企业未披露相关信息。从总体上看，保障消费者权益指标得分在 10 分及以上（本指标满分 20 分）的企业数量不到 20%（见图 22），相关信息披露与管理工作亟待加强。

仅有 18 家企业本指标得分在 10 分及以上。其主要分布在计算机、金融、通信、食品饮料、化工、公用事业、传媒和机械设备等客户较为分散的行业。

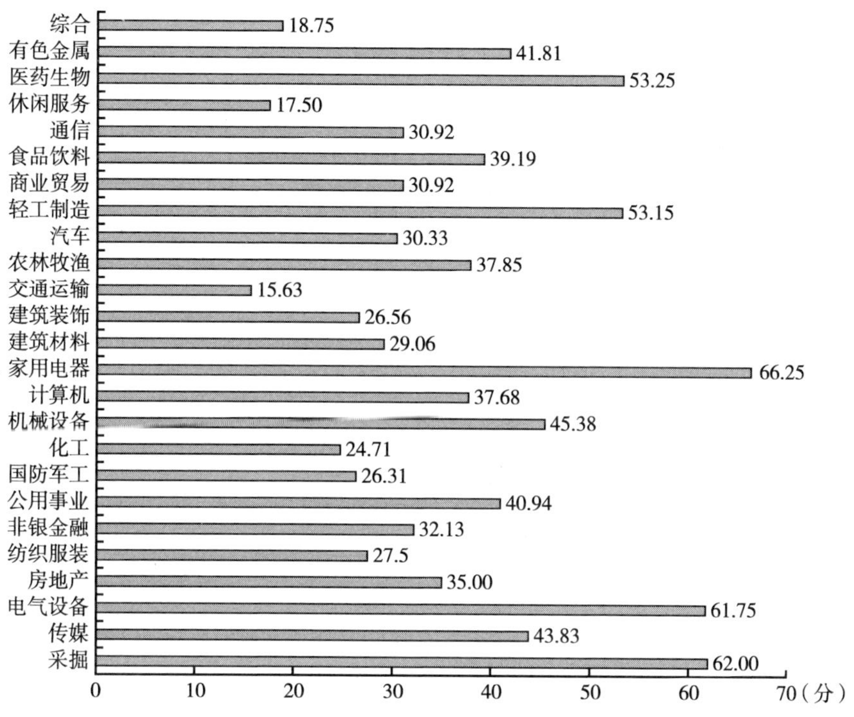

图 20　四川企业各行业提升客户满意指标评价情况

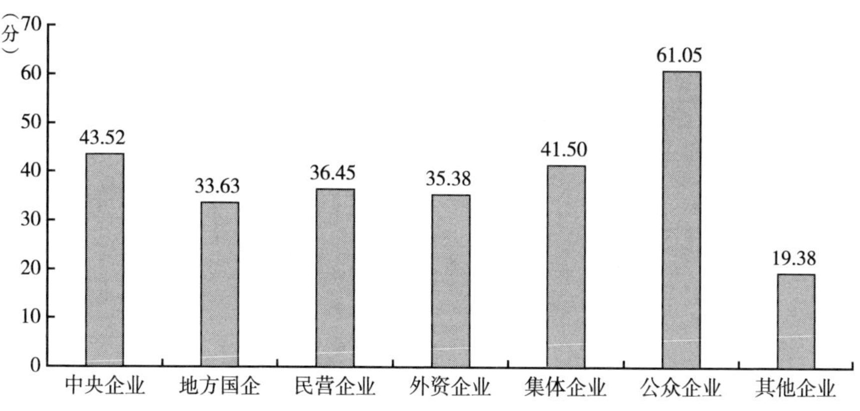

图 21　四川企业提升客户满意指标按所有制评价情况

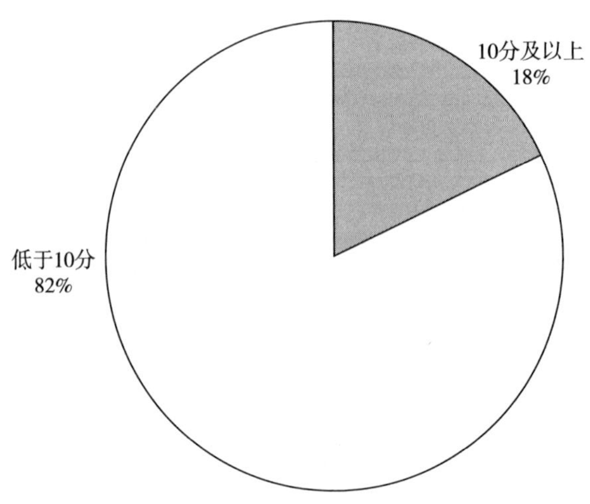

图 22　四川企业保障消费者权益指标得分情况

（2）产品质量管理水平较高

四川企业在产品质量管理指标方面的信息披露相对较好，仅有少数公司未披露相关信息。从总体上看，产品质量管理指标得分在 15 分及以上（本指标满分 25 分）的企业数量占 47%，处于较好水平（见图 23）。

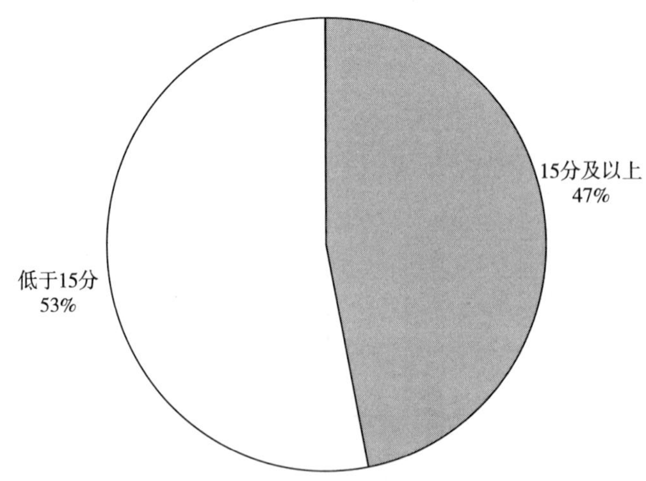

图 23　四川企业产品质量管理指标得分分布情况

得分在 15 分及以上的企业主要分布在媒体、电气设备、生物科技、软件、制药、电子设备、建筑、化工等行业。

(3) 改善客户服务表现一般

四川企业在改善客户服务指标方面的信息披露一般，有 20 家企业未披露相关信息。从总体上看，改善客户服务指标得分在 15 分及以上（本指标满分 25 分）的企业数量占 36%，相关信息披露与管理工作需要进一步提高（见图 24）。

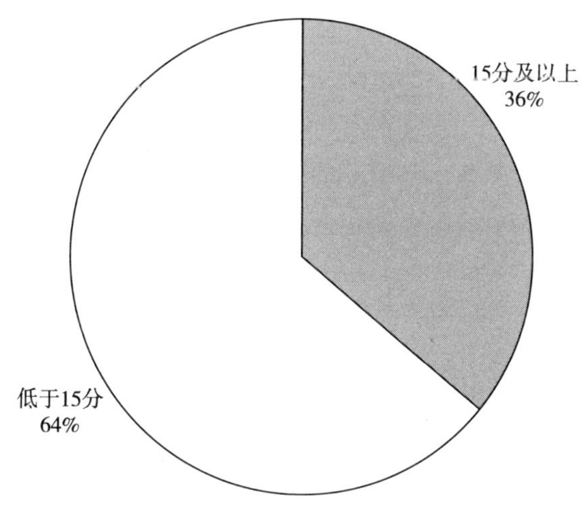

图 24　四川企业改善客户服务指标得分分布情况

本指标得分在 15 分及以上的企业主要分布在电气设备、生物科技、制药、电子设备、电力等行业。

(4) 客户满意度管理有待加强

四川企业在客户满意度指标方面的信息披露有待加强，有 30 家企业未披露相关信息。从总体上看，客户满意度指标得分在 15 分及以上（本指标满分 30 分）的企业数量占 28%，不足披露客户满意度信息企业数量的一半，相关信息披露与管理工作亟待加强（见图 25）。

得分在 15 分及以上的企业主要分布在电气设备、商业服务、水务、采掘、电子产品和电子设备等行业。

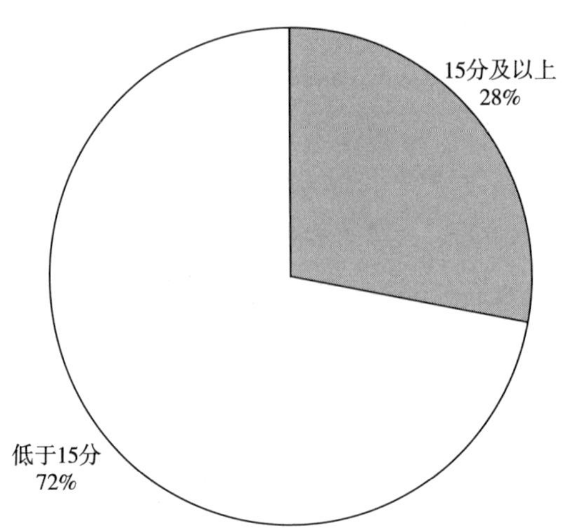

图 25　四川企业客户满意度指标得分分布情况

4. 价值链合作

2017 年，四川企业价值链合作指标平均得分为 41.17 分。中位数为 40.42 分，标准差为 12.05。全部样本企业均披露了价值链合作指标相关信息。从行业指标看，纺织服装、计算机、公用事业等行业表现较为突出。从总体上看，价值链合作指标方面的得分差距不大。四川企业价值链合作指标按行业评价的总体情况见图 26。

从企业的所有制分类看，公众企业、中央企业和集体企业得分较好，其他企业得分最低。四川企业价值链合作指标按所有制评价的总体情况见图 27。

（1）反不正当竞争工作有较大差距

2017 年，四川企业在反不正当竞争指标方面的信息披露不理想，有 38 家企业未披露相关信息。从总体上看，反不正当竞争指标得分在 15 分及以上的企业数量占 18%，相关信息披露与管理工作亟待加强（见图 28）。

得分在 15 分及以上（本指标满分 30 分）的企业主要分布在机械设备、通信、计算机、公用事业等行业。

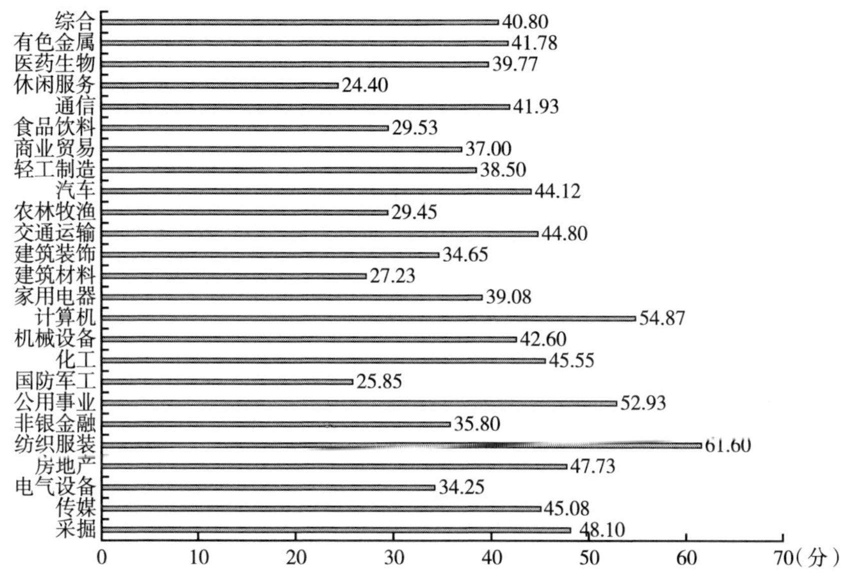

图 26　四川企业各行业价值链合作指标评价情况

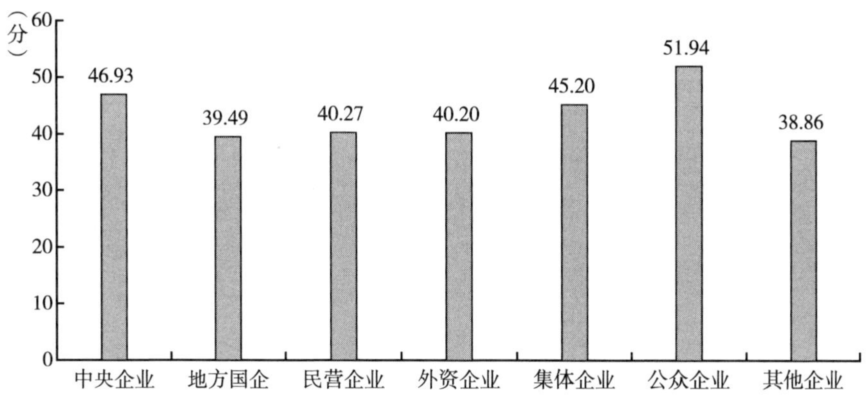

图 27　四川企业价值链合作指标按所有制评价情况

（2）合同履约率表现良好

2017 年，四川企业在合同履约率指标方面的信息披露较为充分，仅有 4 家企业未披露相关信息。从总体上看，合同履约率指标得分在 10 分及以上的企业数量约为 69%，相关信息披露与管理工作表现良好（见图 29）。

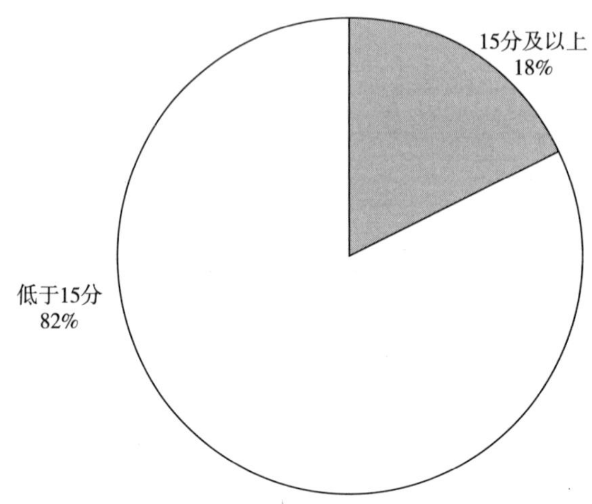

图 28　四川企业反不正当竞争指标得分分布情况

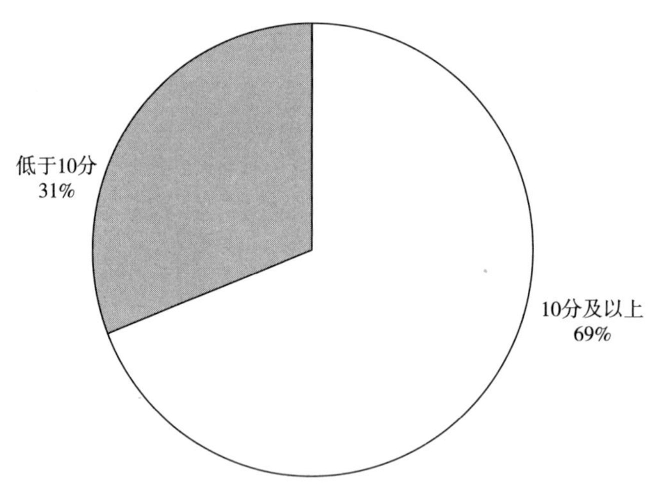

图 29　四川企业合同履约率指标得分分布情况

得分在 10 分及以上（本指标满分 22 分）的企业主要分布在化工、公用事业、计算机、机械设备、家用电器和电气设备等行业。

（3）供应商合作成效明显

2017 年，四川企业在供应商合作指标方面的信息披露较为充分，全部样本中只有 1 家没有供应商合作指标方面的信息披露。从总体上看，供应商合作指标得分在 8 分及以上的企业数量约为 89%，相关信息披露与管理工作表现良好（见图 30）。

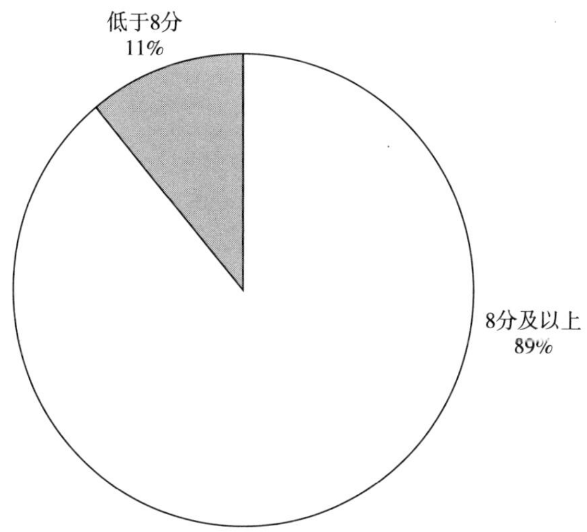

图 30　四川企业供应商合作指标得分分布情况

得分在 8 分及以上（本指标满分 16 分）的企业主要分布在燃气、水务、耐用消费品、化工、电气设备、建筑、制药等行业。

（4）银企合作工作扎实

2017 年，四川企业在银企合作指标方面的信息披露较为充分想，仅有 3 家企业未披露相关信息。从总体上看，银企合作指标得分在 8 分及以上的企业数量约为 62%，相关信息披露与管理工作表现良好（见图 31）。

得分在 8 分及以上（本指标满分 16 分）的企业主要分布在公用事业、非银金融、计算机、电器设备、交通运输、化工、传媒和食品饮料等行业。

（5）其他合作伙伴信息披露不足

2017 年，四川企业在其他合作伙伴指标方面的信息披露不理想，有 37 家企业未披露相关信息。从总体上看，其他合作伙伴指标得分在 8 分及以上的企业数量约为 28%，未能达到样本总数的 1/2，相关信息披露与管理工作亟待加强（见图 32）。

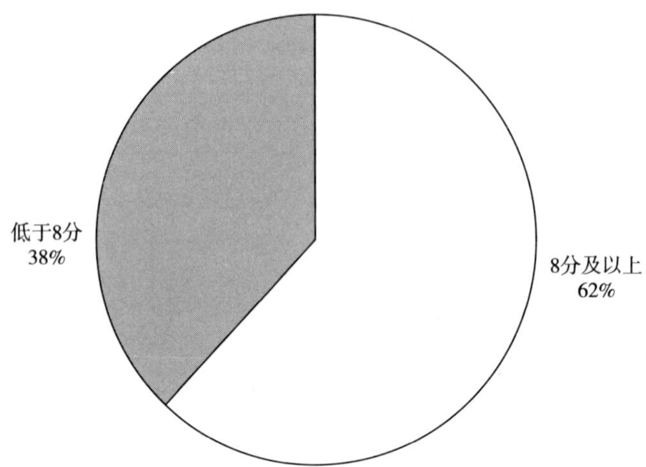

图 31　四川企业银企合作指标得分分布情况

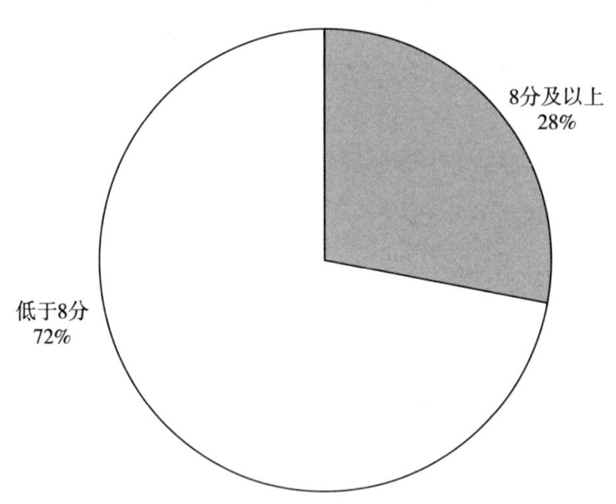

图 32　四川企业其他合作伙伴指标得分分布情况

得分在 8 分及以上（本指标满分 16 分）的企业主要分布在化工、机械设备、计算机和公用事业等行业。

5. 合规运营

2017 年，四川企业合规运营指标平均得分为 41.29 分，中位数为 39.50

分，标准差为 17. 34。有 4 家样本企业未披露合规运营指标的相关信息。从行业指标看，采掘、公用事业、商业贸易等行业表现较为突出。从总体上看，四川企业合规运营指标得分分布较为集中，差距不大。四川企业合规运营指标按行业评价的总体情况见图 33。

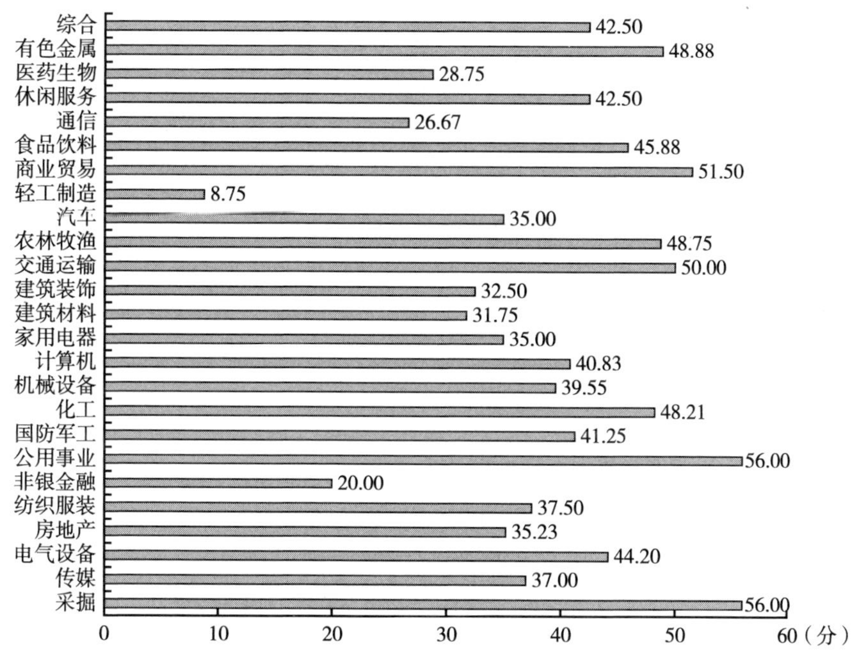

图 33　四川企业各行业合规运营指标评价情况

从企业所有制角度来看，四川企业合规运营指标中央企业、外资企业、公众企业表现较为突出（见图 34）。

（1）合规管理体系

2017 年，四川企业在合规管理体系指标方面的信息披露比较好，只有 5 家企业未披露相关信息。从总体上看，合规管理体系指标得分在 25 分及以上的企业数量约为 84%，占据披露合规管理体系信息的企业数量的绝大多数，相关信息披露与管理工作比较好（见图 35）。

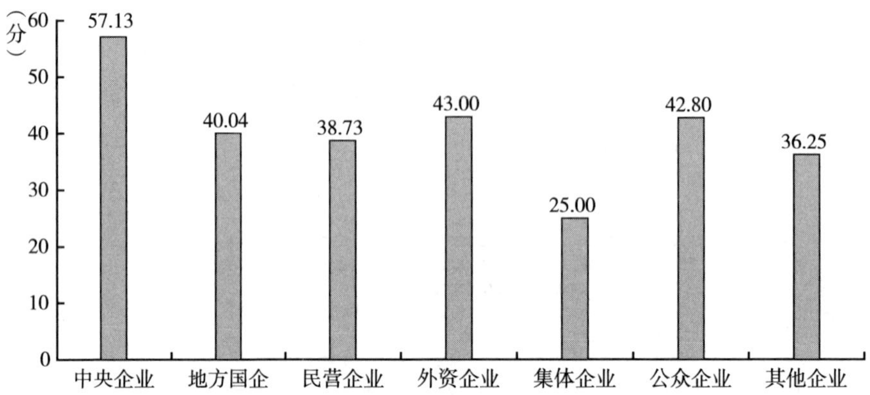

图 34　四川企业合规运营指标按所有制评价情况

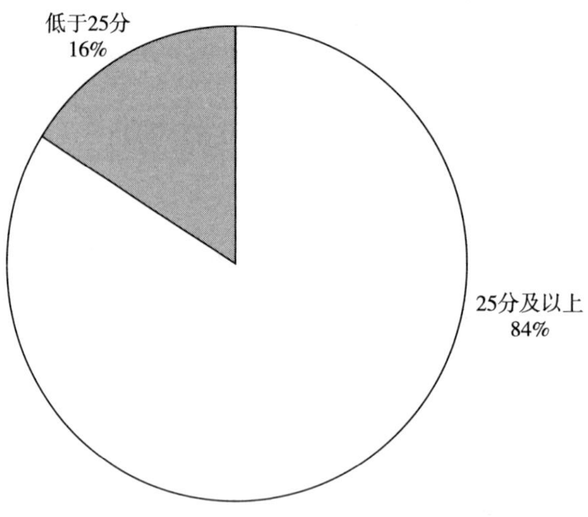

图 35　四川企业合规管理体系指标得分分布情况

得分在 25 分及以上（本指标满分 50 分）的企业主要分布在化工、计算机、家用电器、国防军工、机械设备和有色金属等行业。

（2）合规培训

2017 年，四川企业在合规培训指标方面的信息披露很不理想，有 48 家企业未披露相关信息。从总体上看，合规培训指标得分在 25 分及以上的企业数量约为21%，不到披露合规培训信息的企业数量的1/2，相关信息披露与管理工作亟待加强（见图36）。

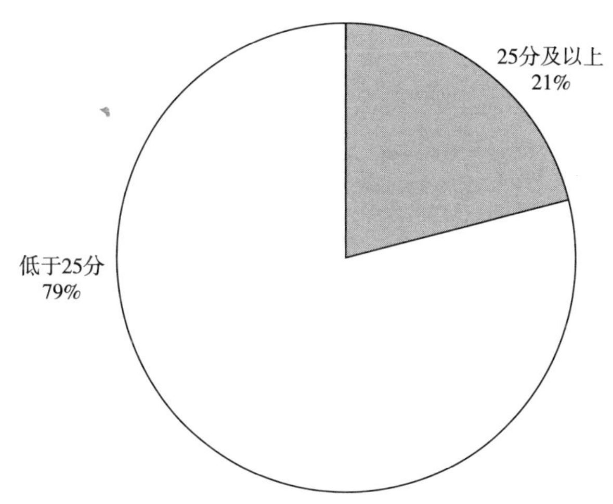

图36　四川企业合规培训指标得分分布情况

得分在25分及以上（本指标满分50分）的企业主要分布在化工、公用事业、电气设备、有色金属、农林牧渔和国防军工等行业。

（三）可持续社会价值指标评价分析

2017年，四川企业可持续社会价值指标平均得分为34.04分，中位数为32.34分，标准差为12.17。其中1%（1家）的企业评级为AAA，1%（1家）的企业评级为AA；8%（8家）的企业评级为BBB，8%（8家）的企业评级为BB，10%（10家）的企业评级为B；31%（31家）的企业评级为CCC，29%（29家）的企业评级为CC，12%（12家）的企业评级为C。全部企业均披露了可持续社会价值指标的相关信息。从行业指标看，公用事业、农林牧渔、有色金属、化工、家用电器、传媒等行业表现较为突出。从总体上看，各行业可持续社会价值指标的得分差距不大，四川企业可持续社会价值指标分行业评价的总体情况见图37。

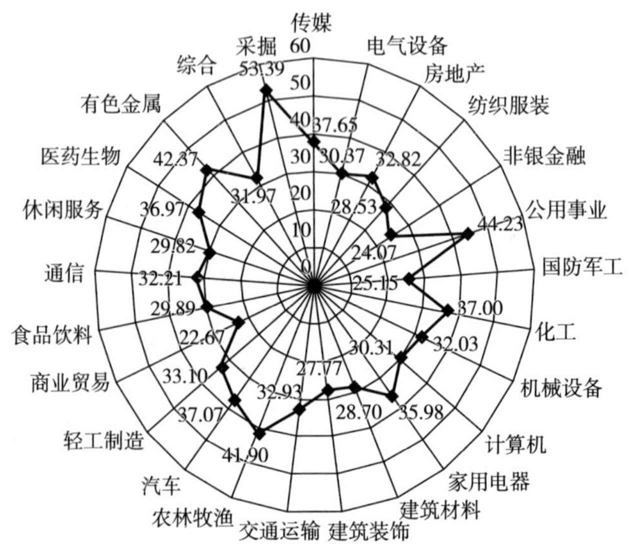

图 37　四川企业社会可持续社会价值指标分行业评价情况

按照所有制性质划分，四川企业中，中央企业、地方国企、民营企业和公众企业的可持续社会价值指标得分位居前列。总体而言，国有性质的企业在可持续社会价值方面的表现好于其他类型的公司（见图 38）。

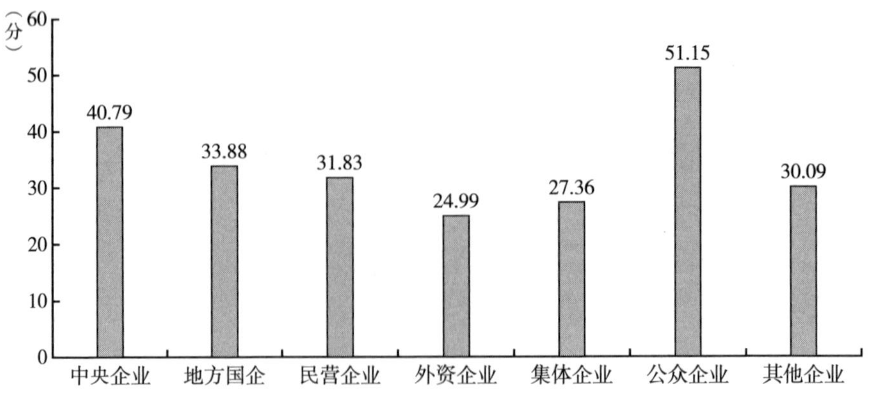

图 38　四川企业可持续社会价值指标按所有制评价情况

四川企业可持续社会价值指标的总体得分低于可持续经济价值和沟通优化两个指标，居第三位。

从企业的具体得分来看，得分居前的公司并未集中在少数行业，而是分布在化工、能源、农业、科技、资源、房地产、传媒等产业。按照所有制属性划分的中央企业、地方国企和民营企业在可持续社会价值指标的得分方面差异不大。

1. 支持员工成长成效较好

2017 年，四川企业支持员工成长指标平均得分为 43.72 分，中位数为 42.95 分，标准差为 13.39。全部样本企业均披露了支持员工成长指标的相关信息。从行业指标看，农林牧渔、轻工制造、休闲服务、采掘、化工等行业表现较为突出。从总体上看，支持员工成长指标方面的得分有一定的差距。四川企业支持员工成长指标按行业评价的总体情况见图 39。

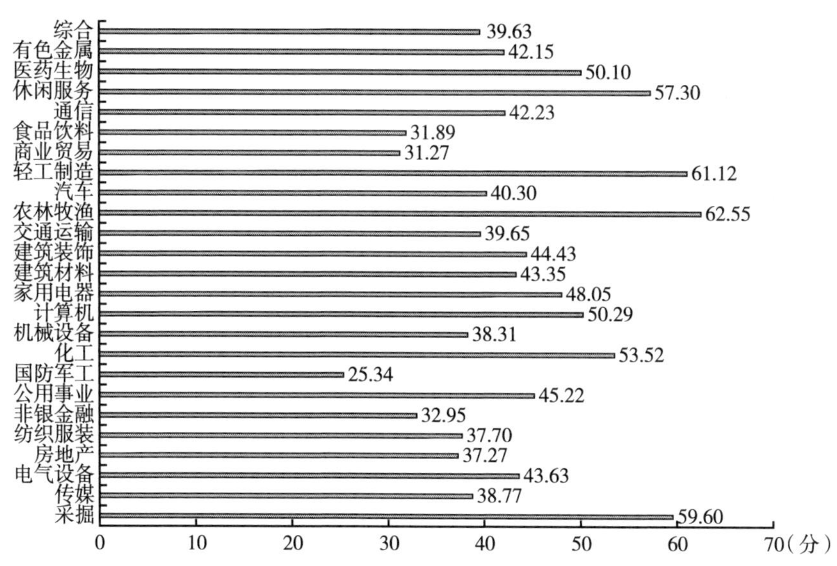

图 39　四川企业各行业支持员工成长指标评价情况

从企业所有制的角度来看，其他企业、公众企业、中央企业和集体企业在支持员工成长方面表现较为突出，外资企业在这方面信息披露不足，得分不高（见图 40）。

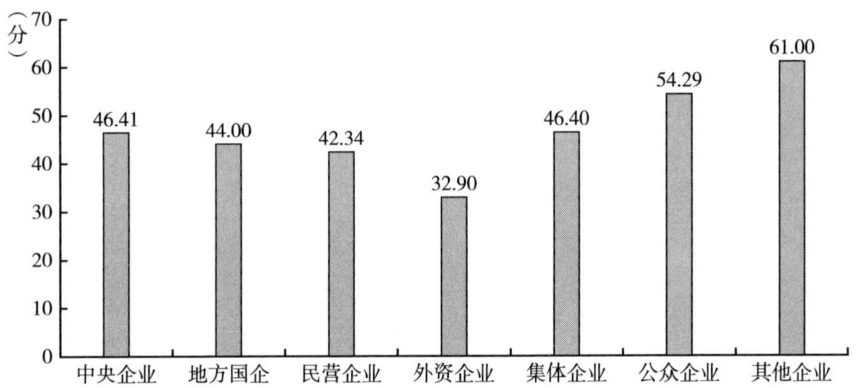

图 40　四川企业支持员工成长指标按所有制评价情况

（1）员工薪酬待遇情况良好

2017 年，四川企业在员工薪酬待遇指标方面的信息披露比较好，只有 2 家企业未披露相关信息。从总体上看，员工薪酬待遇指标得分在 5 分及以上（本指标满分 10 分）的企业数量约为 71%，占披露员工薪酬待遇信息的企业大多数（见图 41）。

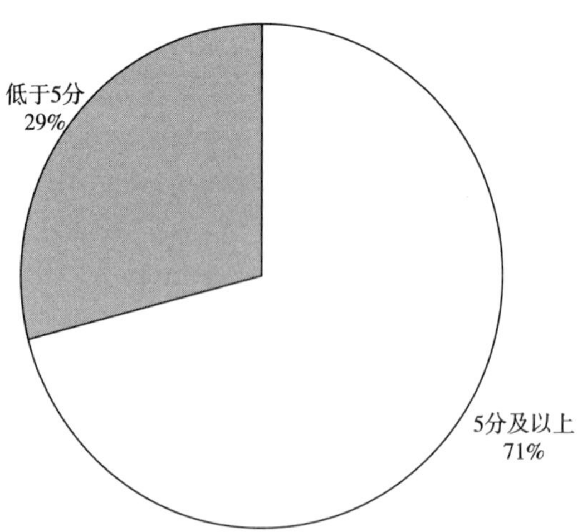

图 41　四川企业员工薪酬待遇指标得分分布情况

得分在5分及以上的企业主要分布在化工、公用事业、医药生物、计算机、建筑材料和机械设备等行业。

（2）社保缴纳率覆盖广泛

2017年，四川企业在社保缴纳率指标方面的信息披露比较好，只有2家企业未披露相关信息。从总体上看，社保缴纳率指标得分在5分及以上（本指标满分10分）的企业数量约为80%，占到披露社保缴纳率信息的企业数量的绝大多数（见图42）。

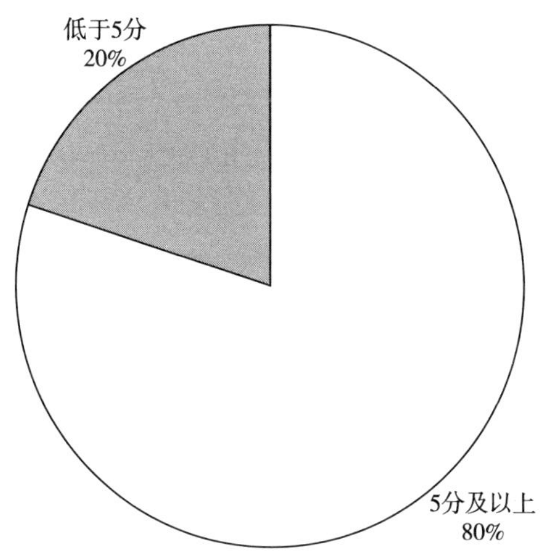

图42　四川企业社保缴纳率指标得分分布情况

得分在5分及以上的企业主要分布在化工、家用电器、建筑材料、机械设备、农林牧渔和轻工制造等行业。

（3）反歧视原则需要强化

2017年，四川企业在反歧视指标方面的信息披露不理想，有29家企业未披露相关信息。从总体上看，反歧视指标得分在6分及以上（本指标满分13分）的企业数量约为57%，占披露反歧视信息的企业数量的大多数（见图43）。

得分在6分及以上的企业主要分布在电气设备、商业服务、水务、采掘、电子产品和电子设备等行业。

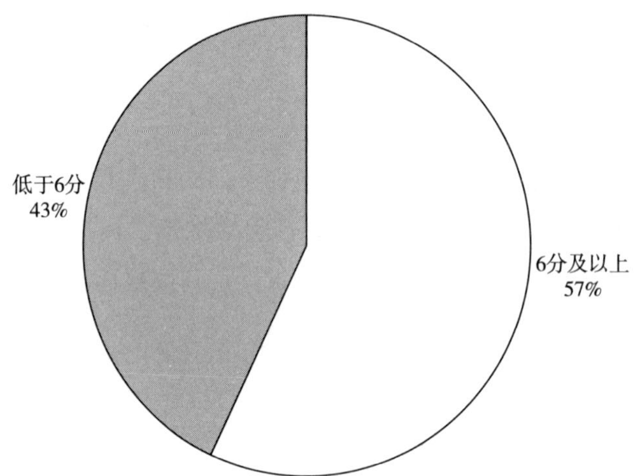

图 43　四川企业反歧视指标得分分布情况

（4）职业安全健康管理需要改善

2017 年，四川企业在职业安全健康指标方面的信息披露不理想，有 46 家企业未披露相关信息。从总体上看，职业安全健康指标得分在 5 分及以上（本指标满分 10 分）的企业数量约为 18%，约为披露职业安全健康信息的企业数量的 1/3，相关信息披露与管理工作亟待加强（见图 44）。

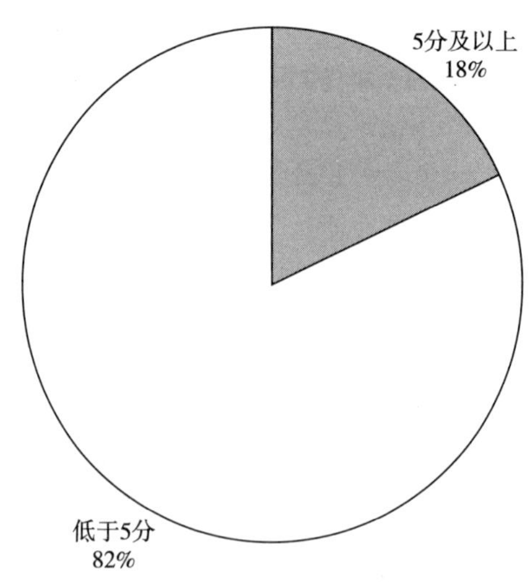

图 44　四川企业职业安全健康指标得分分布情况

得分在 5 分及以上的企业主要分布在化工、计算机、公用事业等行业。

（5）员工体检率表现良好

2017 年，四川企业在员工体检率指标方面的信息披露较好，只有 8 家企业未披露相关信息。从总体上看，员工体检率指标得分在 3 分及以上（本指标满分 6 分）的企业数量约为 66%，超过披露员工体检率信息的企业数量半数以上，相关信息披露与管理工作尚可（见图 45）。

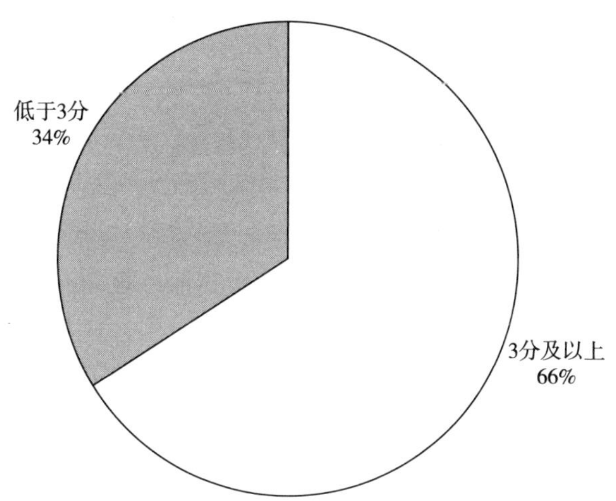

图 45　四川企业员工体检率指标得分分布情况

得分在 3 分及以上的企业主要分布在化工、公用事业、电气设备、医药生物、机械设备和农林牧渔等行业。

（6）员工培训投入力度较大

2017 年，四川企业在员工培训投入指标方面的信息披露比较好，只有 1 家企业未披露相关信息。从总体上看，员工培训投入指标得分在 5 分及以上（本指标满分 10 分）的企业数量约为 80%，占披露员工培训投入信息的企业大多数，相关信息披露与管理工作比较好（见图 46）。

得分在 5 分及以上的企业主要分布在化工、公用事业、计算机、家用电器、交通运输、国防军工、建筑材料、建筑装饰和生物医药等行业。

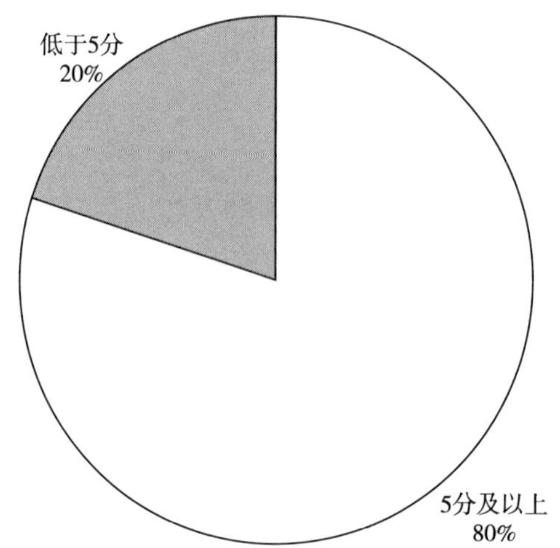

图 46　四川企业员工培训投入指标得分分布情况

（7）员工职业成长规划管理亟须加强

2017 年，四川企业在职业成长指标方面的信息披露存在较大不足，有 55 家企业未披露相关信息。从总体上看，职业成长指标得分在 6 分及以上（本指标满分 12 分）的企业数量约为 13%，仅为披露职业成长信息的企业数量的 1/3，相关信息披露与员工职业发展管理工作亟待加强（见图 47）。

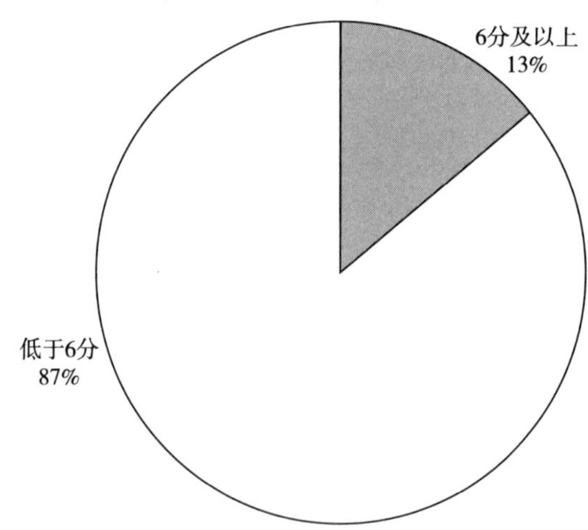

图 47　四川企业职业成长指标得分分布情况

得分在6分及以上的企业主要分布在化工、公用事业、计算机、机械设备、电气设备、轻工制造、电气设备和生物医药等行业。

(8)员工关爱需要进一步加强

2017年，四川企业在员工关爱指标方面的信息披露不理想，有34家企业未披露相关信息。从总体上看，员工关爱指标得分在7分及以上（本指标满分13分）的企业数量约为30%，约为披露员工关爱信息的企业数量的一半，相关信息披露与对员工身心健康发展的投入需要进一步加强（见图48）。

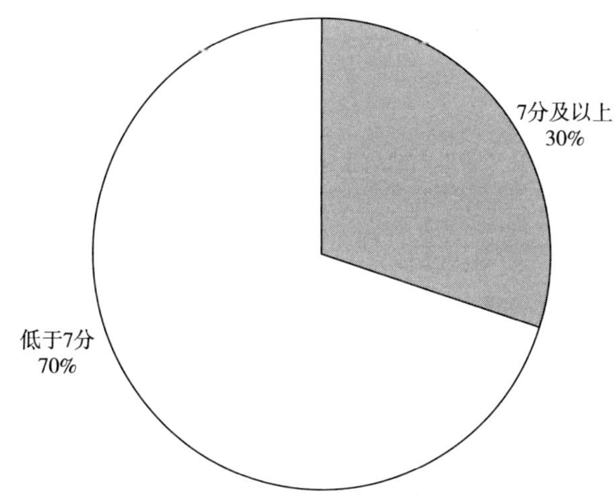

图48　四川企业员工关爱指标得分分布情况

得分在7分及以上的企业主要分布在化工、轻工制造、机械设备、农林牧渔、计算机和公用事业等行业。

(9)员工满意度仍需提高

2017年，四川企业在员工满意度指标方面的信息披露工作有待进一步推动，有18家企业未披露相关信息。从总体上看，员工满意度指标得分在4分及以上（本指标满分8分）的企业数量约为42%，约为披露员工满意度信息的企业数量的一半，相关信息披露与管理工作亟待加强（见图49）。

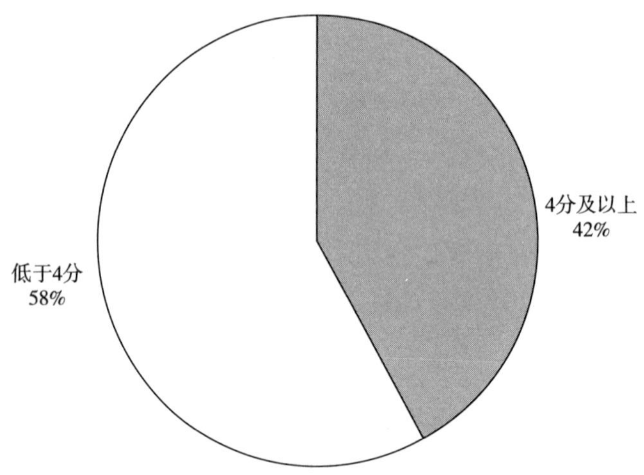

图 49　四川企业员工满意度指标得分分布情况

得分在 4 分及以上的企业主要分布在化工、计算机、公用事业、计息设备、农林牧渔、医药生物、建筑装饰和家用电器等行业。

2. 支持社区发展差距明显

2017 年，四川企业支持社区发展指标平均得分为 18. 10 分，标准差为 23. 69。有 51 家样本企业未披露支持社区发展的相关信息。从行业指标看，采掘、公用事业、农林牧渔等行业表现较为突出。从总体上看，支持社区发展指标方面的得分差别非常明显。四川企业支持社区发展指标按行业评价的总体情况见图 50。

从企业所有制的角度来看，公众企业、中央企业对社区发展投入较大。其他企业投入一般（见图 51）。

（1）社区共享发展亟待加强

2017 年，四川企业在社区共享发展指标方面的信息披露工作亟待加强，有 65 家企业未披露相关信息。从总体上看，社区共享发展指标得分在 25 分及以上（本指标满分 50 分）的企业数量仅占 21%，占披露社区共享发展信息的企业数量的一半多（见图 52）。

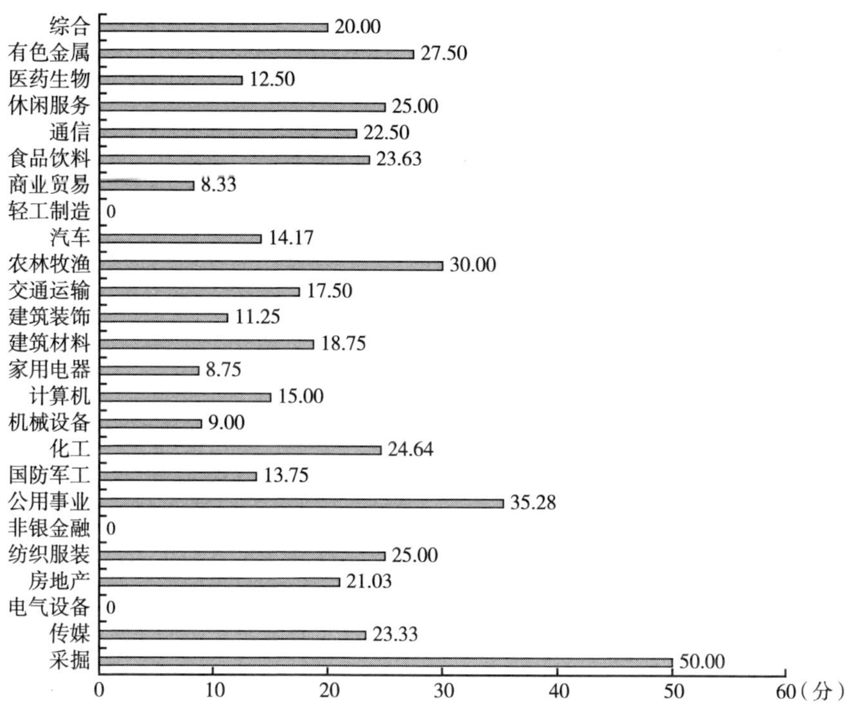

图 50　四川企业各行业支持社区发展指标评价情况

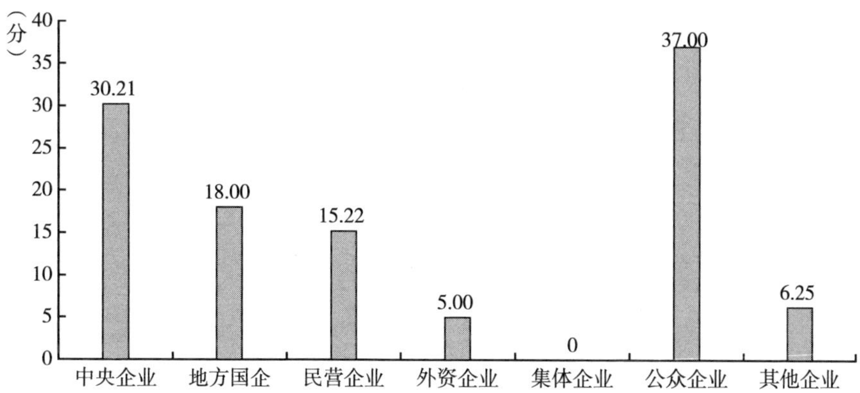

图 51　四川企业支持社区发展指标按所有制评价情况

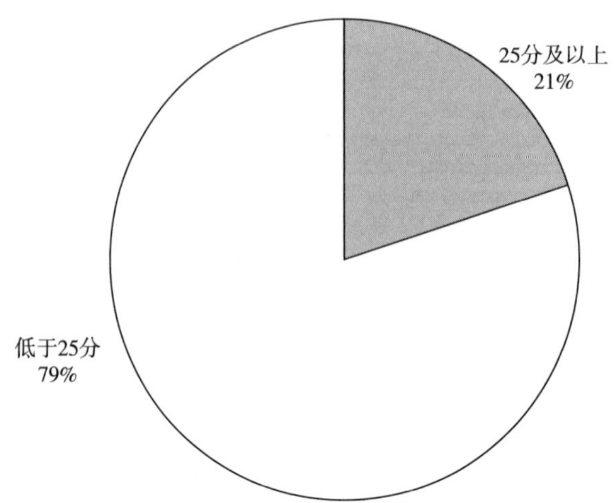

图 52　四川企业社区共享发展指标得分分布情况

得分在 25 分及以上的企业主要分布在公用事业、采掘、农林牧渔、计算机等行业。

（3）社区关系管理

2017 年，四川企业在社区关系管理指标方面的信息披露工作亟待加强，有 56 家企业未披露相关信息。从总体上看，社区关系管理指标得分在 25 分及以上（本指标满分 50 分）的企业数量约占 35%，约占披露社区关系管理信息的企业数量的一半多（见图 53）。

得分在 25 分及以上的企业主要分布在公用事业、化工、农林牧渔、计算机、家用电器等行业。

3. 参与社会公益有待加强

2017 年，四川企业参与社会公益指标平均得分为 20. 37 分，中位数为 13. 75 分，标准差为 20. 20。有 17 家样本企业未披露参与社会公益指标的相关信息。从行业指标看，医药生物、农林牧渔、公用事业、国防军工等行业表现较为突出。从总体上看，参与社会公益指标方面的得分差距较大。四川企业参与社会公益指标按行业评价的总体情况见图 54。

从企业所有制的角度来看，中央企业、其他企业、公众企业对参与社会公益重视程度更高，集体企业未披露相关信息（见图 55）。

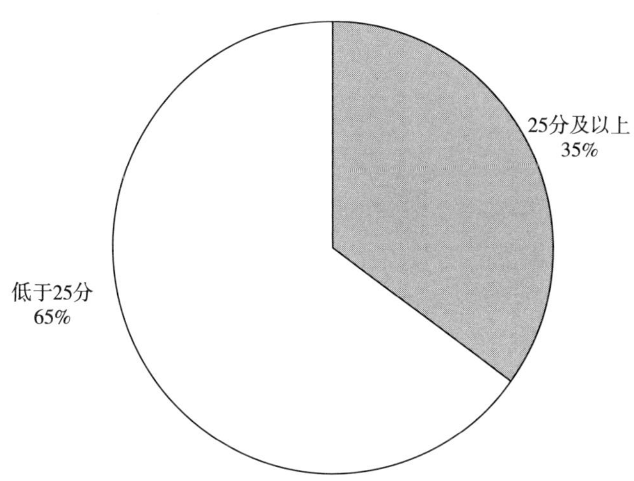

图 53　四川企业社区关系管理指标得分分布情况

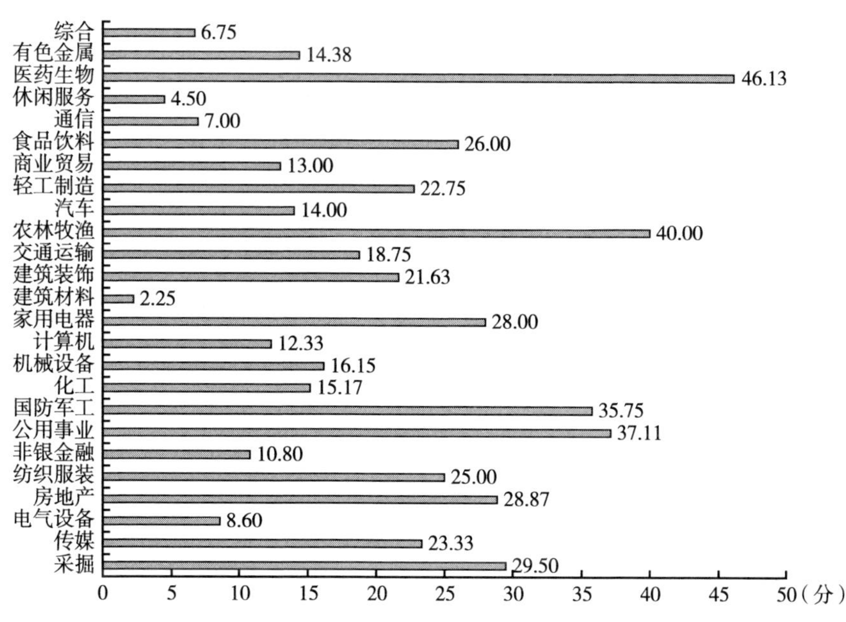

图 54　四川企业各行业参与社会公益指标评价情况

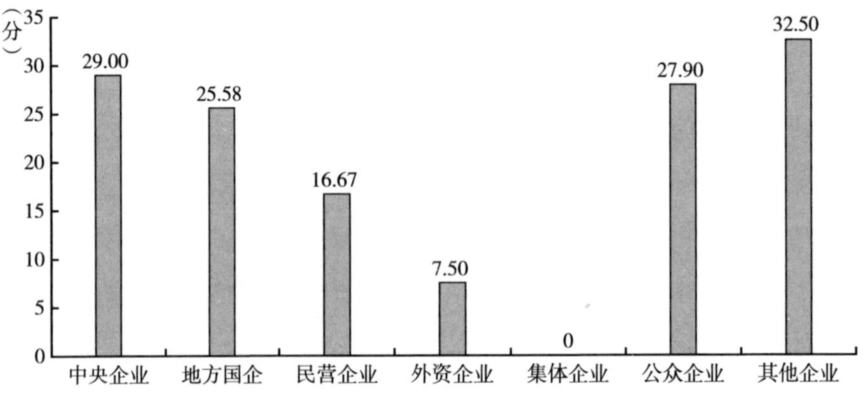

图 55　四川企业参与社会公益指标按所有制评价情况

（1）公益管理重视不足

2017 年，四川企业在公益管理指标方面的信息披露很不理想，有 51 家企业未披露相关信息。从总体上看，公益管理指标得分在 25 分及以上的企业数量约为 19%，相关信息披露与管理工作需要进一步加强（见图 56）。

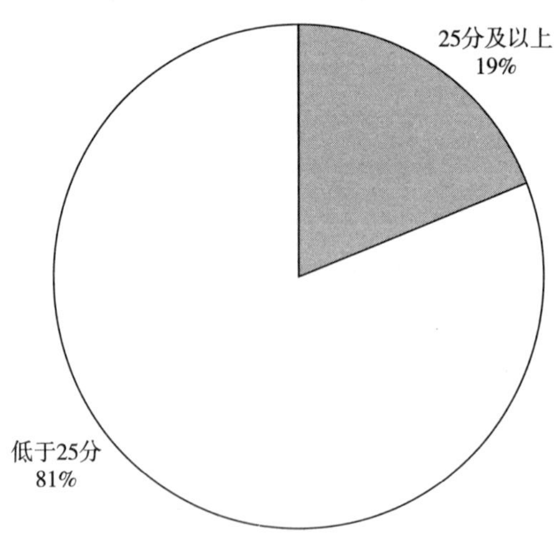

图 56　四川企业公益管理指标得分分布情况

得分在 25 分及以上（本指标满分 50 分）的企业主要分布在公用事业、家用电器和医药生物等行业。

（2）对外捐赠收入占比指标信息披露需要加强

2017 年，四川企业在对外捐赠收入占比指标方面的信息披露不理想，有 33 家企业未披露相关信息。从总体上看，对外捐赠收入占比指标得分在 15 分及以上（本指标满分 30 分）的企业数量约为 15%（见图 57）。

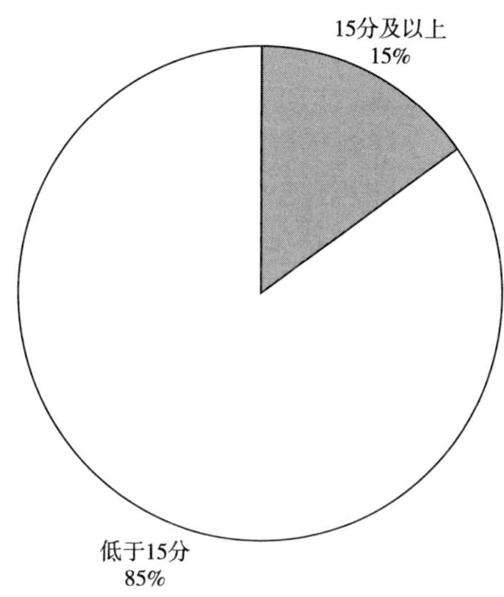

图 57　四川企业对外捐赠收入占比指标得分分布情况

四川企业对外捐赠收入占比指标得分在 15 分及以上的企业主要分布在医药生物、公用事业和机械设备、建筑装饰等行业。

（3）员工志愿者工作薄弱

2017 年，四川企业在员工志愿者指标方面的信息披露非常不理想，有 63 家企业未披露相关信息。从总体上看，员工志愿者指标得分在 10 分及以上的企业数量约为样本总数的 17%（见图 58）。

得分在 10 分及以上（本指标满分 20 分）的企业主要分布在化工、公用事业和传媒等行业。

4. 安全生产运营水平存在差异

2017 年，四川企业安全生产运营指标平均得分为 32. 07 分，中位数为 28. 50 分，标准差为 24. 74。有 16 家样本企业未披露安全生产运营指标的相

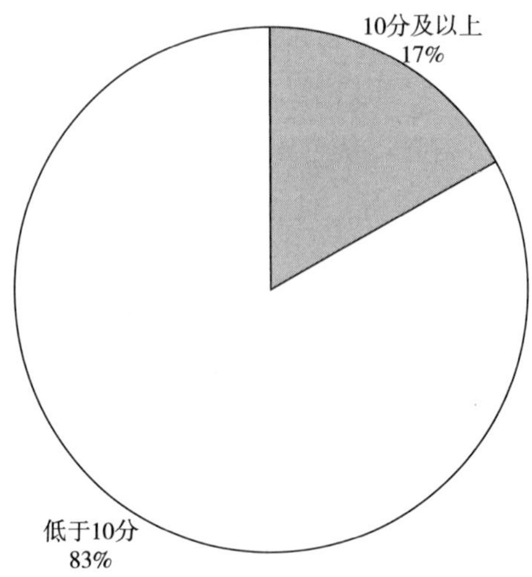

图 58　四川企业员工志愿者指标得分分布情况

关信息。从行业指标看，有色金属、汽车、采掘、交通运输等行业表现较为突出。从总体上看，安全生产运营指标方面的得分差距较大。四川企业安全生产运营指标按行业评价的总体情况见图 59。

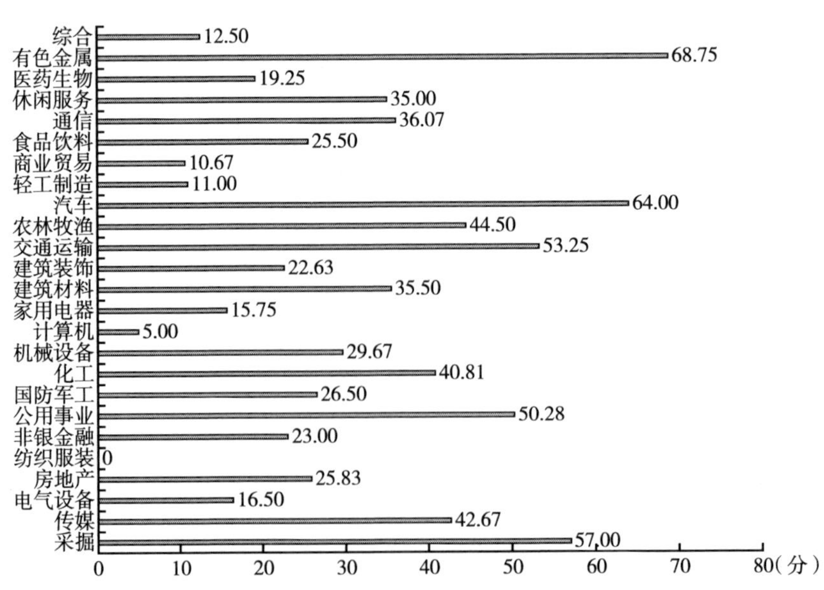

图 59　四川企业各行业安全生产运营指标评价情况

从企业所有制的分类看，公众企业、中央企业的安全生产运营表现最为突出，集体企业相关信息披露不足（见图60）。

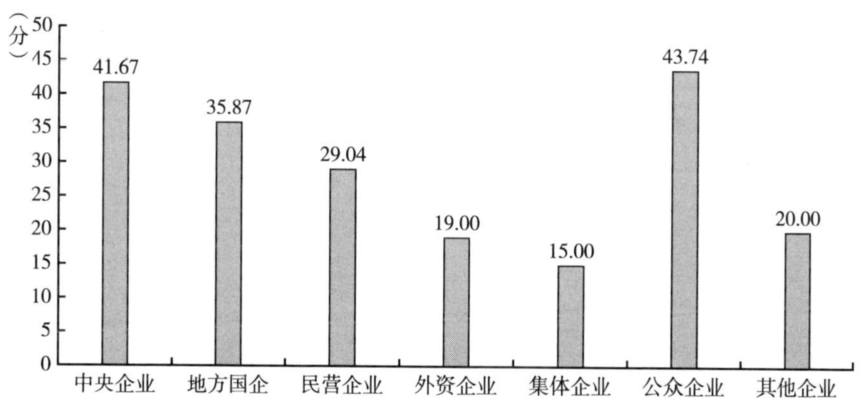

图60　四川企业安全生产指标按所有制评价情况

（1）安全生产管理

2017年，四川企业在安全生产管理指标方面的信息披露差别较大，有24家企业未披露相关信息。从总体上看，安全生产管理指标得分在20分及以上（本指标满分40分）的企业数量约为47%，整体水平尚可（见图61）。

得分在20分及以上的企业主要分布在化工、有色金属、机械设备、公用事业、传媒、交通运输、汽车和建筑材料等行业。

（2）应急管理

2017年，四川企业在应急管理指标方面的信息披露很不理想，有48家企业未披露相关信息。从总体上看，应急管理指标得分在15分及以上（本指标满分30分）的企业数量约为27%，约占披露应急管理信息的企业数量的一半，相关信息披露与管理工作有较大提升空间（见图62）。

应急管理指标得分在15分及以上的企业主要分布在有色金属、公用事业、汽车、化工、机械设备和国防军工等行业。

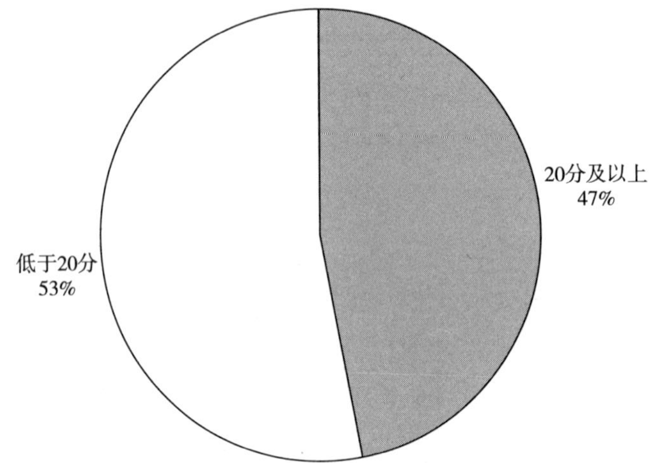

图 61　四川企业安全生产管理指标得分分布情况

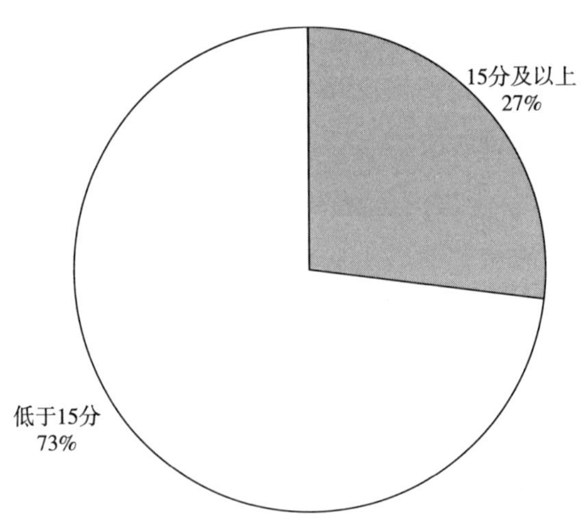

图 62　四川企业应急管理指标得分分布情况

（3）安全生产投入

2017 年，四川企业在安全生产投入指标方面的信息披露一般，有 39 家企业未披露相关信息。从总体上看，安全生产投入指标得分在 15 分及以上（本指标满分 30 分）的企业数量约为 32%，约占披露安全生产投入信息的企业数量的一半（见图 63）。

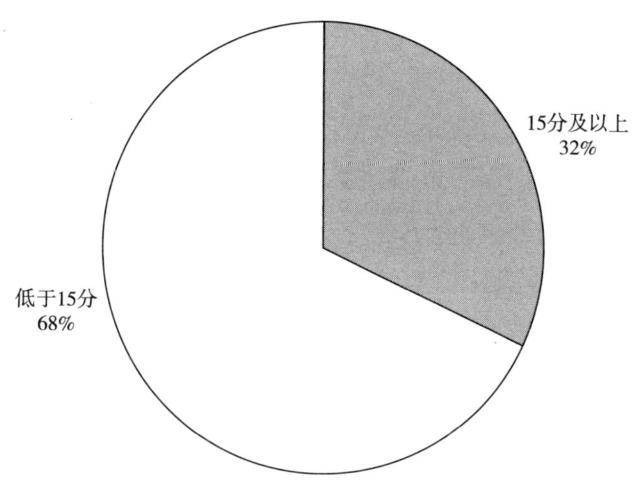

图 63　四川企业安全生产投入指标得分分布情况

得分在 15 分及以上的企业主要分布在建筑装饰、机械设备、有色金属、建筑材料、化工、公用事业和汽车等行业。

（四）可持续环境价值指标评价分析

2017 年，四川企业可持续环境价值指标平均得分为 17.24 分，中位数为 15.60 分，标准差为 13.54。其中 1%（1 家）的企业评级为 A；2%（2 家）的企业评级为 BBB，2%（2 家）的企业评级为 BB，2%（2 家）的企业评级为 B；5%（5 家）的企业评级为 CCC，27%（27 家）的企业评级为 CC，61%（61 家）的企业评级为 C。有 12 家企业未披露可持续环境价值指标的相关信息。从行业指标看，家用电器、农林牧渔、公用事业等行业表现较为突出。从总体上看，各行业可持续环境价值指标的得分差距不大，四川企业可持续环境价值指标分行业评价的总体情况见图 64。

按照所有制性质划分，四川企业中中央企业和公众企业的可持续环境价值指标得分位居前列（见图 65）。

四川企业可持续环境价值指标得分在 60 分及以上的企业有 1 家，40 ~ 60 分的有 6 家，其他得分均很低（见图 66）。

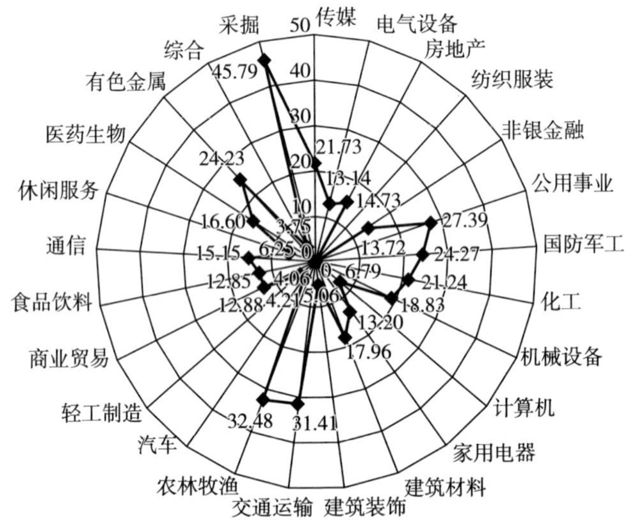

图 64　四川企业可持续环境价值指标分行业评价情况

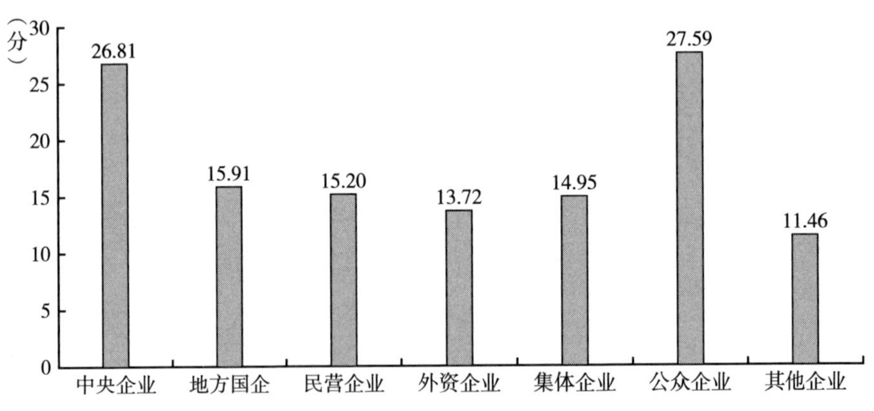

图 65　四川企业可持续环境价值指标按所有制得分情况

1. 环境管理

2017 年，四川企业环境管理指标平均得分为 26. 37 分，中位数为 24 分，标准差为 22. 53。有 24 家样本企业未披露环境管理指标的相关信息。从行业指标看，采掘、交通运输、农林牧渔、公用事业等行业表现较为突出。从总体上看，环境管理指标得分普遍不高，且不同行业的得分差距较大。四川企业环境管理指标按行业评价的总体情况见图 67。

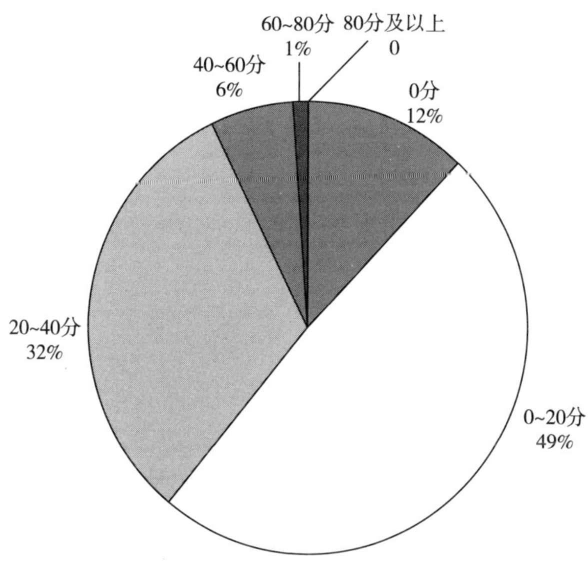

图 66　四川企业可持续环境价值指标得分分布情况

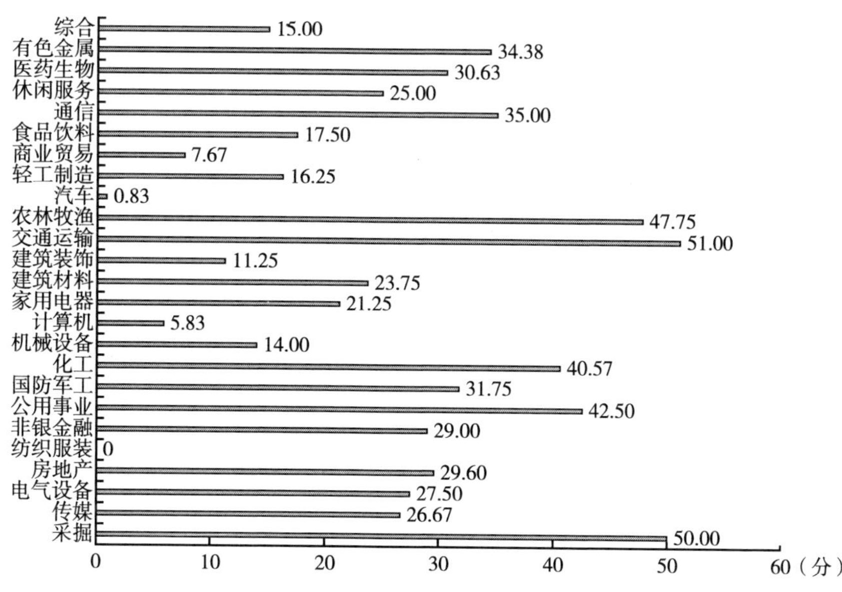

图 67　四川企业各行业环境管理指标评价情况

从企业所有制情况来看，公众企业和中央企业表现比较突出（见图68）。

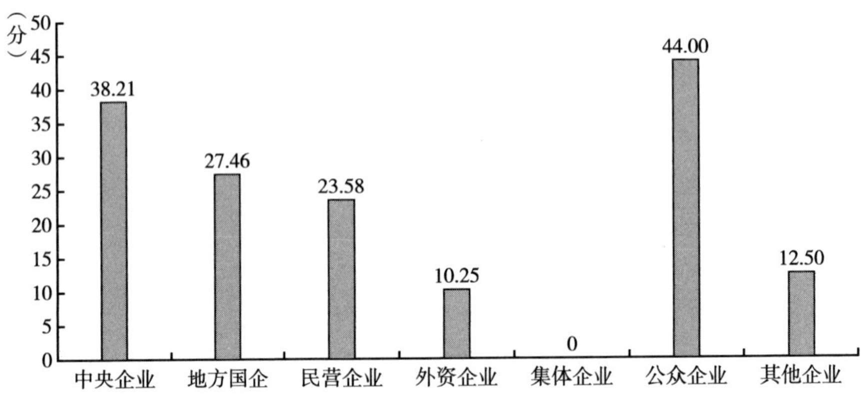

图 68　四川企业环境管理指标按所有制评价情况

（1）环保管理政策与体系

2017 年，四川企业在环保管理政策与体系指标方面的信息披露不理想，有 30 家企业未披露相关信息。从总体上看，环保管理政策与体系指标得分在 25 分及以上（本指标满分 50 分）的企业数量约为 47%，相关信息披露与管理工作处于一般水平（见图 69）。

得分在 25 分及以上的企业主要分布在化工、公用事业、通信、计算机、机械设备、建筑材料和农林牧渔等行业。前十位的企业得分均在 38 分及以上。

（2）环保投入

2017 年，四川企业在环保投入指标方面的信息披露很不理想，有 51 家企业未披露相关信息。从总体上看，环保投入指标得分在 25 分及以上（本指标满分 50 分）的企业数量约为 29%，相关信息披露与管理工作亟待加强（见图 70）。

得分在 25 分及以上的企业主要分布在通信、公用事业和化工行业。

2. 三废管理

2017 年，四川企业三废管理指标平均得分为 18. 89 分，中位数为 14. 16

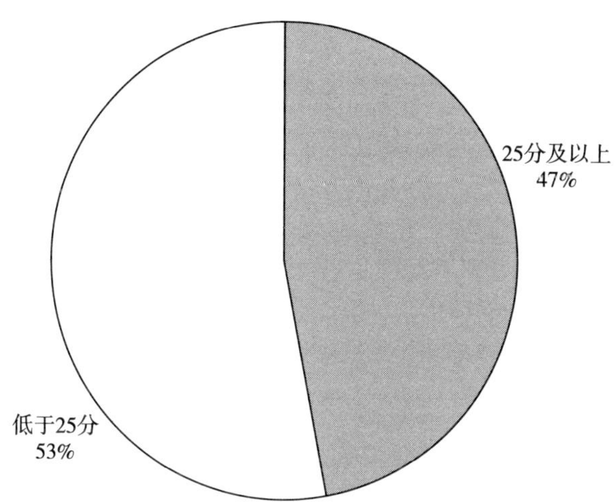

图 69　四川企业环保管理政策与体系指标得分分布情况

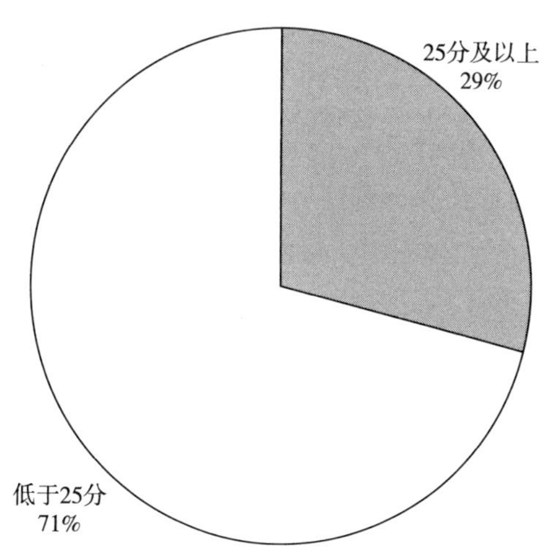

图 70　四川企业环保投入指标得分分布情况

分，标准差为 21.47。有 42 家样本企业未披露三废管理指标的相关信息。从行业指标看，采掘、交通运输等行业表现较为突出。从总体上看，大部分行业的三废管理指标得分普遍不高，且不同行业企业得分差距较大。四川企业三废管理指标按行业评价的总体情况见图 71。

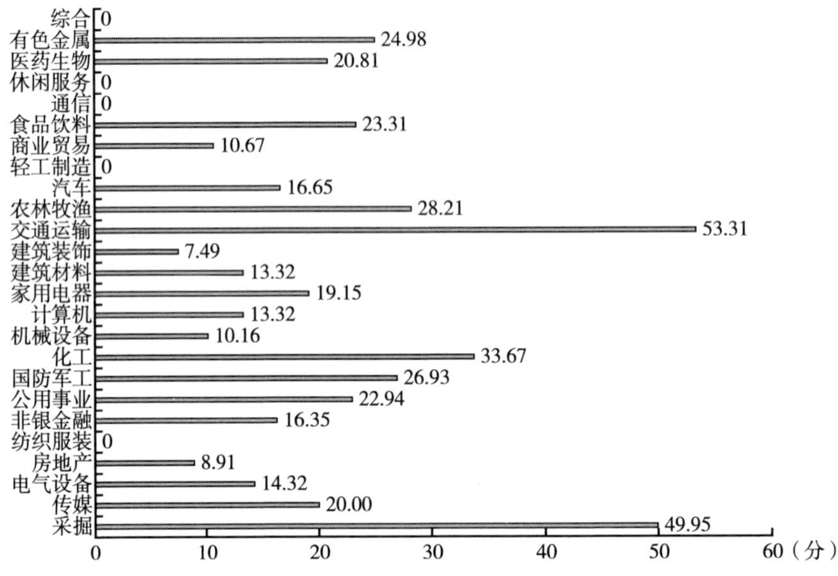

图 71　四川企业各行业三废管理指标评价情况

（1）废水管理

2017 年，四川企业在废水管理指标方面的信息披露不理想，有 46 家企业未披露相关信息。从总体上看，废水管理指标得分在 15 分及以上（本指标满分 33 分）的企业数量约为 27%，为披露废水管理信息的企业数量的一半（见图 72）。

得分在 15 分及以上的企业主要分布在有色金属、化工和公用事业行业。

（2）废气管理

2017 年，四川企业在废气管理指标方面的信息披露不理想，有 53 家企业未披露相关信息。从总体上看，废气管理指标得分在 15 分及以上（本指标满分 33 分）的企业数量约为 20%，不足披露废气管理信息的企业数量的一半（见图 73）。

得分在 15 分及以上的企业主要分布在化工、有色金属和公用事业行业。

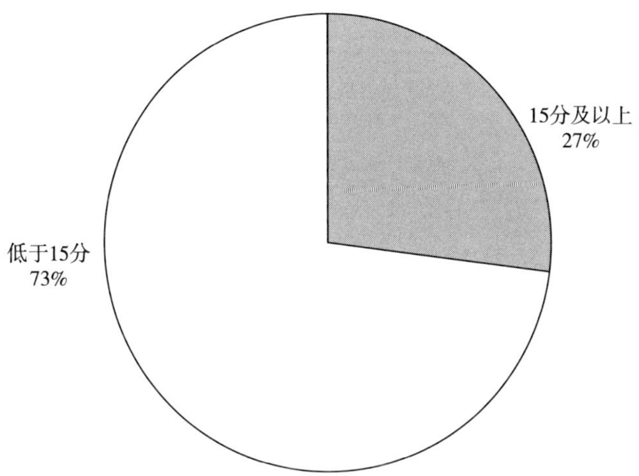

图 72　四川企业废水管理指标得分分布情况

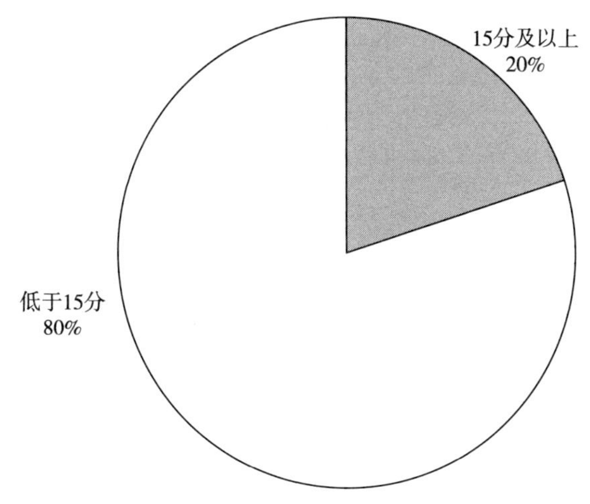

图 73　四川企业废气管理指标得分分布情况

（3）固体废弃物管理

2017 年，四川企业在固体废弃物管理指标方面的信息披露不理想，有 57 家企业未披露相关信息。从总体上看，固体废弃物管理指标得分在 15 分及以上（本指标满分 33 分）的企业数量约为 19%，不足披露固体废弃物管理信息的企业数量的一半（见图 74）。

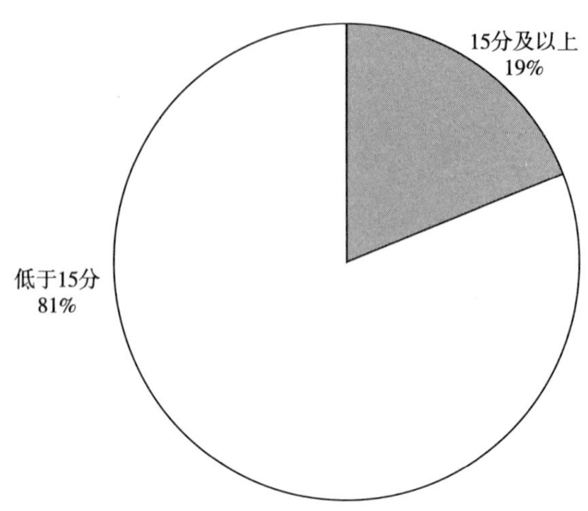

图 74　四川企业固体废弃物管理指标得分分布情况

得分在 15 分及以上的企业主要分布在家用电器、化工、国防军工和有色金属行业。

3. 循环经济

2017 年，四川企业循环经济指标平均得分为 15.78 分，中位数为 12.25 分，标准差为 17.95。有 44 家样本企业未披露循环经济指标的相关信息。从行业指标看，采掘、农林牧渔等行业表现较为突出。从总体上看，大部分行业的循环经济指标得分不高。四川企业循环经济指标按行业评价的总体情况见图 75。

从所有制角度来看，中央企业和公众企业在循环经济方面表现较为突出，但得分总体偏低（见图 76）。

（1）综合能耗管理

2017 年，四川企业在综合能耗管理指标方面的信息披露很不理想，有 61 家企业未披露相关信息。从总体上看，综合能耗管理指标得分在 25 分及以上的企业数量约为 17%，不足披露综合能耗管理信息的企业数量的一半（见图 77）。

得分在 25 分及以上（本指标满分 50 分）的企业主要分布在化工、公用事业、传媒和国防军工行业。

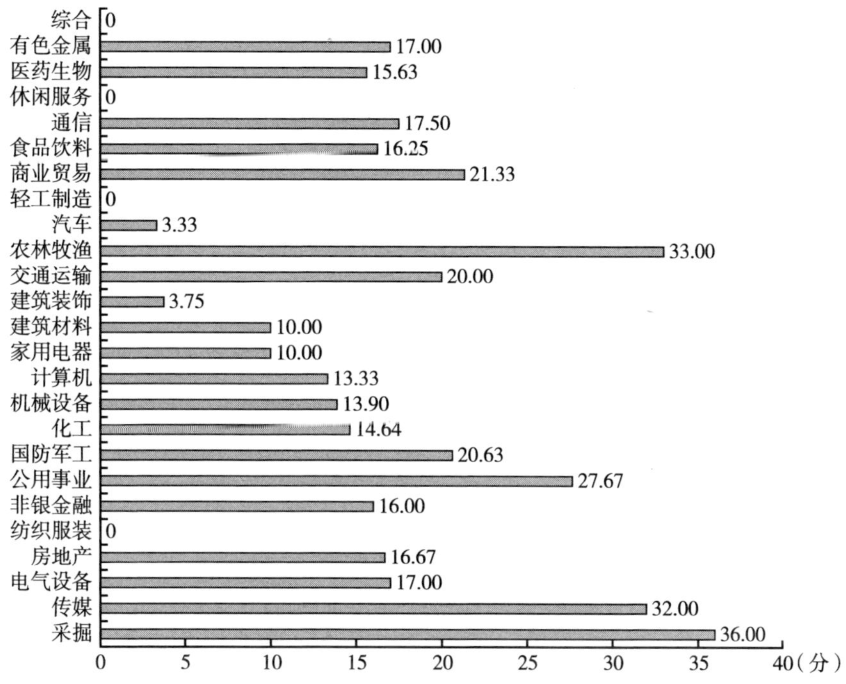

图 75　四川企业各行业循环经济指标评价情况

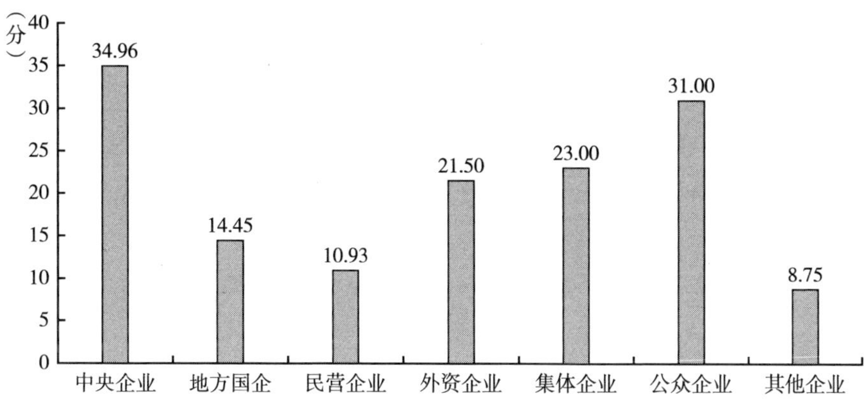

图 76　四川企业循环经济指标按所有制评价情况

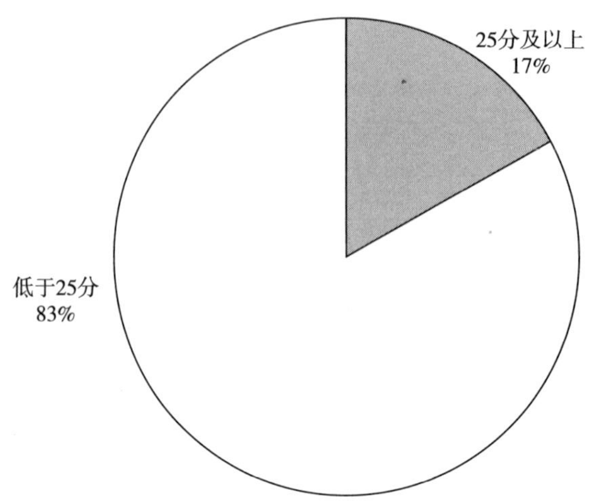

图 77　四川企业综合能耗管理指标得分分布情况

（2）水资源管理

2017 年，四川企业在水资源管理指标方面的信息披露非常不理想，有 58 家企业未披露相关信息。从总体上看，水资源管理指标得分在 25 分及以上的企业数量约为 6%，不足水资源管理信息的企业数量的 1/5，相关信息披露与管理工作亟待加强（见图 78）。

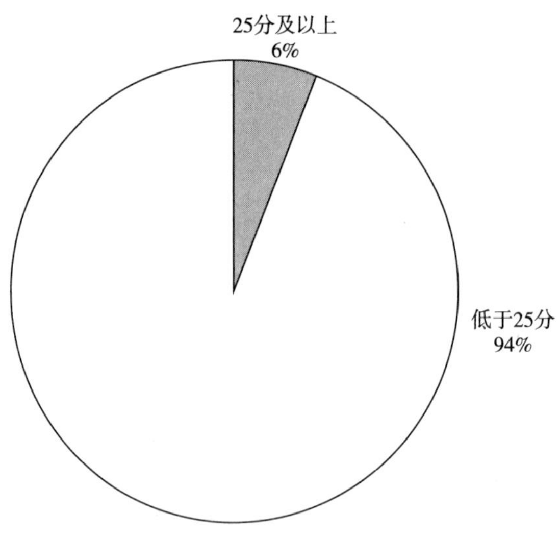

图 78　四川企业水资源管理指标得分分布情况

得分在25分及以上（本指标满分50分）的企业主要分布在电气设备、食品饮料、农林牧渔、化工和计算机行业。

（五）沟通优化指标评价分析

2017年，四川企业沟通优化指标平均得分为43.46分，中位数为44.20分，标准差为13.05。全部企业均披露了对外部沟通合作的相关信息。其中3%（3家）的企业评级为AAA，3%（3家）的企业评级为AA，3%（3家）的企业评级为A；22%（22家）的企业评级为BBB，15%（15家）的企业评级为BB，12%（12家）的企业评级为B；24%（24家）的企业评级为CCC，16%（16家）的企业评级为CC，2%（2家）的企业评级为C。从行业指标看，公用事业、传媒、交通运输、纺织服装等行业表现较为突出。从总体上看，各行业沟通优化指标的得分差距不大。四川企业沟通优化指标分行业评价的总体情况见图79。

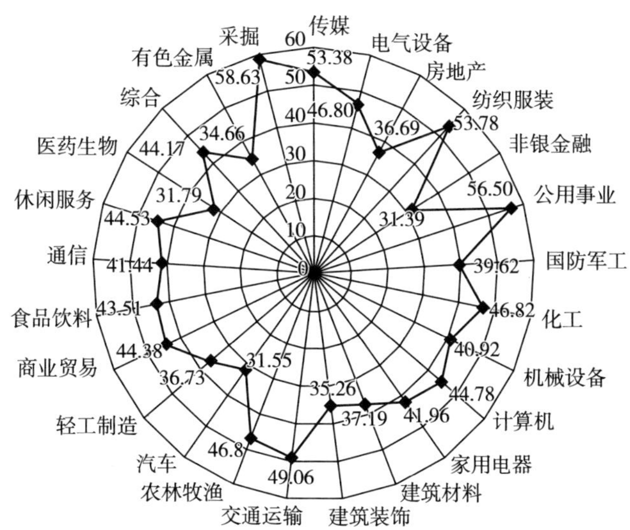

图79　四川企业沟通优化指标分行业得分情况

从所有制的角度来看，中央企业、地方国企和公众企业表现突出（见图80）。

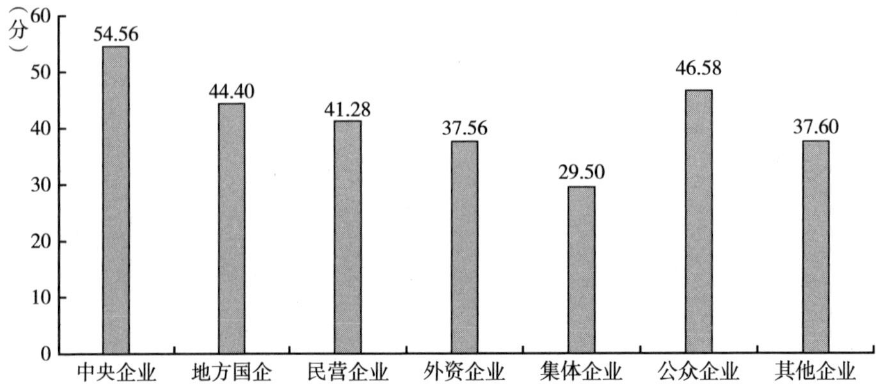

图80 四川企业沟通优化指标按所有制得分情况

1. 信息披露

2017 年，四川企业信息披露指标平均得分为 44. 28 分，中位数为 43. 75 分，标准差为 12. 99。全部样本企业均披露信息披露的相关信息。从行业指标看，传媒、交通运输、轻工制造等行业表现较为突出。从总体上看，四川企业信息披露指标得分分布较为集中，差距不大。四川企业信息披露指标按行业评价的总体情况见图 81。

从所有制的角度来看，中央企业、地方国企和公众企业得分极为接近并居于前列，其他行业得分略低（见图 82）。

（1）信息披露机制

2017 年，四川企业在信息披露机制指标方面的信息披露比较理想，只有 9 家企业未披露相关信息。从总体上看，信息披露机制指标得分在 10 分及以上的企业数量约为 78%，占信息披露机制信息的企业数量的大多数，相关信息披露与管理表现良好（见图 83）。

得分在 10 分及以上（本指标满分 20 分）的企业主要分布在传媒、计算机、化工、公用事业、通信、机械设备、家用电器、轻工制造和交通运输等行业。

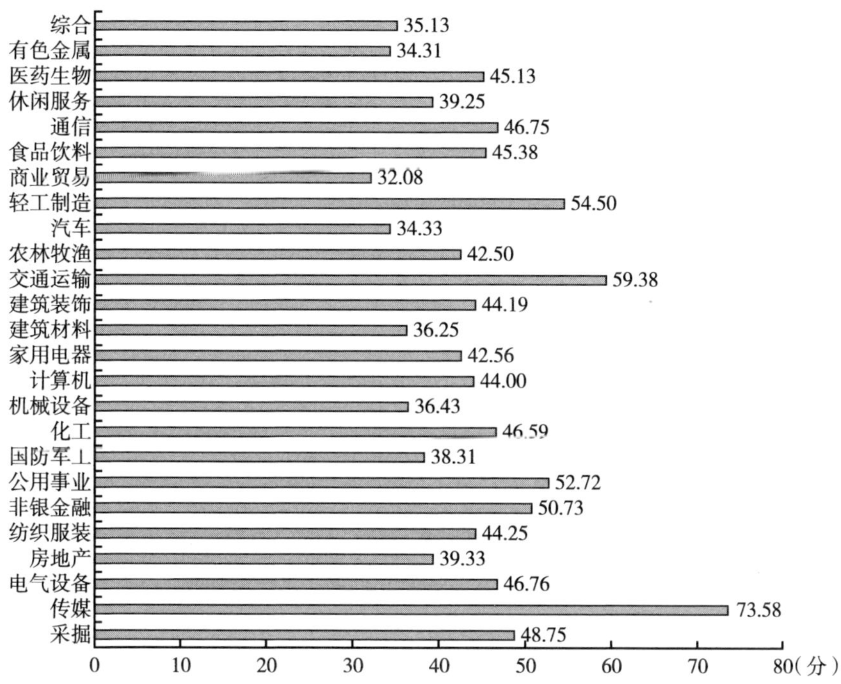

图 81　四川企业各行业信息披露机制指标评价情况

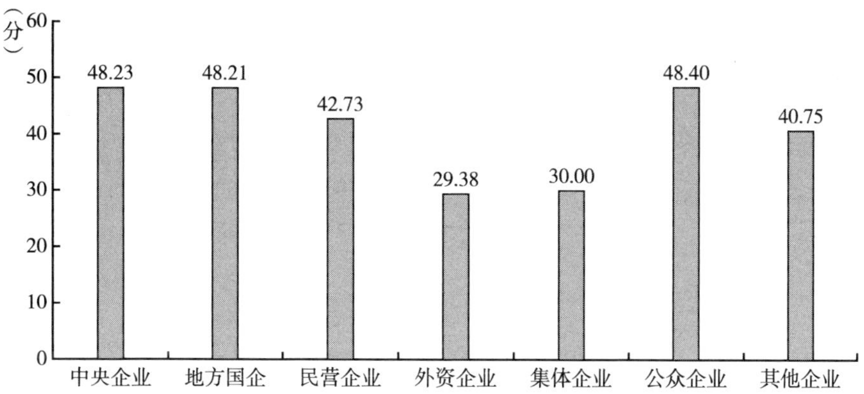

图 82　四川企业信息披露机制指标按所有制评价情况

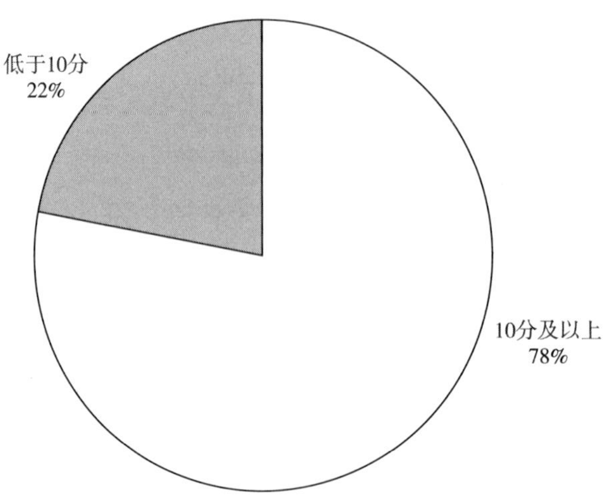

图 83　四川企业信息披露机制指标得分分布情况

（2）信息披露渠道

2017 年，四川企业在信息披露渠道指标方面的信息披露比较好，只有 2 家企业未披露相关信息。从总体上看，信息披露渠道指标得分在 7 分及以上的企业数量约为 82%，占披露信息披露渠道信息的企业数量的绝大多数（见图 84）。

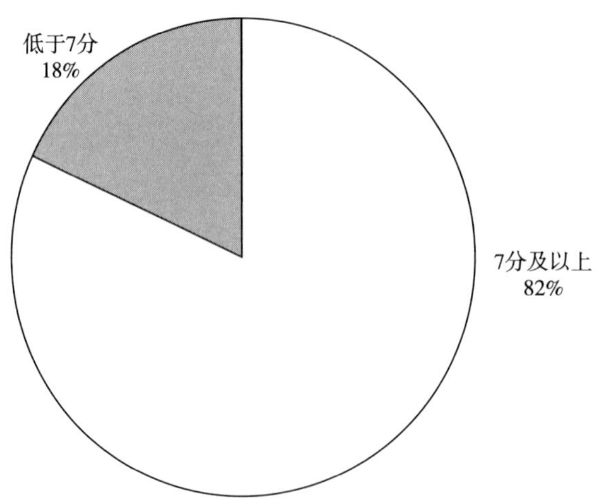

图 84　四川企业信息披露渠道指标得分分布情况

得分在 7 分及以上（本指标满分 15 分）的企业主要分布在传媒、公用事业、化工、通信、建筑装饰、电气设备、计算机、机械设备、国防军工和医药生物等行业。

（3）官网社会责任信息数量

2017 年，四川企业在官网社会责任信息数量指标方面的信息披露非常不理想，有 44 家企业未披露相关信息。从总体上看，官网社会责任信息数量指标得分在 10 分及以上的企业数量只有 4%，相关信息披露与管理工作亟待加强（见图 85）。

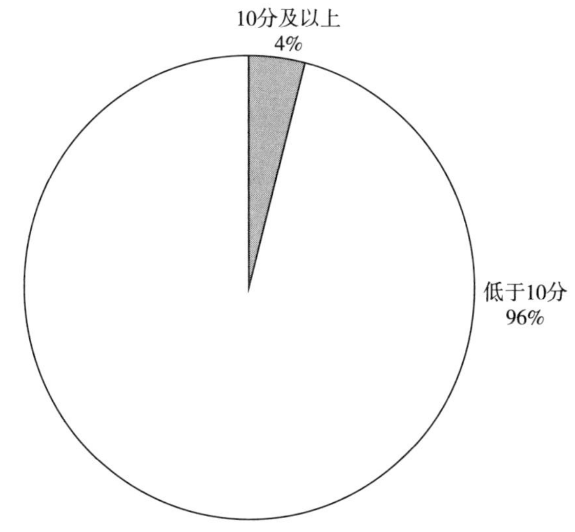

图 85　四川企业官网社会责任信息数量指标得分分布情况

得分在 10 分及以上（本指标满分 20 分）的企业主要分布在化工、计算机和非银金融等行业。

（4）发布社会责任报告

2017 年，四川企业在发布社会责任报告指标方面的信息披露极不理想，有 74 家企业未披露相关信息。从总体上看，发布社会责任报告指标得分在 12 分及以上的企业数量约为 20%，相关信息披露与管理工作亟待加强（见图 86）。

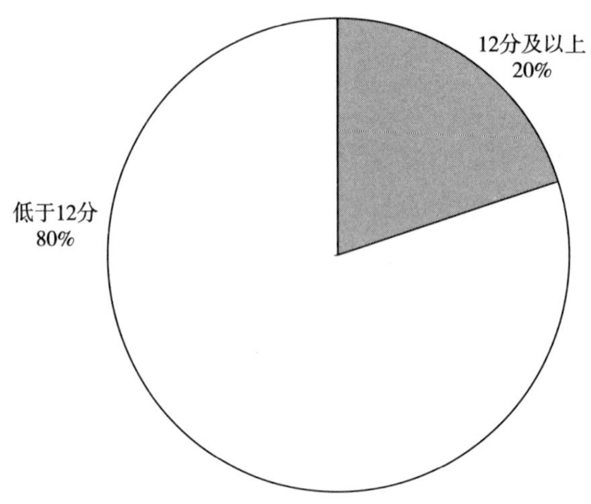

图 86　四川企业发布社会责任报告指标得分分布情况

得分在 12 分及以上（本指标满分 25 分）的企业主要分布在化工、食品饮料、公用事业、医药生物和电气设备等行业。

（5）发布财务报告

2017 年，四川企业在发布财务报告指标方面的信息披露很好，有 1 家企业未披露相关信息。从总体上看，发布财务报告指标得分在 12 分及以上的企业数量约为 95%，占披露发布财务报告信息的企业数量的绝大多数，相关信息披露与管理工作做得很好（见图 87）。

得分在 12 分及以上（本指标满分 25 分）的企业主要分布在传媒、交通运输、国防军工、非银金融、通信和公用事业等诸多行业。

2. 相关方参与

2017 年，四川企业相关方参与指标平均得分为 45. 55 分，中位数为 45 分，标准差为 18. 83。全部样本企业均披露了相关方参与指标的相关信息。从行业指标看，纺织服装、采掘等行业表现较为突出。从总体上看，四川企业相关方参与指标得分分布有一定差距，汽车、医药生物、非银金融等行业得分较低。四川企业相关方参与指标按行业评价的总体情况见图 88。

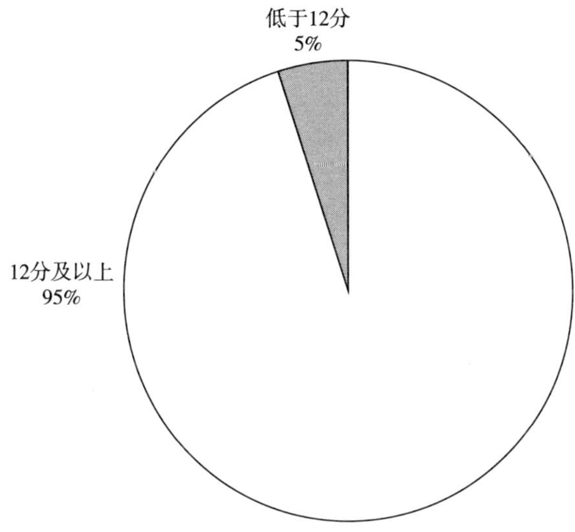

图 87　四川企业发布财务报告指标得分分布情况

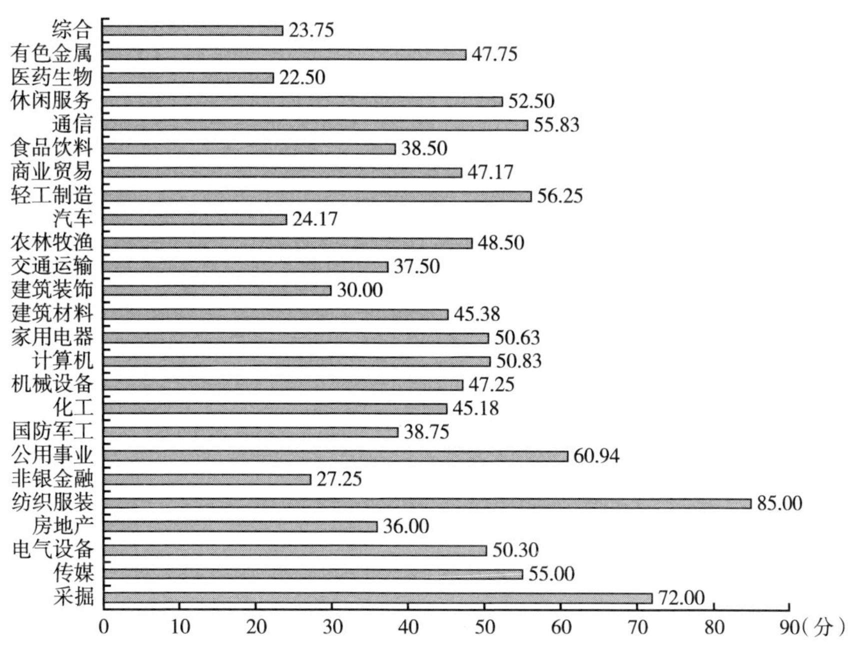

图 88　四川企业各行业相关方参与指标评价情况

从所有制角度来看，中央企业、公众企业和地方国企的相关方参与工作较为突出（见图 89）。

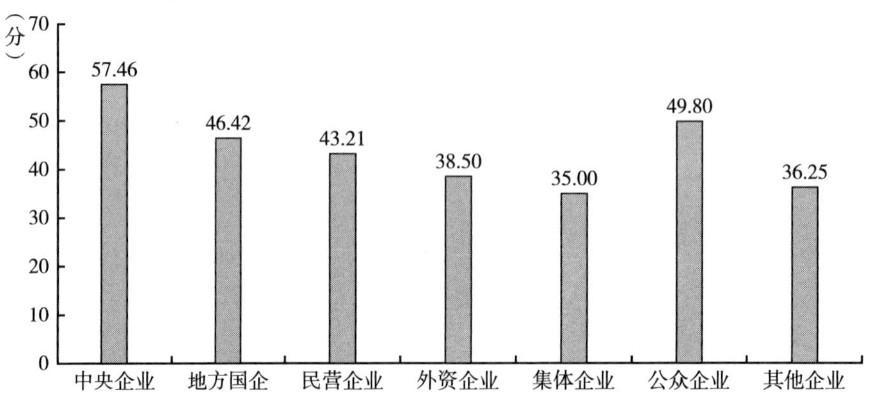

图 89　四川企业相关方参与指标按所有制评价情况

（1）股东关系管理

2017 年，四川企业在股东关系管理指标方面的信息披露非常好，没有一家企业未披露相关信息。从总体上看，股东关系管理指标得分在 25 分及以上的企业数量约为 74%，占披露股东关系管理信息的企业数量的大多数，相关信息披露与管理工作表现较好（见图 90）。

得分在 25 分及以上（本指标满分 50 分）的企业主要覆盖在电气设备、建筑材料、化工、家用电器、通信、计算机、有色金属、机械设备和公用事业等诸多行业。

（2）组织举办的重大公开活动

2017 年，四川企业在组织举办的重大公开活动指标方面的信息披露不理想，有 37 家企业未披露相关信息。从总体上看，组织举办的重大公开活动指标得分在 25 分及以上的企业数量约为 32%，相关信息披露与管理工作亟待加强（见图 91）。

得分在 25 分及以上（本指标满分 50 分）的企业主要分布在电气设备、计算机、公用事业、化工、机械设备和食品饮料等行业。

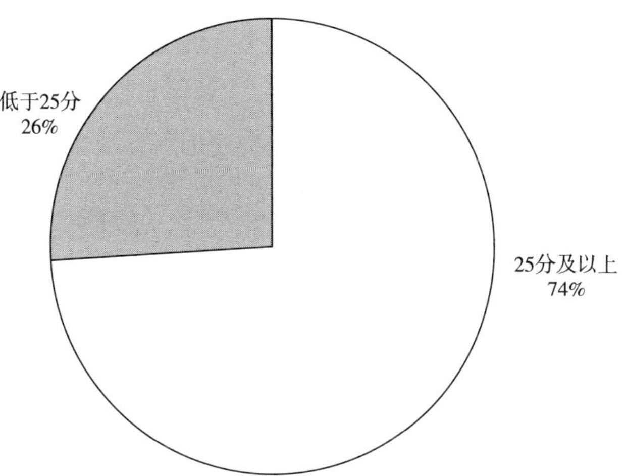

图 90　四川企业股东关系管理指标得分分布情况

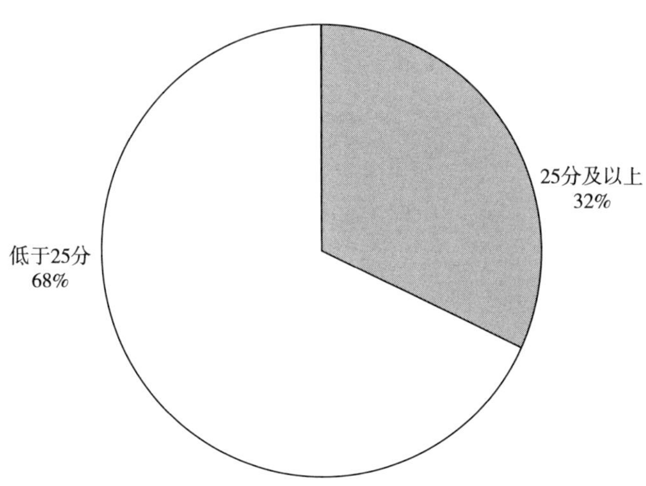

图 91　四川企业组织举办的重大公开活动指标得分分布情况

（六）企业综合实践创新

企业创新是企业管理的一项重要内容，是决定公司发展方向、发展规模、发展速度的关键要素。从整个公司管理到具体业务运行，企业的创新贯穿在每一个部门、每一个细节中。企业创新涉及组织创新、技术创新、管理创新、战略创新等方面的创新，是现代企业进步的原动力，是增强可持续竞争力、获得跨越式发展、实现可持续成长的决定性因素。通过研究分析，发现四川企业重视综合实践创新，成效良好。以案例做具体说明。

案例1　新希望提升企业价值，致力于共同进步，以技术创新实现可持续发展

新希望集团在多年发展历程中，深知“企业越大、责任越大”，更清楚新希望的发展与股东、客户、员工和社会各界密不可分。因此，新希望在可持续社会责任战略与推进方面表现出色。

1. 对社会

新希望在企业发展的同时，一直秉承“阳光、正向、规范、创新”的价值理念，诚信经营，依法纳税。

从1994年牵头发起光彩事业，新希望在老、少、边、穷地区投资已超过50亿元，在新疆、甘肃、宁夏、四川、重庆、贵州、湖北、湖南、云南、江西、海南、河南、山西、山东等地建造了超过150家同类型光彩事业扶贫工厂，带动地方就业6万多人，并安置国有企业下岗、转岗员工13000多人。

在光彩事业的实践中，新希望不断创新扶贫方式，从单纯的项目帮扶转向产业链的帮扶，从单纯的投资帮扶转向投资与品牌、人才、信息相结合；从单打独斗、个体的帮扶转向与合作伙伴群体联合的帮扶，使光彩事业在不同的时期都不断焕发出活力。

2. 对客户

新希望以客户为中心，了解客户，服务客户。为带动农户致富、帮助合作伙伴发展、为广大消费者提供健康安全的产品，新希望树立供应链责任理念，携手合作伙伴互惠互利，共同发展，合作共赢。不论在哪个领域，新希望随时关注客户对新希望产品和服务的满意度。

3. 对员工

新希望坚持“以人为本”的人才理念，为近7万人提供就业岗位，并通过“管理培训生计划”“博士后工作站”等选拔人才，培养、吸引、使用高层次优秀人才。

4. 对股东

对股东，新希望创造价值，提高股东投资回报，并及时披露公司信息，各上市公司董事办利用对外公布的投资者咨询电话向广大投资者、社会公众及时解答疑难，并不定时在公司接待机构投资者和散户，欢迎他们现场提问及参观。

案例2 兴蓉环境坚持可持续发展的理念，为客户提供先进的综合解决方案

兴蓉环境作为中国最具影响力的水务环保企业之一，建立了行业领先的生产数据采集与监控系统、供水管网地理信息系统、管网水力模型系统。积极对标国际，所有生产厂均取得ISO 9001、ISO 14001、OHSAS 18001资格认证，确保产品和服务符合国际和国家标准。抓住中国国企改革契机，全面稳步推进现代企业制度建设，确保供排水、环保项目安全运行，全力开拓新兴市场。

1. 水务业务

兴蓉环境拥有70年供水经验、30年污水处理经验，具有行业领先的运营水平与盈利能力。凭借成熟的水处理技术、完善的管理系统、高效的水质监控能力、完备的应急方案，依靠经验丰富且多元化的运营管理团队，对城镇水务行业产业提供了多元化、高品质的服务。

（1）旗下成都市自来水有限责任公司拥有70余年供水运营管理经验，是集自来水制造、输配、销售、服务于一体的大型供水企业。拥有行业领先的水厂全过程自动化控制系统、智能化远程供水调度平台、多样先进的漏损自检和管网修复技术手段，人均生产率、漏损指标、能耗指标等重要综合性指标处于行业领先水平，供水服务热线获全国呼叫中心运营绩效标准

（CCCS）五星等级认证。

（2）旗下成都市排水有限责任公司拥有近30年的污水处理专业运营管理经验，集投资、建设、运营、开发于一体，具备良好的风险控制和应对突发事件反应能力，多次荣获“全国城市污水处理厂运行管理先进单位”和“全国十佳运营单位”称号。污水处理包括对城市生活污水、农村生活污水和工业废水等的处理。运营及在建污水处理规模290万吨/日，居西部首位、全国前列。

（3）旗下中水分公司主要从事再生水项目的投资、设计、建设、运营管理、技术开发、技术咨询、技术服务，再生水设施的维护、维修以及再生水销售。已取得成都市中心城区中水服务特许经营权，并积极推进再生水回用。目前，已利用再生水规模为30万吨/日。

2. 环保业务

兴蓉环境致力于成为新型环保行业的领军企业，积极延伸环保产业链，大力拓展相关环保业务，争做“环保先锋、环境卫士”，为客户提供系统、全方位、全过程的优质环保技术服务。

（1）旗下成都市兴蓉再生能源有限公司拥有垃圾发电厂2座。投运的成都市万兴环保垃圾发电厂是我国西部规模最大、技术最先进、环保标准最严的生活垃圾焚烧发电厂，日处理生活垃圾2400吨，其烟气排放满足国际垃圾处理领域广泛采用的欧盟2000（2000/76/EC）排放标准，为国内领先水平。在建的彭州市隆丰环保发电厂日处理垃圾1500吨。

（2）旗下成都市兴蓉污泥处置有限责任公司运营400吨/日污水污泥处理厂一座，是中国唯一一家采用半干化+焚烧处理工艺及填埋方式进行处理污泥的污水污泥处理厂，其烟气排放满足欧盟2000（2000/76/EC）排放标准，奠定了污水污泥处理领域领先的市场地位。通过污泥焚烧处理、生物处理和水泥窑协同处理等多种方式，实现污泥的减量化、稳定化、无害化及资源化利用。

（3）旗下成都市兴蓉再生能源有限公司运营垃圾渗滤液处理厂2座。一期工程设计规模，日处理渗滤液1300吨，采用外置式膜生化反应器+反渗透工艺，膜系统产生的浓缩液回灌垃圾填埋场；二期工程设计规模，日处理渗滤液1000吨，采用外置式膜生化反应器+纳滤/反渗透工艺，膜系统产生的浓缩液进入浓缩液处理系统。2座垃圾渗滤液处理厂出水各项污染物指标均达到《生活垃圾填埋场污染物控制标准（GB 16889－2008）》一般地区排放标准。

3. 工程管理

兴蓉环境始终坚持技术管理创新，以做精做强市政管线建设为主业，着力拓展供排水、污水处理、污泥处理、环保等项目的设计与施工，相关技术咨询、开发，供排水管网探测等业务，以高水平的管理、一流的施工技术，竭诚为广大用户提供优质高效的服务。

（1）旗下成都市兴蓉安科建设工程有限公司成立于2014年3月，专业从事市政工程，业务涉及供排水、污水处理、污泥处理、环保等项目的设计与施工，相关技术咨询、开发、供排水管网探测等服务。是西南地区市政工程建设的主要企业之一。

成都市兴蓉安科建设工程有限公司始终坚持技术管理创新，以做精做强市政管线建设为主业，着力拓展供排水设计、咨询和管道探测，逐步形成了设计、施工、后续专业支持全方位发展的新格局。通过实施市政重点工程的设计和建设、民生项目的改造和维护等多种业务，为客户提供更加贴心、完善的服务，打造企业核心竞争力，竭力提升在西南地区乃至全国的市场影响力。

（2）旗下成都沃特地下管线探测有限责任公司主要从事规模化、专业化的管线技术服务工作，业务领域涵盖供水管网漏损控制工程、排水管道检测及内修补清洗工程、压力管道（城市供水、燃气等）泄漏点定位、地下管线探测工程、工程测量以及管网基础数据测试（压力、流量等）等相关技术服务和技术咨询业务。

公司专业人才齐全、技术力量雄厚、仪器设备先进，取得了四川测绘局颁发的测绘乙级资格证书，通过了ISO 9001、ISO 14001、OHSAS 18000质量、环境和职业健康安全整合体系认证，是住房和城乡建设部中规协地下管线专业委员会常务委员单位，同时也是安全生产标准化三级企业。

(3) 旗下成都沃特供水工程设计有限公司主要从事给排水工程专业设计、咨询服务工作，业务领域涵盖甲级范围内的给排水工程设计、项目承包、规划，丁级范围内的建筑工程设计、给排水工程技术咨询、水质技术服务等。

公司具有工程设计市政行业（给水工程）专业甲级资质、（排水工程）专业乙级资质和工程咨询（给排水）丙级资质，通过了ISO 9001、ISO 14001、OHSAS 18000质量、环境和职业健康安全整合体系认证，同时也是安全生产标准化三级企业。近二十年来，科研与设计取得了系列成果，在国内最早提出及实践了预应力管开孔鏊切的技术，其负责的工程设计多次获得四川省、成都市优秀设计“一、二等奖”；工程技术咨询服务多次获得四川省优秀工程咨询成果“二、三等奖”。

（七）主要研究发现

1. 四川企业已树立可持续发展理念并制定战略，但忽视战略的落地实施

2017年，四川企业可持续发展推进指标平均得分为36.10分。其中13%（13家）的企业评级为A档，19%（19家）的企业评级为B档，68%（68家）的企业评级为C档。

从二级指标来看，可持续发展理念指标的平均得分（38.43分）高于可持续发展战略指标的平均得分（33.78分）。在十个三级指标中，融入企业使命或价值观指标的平均得分最高（22.63分），而知识管理指标的平均得分最低（1.79分）。这表明在知识管理方面，四川企业对此关注程度较弱。

2. 四川企业可持续发展管理投入不足，水平不高

四川企业可持续发展管理投入指标的平均得分为6.27分。就分数分布情况来看，10%的企业可持续发展管理投入指标得分超过20分。其中，2家企业的得分超过40分。农林牧渔行业的平均得分超过20分。在各类企业中，公众企业可持续发展管理投入指标的平均得分最高，但也仅为15.85

分。这表明四川企业可持续发展管理投入推进力度小。

从二级指标来看，可持续发展管理投入平均得分（6.27 分）高于可持续发展治理平均得分（6.20 分）和可持续发展能力建设平均得分（6.01 分）。在十个三级指标中，专项预算的平均得分为 3.82 分，制度建设平均得分为 2.89 分，专兼职人员平均得分为 2.17 分，组织机构平均得分为 2.80 分。

3. 四川企业可持续经济价值创造能力较高，在可持续竞争力的几个维度中得分最高

可持续经济价值指标平均得分为 67.29 分，全部企业均披露了可持续经济价值创造的相关信息。其中 87%（87 家）的企业评级为 A 档，12%（12 家）的企业评级为 B 档；1%（1 家）的企评级为 C 档。这表明四川企业创造了较高的可持续经济价值。

从二级指标来看，企业经营业绩平均得分（70.62 分）高于企业经济影响平均得分（64.58 分）。在三级指标中，营业收入平均得分（37.72 分）和缴纳税收的平均得分（35.92 分）较高，而净利润的平均得分（32.91 分）以及就业数量得分（28.66 分）则较低。这表明四川企业的可持续经济价值创造主要体现在创收能力较好，能为当地税收做出较大的贡献。这些企业在盈利能力方面，特别是对当地就业的贡献方面还存在进一步提升的空间。

4. 四川企业对社会价值创造的关注度不高，可持续社会价值创造水平有待提高

可持续社会价值指标平均得分为 34.04 分，中位数为 32.34 分，标准差为 12.17。其中 1%（1 家）的企业评级为 AAA，1%（1 家）的企业评级为 AA；8%（8 家）的企业评级为 BBB，8%（8 家）的企业评级为 BB，10%（10 家）的企业评级为 B；31%（31 家）的企业评级为 CCC，29%（29 家）的企业评级为 CC，12%（12 家）的企业评级为 C。表明四川企业对可持续社会价值创造的重视程度不高，绩效表现不理想。

从二级指标来看，四川企业支持员工成长指标平均得分为 43.96 分，支

持社区发展指标平均得分为 18.10 分，参与社会公益指标平均得分为 20.37 分，安全生产运营指标平均得分为 32.07 分。并且分别有 51 家样本企业未披露支持社区发展指标的相关信息，有 17 家样本企业未披露参与社会公益指标的相关信息，有 16 家样本企业未披露安全生产指标的相关信息。从各二级指标普遍得分不高，且大量样本企业未披露相关指标信息的情况来看，相当部分企业对可持续社会价值创造对企业发展环境营造的影响及提高社会认可度的作用认识不清。社会价值创造的核心是企业可持续竞争力构建的重要内容，必须给予高度重视。

5. 四川企业可持续环境价值创造整体水平最低，迫切需要改进提升

四川企业可持续环境价值指标平均得分为 17.24 分，中位数为 15.60 分，标准差为 13.54。其中 1%（1 家）的企业评级为 A；2%（2 家）的企业评级为 BBB，2%（2 家）的企业评级为 BB，2%（2 家）的企业评级为 B；5%（5 家）的企业评级为 CCC，27%（27 家）的企业评级为 CC，61%（61 家）的企业评级为 C。

从二级指标评价的情况来看，2017 年四川企业环境管理指标平均得分为 26.37 分，有 24 家样本企业未披露环境管理指标的相关信息。三废管理指标平均得分为 18.89 分，有 42 家样本企业未披露三废管理指标的相关信息。循环经济指标平均得分为 15.78 分，有 44 家样本企业未披露循环经济指标的相关信息。

上述情况与当前国家和社会都高度关注生态环境建设大环境和发展趋势的要求相去甚远，必须引起有关企业的高度重视。环境保护管理工作的实质性推进和充分有效的环境保护管理与成效信息披露，对于企业防范环境风险、提高投资者信心、更好地满足监管要求都具有十分重要的意义，应当列入四川企业管理改进的重点日程中。

6. 四川企业对加强合规信息披露、改善社会沟通非常重视，成效良好

四川企业沟通优化指标平均得分为 43.46 分，中位数为 44.20 分，标准差为 13.05。全部企业均披露了对外部沟通合作的相关信息。其中 3%（3 家）的企业评级为 AAA，3%（3 家）的企业评级为 AA，3%（3 家）的企

业评级为A；22%（22家）的企业评级为BBB，15%（15家）的企业评级为BB，12%（12家）的企业评级为B；24%（24家）的企业评级为CCC，16%（16家）的企业评级为CC，2%（2家）的企业评级为C。

从二级指标的情况来看，2017年四川企业信息披露指标平均得分为44.28分，相关方参与指标平均得分为45.55分。全部样本企业均披露了相关方参与指标的相关信息。表明四川企业在企业经营信息合规披露、改善与利益相关方的沟通方面工作较为扎实，取得了不错的效果。

结合前面几个研究发现共同进行分析，可以认为当前在四川企业中，信息披露对于企业而言已经成为一项常规工作，而企业信息披露的广度和深度受企业管理者认识水平和企业实际管理能力和水平的影响很大。通常企业工作成效突出的领域信息披露也更加充分，在企业因各种原因尚未做好或不突出的领域，则信息披露得较少或基本不披露，这种情况对企业的可持续成长是非常不利的。

企业与外部利益相关方的信息沟通交流是各方之间相互了解、形成对企业客观全面的认知的主要方式，社会主体从自身的利益诉求出发，其关注的领域和问题与企业自身关注的经常不一致，甚至是冲突的，即企业想回避的恰恰是社会想了解的。如果企业不能与外部利益相关方就其关注的主要问题进行沟通交流，企业就很难得到各方的理解与认同，甚至会导致有关方面的批评、抵制，企业的业务发展必然受到影响，实现可持续成长的难度就会大大增加。因此，从利益相关方的视角进行换位思考，提高企业与外部利益相关方的沟通协调能力，是企业可持续竞争力建设的重要工作，必须扎实做好。

技术报告

Technical Report

B.2 企业可持续竞争力理论及评价方法

杨 敬*

摘 要： 企业可持续竞争力理论是基于企业动态能力理论和可持续发展理论等理念发展起来，由可持续竞争力的“四面体模型”为其基本构成维度与关键要素，从什么是可持续竞争力、企业可持续竞争力的理论架构、可持续竞争力的阶段划分三个方面对企业可持续竞争力进行了阐述。可持续竞争力评价方法侧重于企业与社会环境的关系，将竞争力从企业内部扩展到企业外部。本报告系统阐述了企业可持续竞争力的评价方法。首先，说明企业可持续竞争力评价指标体系的构成；其次，确定企业可持续竞争力评价指标体系（试行）的赋值赋

* 杨敬，中国工业经济联合会社会责任管理中心智库专家，全国企业文化管理师评审委员会副主任委员、中国文化管理学会理事、注册企业文化管理师，中华教育艺术研究会、天津社会心理学会会员。

权；最后，对评价实施的流程进行简要介绍。

关键词： 可持续竞争力　四面体模型　阶段划分

一　企业可持续竞争力理论

（一）什么是企业可持续竞争力

可持续发展是全球公众普遍关注的核心问题，2015 年，联合国发布了《2030 年可持续发展议程》，提出了 17 个主题 169 项可持续发展的目标，可持续发展成为世界各国共同的发展目标。可持续发展理论自身也从最初提出时以保护环境、减少资源使用为主，发展到以经济、社会、环境的协调可持续发展为核心。企业在人类活动中占据极其重要的地位，其生产经营活动是否符合可持续发展的原则和要求，决定了人类可持续社会价值创造目标能否实现。同时，企业理论的研究是以企业的永续经营为基本假设的，“百年老店”“基业常青”也是众多企业共同追求的目标。因而，企业的可持续成长或者说实现永续经营是企业自身经营的核心目标。

企业的可持续成长离不开经济社会环境的协调可持续发展，企业的可持续成长与经济社会环境的协调可持续发展之间必然有着非常密切的内在联系。企业竞争力理论是分析研究企业如何在市场竞争中生存发展的内在逻辑。企业竞争力理论基于经济学理论、管理理论、企业理论、知识经济理论原理，对企业可持续成长与外部的经济社会可持续环境价值创造之间的关系与逻辑进行解释，为建立两者之间作用关系模型提供基础与证据。

企业竞争力理论在三十多年的发展中，从以波特的产业结构论为基础理论到以资源基础论为基础理论，并进一步从企业内部和外部两个方面进行了扩展与深化。其中，企业内部的理论沿着资源基础论—核心能力论—知识基础论—动态能力论的路线发展；企业外部的理论沿着虚拟企业—战略联盟—

产业集群—社会网络的路线发展。上述理论主要从企业自身的独特资源知识技能和外部组织形态、市场机会选择等角度来研究企业竞争力问题，它们能够较好地解释企业短期内在市场上处于优势地位的原因。但在企业外部环境发生剧烈变化，或进入陌生的市场环境中后，企业原有的竞争力因内外部因素的变化往往无法继续保持，需要进行创新与调整，才能够与新的内外部环境相匹配，“可持续竞争力”的概念就是在这一情况下企业如何建立和保持竞争优势而提出的。

企业的成长是其自身的决策与经营活动同外部社会环境互动的结果，传统的竞争力理论将两者割裂开来分别进行研究，难以全面客观把握企业持续经营的内外部影响因素，也无法全面分析其内在的发展规律。因此，需要将企业的可持续竞争力分析作为研究企业可持续成长的主线，同时将内部因素与外部因素整合起来，分析企业如何有效管理影响其竞争力的内外部因素，从而构建能够全面解释企业可持续成长与经济社会环境协调可持续发展的内在联系和逻辑关系。

我们研究认为，可持续竞争力是指企业具有的独特的整合内外部资源、协调内外部关系，依据市场与技术变化趋势对产品、业务与组织管理进行创新的知识、方法和技能，使企业能够持续最大化地创造经济、社会、环境综合价值，构建并持续保持竞争优势，实现企业与经济社会环境协调可持续发展的能力。

其中，通过组织、管理与产品创新适应乃至引领外部市场环境的变化、保持市场领导地位是目的，整合内外部资源、协调内外部关系是手段，这都需要将企业与其生存发展的外部环境整合起来进行考虑。知识、方法与能力（技能）是可持续竞争力的核心，而对这些知识在组织内部与外部的创造、转移、应用及与利益相关方建立价值共识是可持续竞争力的实现路径。这一路径在企业的经营管理实践中表现为三个层次：一是形成对企业与社会的共同价值的认知，即市场机会把握与风险识别；二是沟通优化，通过有效的沟通建立更大程度的内外部共识，形成企业成长的内外部合力；三是推进企业的内外部协同创新，将企业的创新发展与内部战略目标同外部社会关键利益相关方的期望要求进行充分整合，实现社会化的协同创新，即将企业的可持续成长与经济社会环境的协调可持续发展紧密结合，将企业目标与经济社会环境发展目标有机结合，从满足社会发展的需要中实现企业的盈利与持续成长。上述三个层面的企业行为在实践中是同步发生的，也就是说这三个方面共同推动了企业可持续竞争力的形成。

根据国际社会责任标准 ISO 26000 的观点，企业社会责任的根本目的是致力于可持续发展，即通过履行社会责任促进企业与经济社会环境的协调可持续发展。因此，本研究将企业开展社会责任管理、履行社会责任的行为视同企业培育可持续竞争力的行为。

（二）企业可持续竞争力的理论架构

基于前面对企业可持续竞争力概念的分析，结合可持续发展与企业竞争力的相关理论，以及对中国企业履行社会责任推进可持续发展的实践经验的总结，我们设计了企业可持续竞争力的“四面体模型”。

企业可持续竞争力的核心是企业的价值创造能力。依据可持续发展理论，可持续发展是包括可持续经济价值创造、可持续社会价值创造与可持续环境价值创造三个维度的协调，与之对应的企业价值创造也必然包括经济价值创造、社会价值创造、环境价值创造。企业的生产经营活动也确实同时对经济、社会和环境三个方面产生正面或负面的影响。所谓可持续价值创造就是企业生产经营活动产生的正面影响大于其产生的负面影响，以实现最大化正面影响，最小化负面影响。而对正面影响与负面影响的界定则随着社会环境的变化而进行调整。

因此，企业可持续竞争力的基础是实现经济、社会、环境三个维度的可持续价值创造。企业在实现上述三个维度的价值创造过程中，必须形成客观全面的价值认知。所谓价值认知，是指意识到企业面临的市场机会是什么，可能遇到的风险在哪里，从而通过抓住市场机会、规避管控风险而把握企业价值创造的方向与目标，构建企业的可持续成长目标与战略。协同创新是企业落实可持续成长战略目标过程中的核心环节，通过将企业内外部资源与需

求进行整合创新，落实战略目标的要求；沟通优化是企业在生产经营活动全流程、全周期中都必须重视和有效开展的工作，通过充分有效的沟通全面识别内外部需求、建立更大程度的共识、促进外部利益相关方形成对企业行为的全面了解，是企业可持续成长目标实现的重要方法。

基于以上理论分析，可持续竞争力“四面体模型”由一个三棱锥体构成，其中的三个底边分别是可持续经济价值、可持续社会价值、可持续环境价值，三个侧边分别是价值认知、协同创新、沟通优化，三棱锥的顶点是企业可持续竞争力。表达的逻辑思想是经济、社会、环境三个维度的可持续价值创造必须通过价值认知、协同创新和沟通优化才能够实现，其最终的目标是建立企业的可持续竞争力，如图 1 所示。

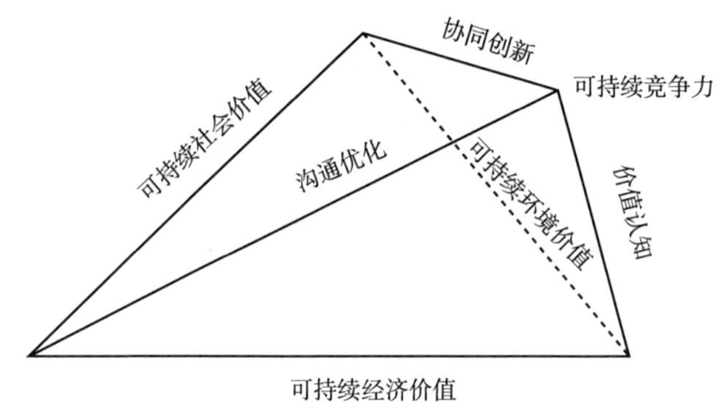

图 1　企业可持续竞争力“四面体模型”

基于企业可持续竞争力的“四面体模型”，我们可以发现，企业的可持续成长是其内部高效的生产经营活动与外部的社会与市场多层次需求的有机结合实现持续价值创造与创新的过程。要有效实现这个结合，就需要企业从基本价值理念、社会责任落地、社会互动沟通、跨组织边界创新合作、市场创新机会识别、全面风险管理等方面着手，全面改进提升企业经营管理的思想、制度、流程与商业模式，推动技术创新、管理创新与社会创新发展的有机结合。

这一模型在企业中要得到充分运用，就需要对现有企业履行社会责任情况和可持续成长状况进行分析评价，这是构建企业可持续竞争力必须首先完成的重要工作。

（三）企业可持续竞争力的阶段划分

企业可持续竞争力的形成与发展受到许多内外部因素的影响，其实际的竞争力水平随着企业的管理能力、创新能力等内外部因素匹配度的提高和经营绩效的改善而不断增强，是一个发展变化的过程。同时，不同行业、不同区域的企业的内外部条件不同，其可持续竞争力的水平会有一定的差别，这是企业竞争力复杂性的反映，属于正常的现象。企业可持续竞争力评价得分的高低不完全代表企业的优劣，而是对企业可持续成长能力的综合判断。

因此，本研究借鉴产业发展研究的方法，对企业可持续竞争力按照总体得分水平进行阶段划分，主要分为初创、成长、成熟、卓越四个阶段。

1. 初创阶段

处于可持续竞争力初创阶段的企业的基本特征是企业已经对可持续发展有了一定的认知，树立了履行社会责任、实现可持续发展的理念，明确了增强可持续竞争力的目标，在经济、社会、环境价值创造和社会沟通与创新方面开始普及认识、推动工作，但工作成效尚未显现，工作的覆盖范围也不全面。处于该阶段企业的对应评价得分在 20 ~ 40 分。

2. 成长阶段

处于可持续竞争力成长阶段的企业的基本特征是企业对可持续发展与企业自身成长的关系有了较为深入全面的认识，开始制订企业社会责任或可持续发展的战略规划或工作计划，将可持续竞争力提升作为企业的重点工作，在经济、社会、环境可持续价值创造方面开始形成系统的推进思路与路径，工作成效已经开始显现，工作的覆盖范围遍及企业的各个重要领域，但总体成效仍然有待提高。处于该阶段企业的对应评价得分在 40 ~ 60 分。

3. 成熟阶段

处于可持续竞争力成熟阶段的企业的基本特征是企业的可持续发展理念已经非常成熟，制订了系统完善的企业可持续发展战略规划并得到有效实施，企业通过提升可持续竞争力在生产经营各个方面都取得了很好的成效，推动可持续发展在企业内部成为全员的共识，企业在外部发展环境营造方面也初步取得效果，形成了企业可持续成长的整体氛围和产业链条，企业的持续创新能力、社会价值认同等方面均有明显提高，已经形成了可持续竞争力。处于该阶段企业的对应评价得分在60～80分。

4. 卓越阶段

处于可持续竞争力卓越阶段的企业的基本特征是企业形成了从可持续发展理念到实践的系统工作机制和职责要求，并在企业内部的各部门、各岗位得到全面的应用，成为员工的自觉行动，通过主动充分的沟通，企业与利益相关方建立了全面的价值共识，可持续发展成为企业与利益相关方的共同行动，企业的可持续成长能力显著提高，经营绩效与管理水平突出，成为行业企业的标杆。处于该阶段企业的对应评价得分在80～100分。

二　企业可持续竞争力评价方法

我们依据企业可持续竞争力理论，构建了企业可持续竞争力评价体系，开展四川企业的可持续竞争力评价研究。下面将从指标构建、赋值赋权和评价流程三个方面对评价体系进行介绍。

（一）指标构建

本研究基于企业可持续竞争力的“四面体模型”，根据企业可持续竞争力建设的现实水平和经营管理的实际情况，按照实质性与完整性相结合、目标导向与外部期望相结合、科学性与实践性相结合、一般性与特色性相结合、实用性与前瞻性相结合、定量与定性相结合六个原则，优化形成包括5个一级指标、20个二级指标和60个三级指标的企业可持续竞争力评价指标体系。

1. 指标构建原则

本研究基于企业可持续竞争力的“四面体模型”，通过对国内外企业竞争力、可持续发展及社会责任指标的最新理论研究、标准指南、成功案例进行参考借鉴，以促进企业生产经营活动中实现经济、社会、环境价值的持续创造为核心，构建企业可持续竞争力的指标体系，剖析企业持续保持核心竞争力的主要影响因素。指标体系构建的基本原则如下。

（1）实质性与完整性相结合原则。实质性，即可持续竞争力评价指标应涉及企业运营过程中对各利益相关方产生实质性影响的各个方面，以确保利益相关方能够根据指标所反映的信息做出判定、决策和行动。在确保实质性原则的前提下，必须保证评价指标体系的完整性，以体现企业识别并理解其可持续发展中具有实质性的方面，从而确保指标体系的详尽、具体和准确。

（2）目标导向与外部期望相结合原则。评价指标体系构建的最终目的是推进企业的可持续发展。在坚持以促进企业可持续发展为目标导向的同时，评价指标体系的构建还必须反映利益相关方对企业的合理期望和要求，尤其是核心利益相关方的诉求，这将有利于企业进一步改进自身的运营管理。

（3）科学性与实践性相结合原则。科学性体现在科学的理论指导、科学的构建方法、科学的指标选取等方面。在此前提下，评价应当结合我国企业的具体实践，包括：在企业可持续竞争力理论指导下，根据企业的运营实践将社会责任内容具体化；在科学构建指标体系方法的指引下，结合我国企业现有运营管理流程和方法确定可持续竞争力评价指标体系构建的具体方法。

（4）一般性与特色性相结合原则。可持续竞争力是一个相对宽泛的概念，既包括可持续经济价值创造，也包括可持续环境价值创造和可持续社会价值创造。从利益相关方来看，企业可持续竞争力要求企业必须与政府、客户、供应商、商业伙伴、社区等所有利益相关方建立良好合作与互动。可持续竞争力评价指标体系的构建必须能够反映企业上述不同方面的绩效表现，并能与各利益相关方进行有效的沟通。

（5）实用性与前瞻性相结合原则。实用性，即指标的可得性、可操作性和可比性。这要求可持续竞争力评价指标体系的构建应充分考虑指标数据在日常运营中便于获取，数据的采集在技术、投资和时间要求上也是可行的。同时各项指标应该具有纵向可比性和横向可比性。纵向可比性意味着指标在时间维度上具有可比性，目的是反映企业可持续竞争力绩效进步的情况；横向可比性意味着能与同行进行有意义的比较，目的是通过对比来客观评价企业自身的可持续竞争力的水平。这就要求指标要有规范性和延续性，所选取的指标尽量向国际通行的规范指标靠近。此外，可持续竞争力评价指标体系的构建还必须具有一定的前瞻性。由于企业未来经营的内外部环境以及运营内容和重点都可能发生变化，可持续竞争力评价指标体系必须能够前瞻性地考虑这些因素，评价体系要保持先进性，就必须提出一些体现未来发展趋势的指标。

（6）定量与定性相结合原则。要能全面和深入反映企业在某领域的表现，除了选取结果性指标以体现企业可持续竞争力的绩效外，还应该选择制度性指标以反映企业在可持续运营管理的制度保障情况，选取过程性指标以反映企业的行为表现和具体行动。从指标特点来看，结果性指标一般是定量指标，即使有一些是定性指标也可以通过转换方法予以量化，但制度性指标和过程性指标大多数都是定性指标，用量化的方法不能准确地表达指标的定义。因此，在构建评价指标体系的过程中，应坚持采用定性指标与定量指标相结合的方法，以确保指标体系的完整性和表达的准确性。

2. 指标体系

根据企业可持续竞争力的“四面体模型”。本评价研究将可持续发展推进、可持续经济价值、可持续社会价值、可持续环境价值、沟通优化五个维度作为可持续竞争力的一级指标，将风险管控和协同创新融入上述五个维度，形成了由5个一级指标、20个二级指标和60个三级指标构成的三层次指标体系（见表1）。

指标体系的指标主要有以下几种来源。

（1）现有管理指标。该类指标通过对企业现有管理指标进行梳理、分类，按照特定的标准挑选出来。

（2）现有管理指标的衍生指标。该类指标是在企业现有管理指标基础上衍生出来的，包括企业的运营活动对经济的间接影响等，是利益相关方对企业履行社会责任增强可持续竞争力的核心关注点，也是全面反映企业竞争力绩效的重要内容。

（3）国内外可持续发展标准、倡议和指南，以及对标企业的相关指标。

（4）企业当前的可持续发展推进管理实践。此类指标如利益相关方满意度指标是过去企业在管理中没有涉及的，但对于企业加强利益相关方参与是非常重要的，故纳入指标体系。

表1　企业可持续竞争力指标

一级指标	二级指标	三级指标
可持续发展推进	可持续发展理念	融入企业使命或价值观;融入企业愿景
	可持续发展战略	可持续发展战略;可持续发展规划
	可持续发展治理	组织机构;制度建设
	可持续发展能力建设	专项培训;知识管理
	可持续发展管理投入	专项预算;专兼职人员
可持续经济价值	企业经营业绩	营业收入;净利润
	企业经济影响	缴纳税收;就业数量
	提升客户满意	保障消费者权益;产品质量管理;改善客户服务;客户满意度
	价值链合作	反不正当竞争;合同履约率;供应商合作;银企合作;其他合作伙伴
	合规运营	合规管理体系;合规培训;违规腐败事件数
可持续社会价值	支持员工成长	劳动合同签订率;员工薪酬待遇;社保缴纳率;反歧视;职业安全健康;员工体检率;员工培训投入;职业成长;员工关爱;员工满意度
	支持社区发展	社区共享发展;社区关系管理
	参与社会公益	公益管理;对外捐赠收入占比;员工志愿者
	安全生产运营	安全生产管理;应急管理;安全生产投入;安全事故数
可持续环境价值	环境管理	环境管理政策与体系;环保投入;环保负面信息
	三废管理	废水管理;废气管理;固体废弃物管理
	循环经济	综合能耗管理;水资源管理
	生态环境保护	减少生态环境破坏;生态恢复与治理
沟通优化	信息披露	信息披露机制;信息披露渠道;官网社会责任信息数量;发布社会责任报告;发布财务报告
	相关方参与	股东关系管理;组织举办的重大公开活动

（二）赋值赋权

评价采用专家打分法对可持续竞争力的一级指标、二级指标和三级指标的权重进行赋权，根据不同指标的特征和定量、定性情况进行赋值。

1. 指标赋值赋权

以德尔菲法确定一级指标、二级指标和三级指标的权重，并由多位专家对同一指标根据收集的资料，依据打分标准对被评价企业进行打分，根据平均值确定每个指标的具体得分。

2. 评价指标体系

通过对企业可持续竞争力指标赋权赋值后，就得到了企业可持续竞争力评价体系和等级划分标准（见表 2 和表 3）。

表 2　企业可持续竞争力评价体系

单位：%

一级指标	一级指标权重	二级指标	二级指标权重	三级指标	三级指标权重
可持续发展推进	10	可持续发展理念	15	融入企业使命或价值观	50
				融入企业愿景	50
		可持续发展战略	20	可持续发展战略	50
				可持续发展规划	50
		可持续发展治理	25	组织机构	50
				制度建设	50
		可持续发展能力建设	20	专项培训	65
				知识管理	35
		可持续发展管理投入	20	专项预算	60
				专兼职人员	40
可持续经济价值	40	企业经营业绩	25	营业收入	50
				净利润	50
		企业经济影响	15	缴纳税收	50
				就业数量	50

续表

一级指标	一级指标权重	二级指标	二级指标权重	三级指标	三级指标权重
可持续经济价值	40	提升客户满意	25	保障消费者权益	20
				产品质量管理	25
				改善客户服务	25
				客户满意度	30
		价值链合作	15	反不正当竞争	30
				合同履约率	22
				供应商合作	16
				银企合作	16
				其他合作伙伴	16
		合规运营	20	合规管理体系	50
				合规培训	50
				违规腐败事件数	50(扣分项)
可持续社会价值	15	支持员工成长	40	劳动合同签订率	8
				员工薪酬待遇	10
				社保缴纳率	10
				反歧视	13
				职业安全健康	10
				员工体检率	6
				员工培训投入	10
				职业成长	12
				员工关爱	13
				员工满意度	8
		支持社区发展	15	社区共享发展	50
				社区关系管理	50
		参与社会公益	15	公益管理	50
				对外捐赠收入占比	30
				员工志愿者	20
		安全生产运营	30	安全生产管理	40
				应急管理	30
				安全生产投入	30
				安全事故数	33(扣分项)

续表

一级指标	一级指标权重	二级指标	二级指标权重	三级指标	三级指标权重
可持续环境价值	15	环境管理	30	环境管理政策与体系	50
				环保投入	50
				环保负面信息	50(扣分项)
		三废管理	25	废水管理	33
				废气管理	33
				固体废弃物管理	33
		循环经济	25	综合能耗管理	50
				水资源管理	50
		生态环境保护	20	减少生态环境破坏	50
				生态恢复与治理	50
沟通优化	20	信息披露	60	信息披露机制	20
				信息披露渠道	15
				官网社会责任信息数量	15
				发布社会责任报告	25
				发布财务报告	25
		相关方参与	40	股东关系管理	50
				组织举办的重大公开活动	50

表 3　企业可持续竞争力评价等级划分标准

等级		等级对应分数段
A	AAAAA	80 分及以上
	AAAA	75～80 分(含 75 分)
	AAA	70～75 分(含 70 分)
	AA	65～70 分(含 65 分)
	A	60～65 分(含 60 分)
B	BBB	50～60 分(含 50 分)
	BB	45～50 分(含 45 分)
	B	40～45 分(含 40 分)
C	CCC	30～40 分(含 30 分)
	CC	20～30 分(含 20 分)
	C	20 分以下

（三）评价流程

本评价的具体工作流程，可以分为组织建设、体系开发、评价实施、成果发布等四个阶段；并细分为 10 个步骤，分别是：组建评价小组、编制评价实施方案、基础理论研究、指标体系的开发、确定指标赋值规则、确定指标赋权规则、指标信息收集、编制企业可持续竞争力指数、编制评价报告及成果发布（见图 2）。

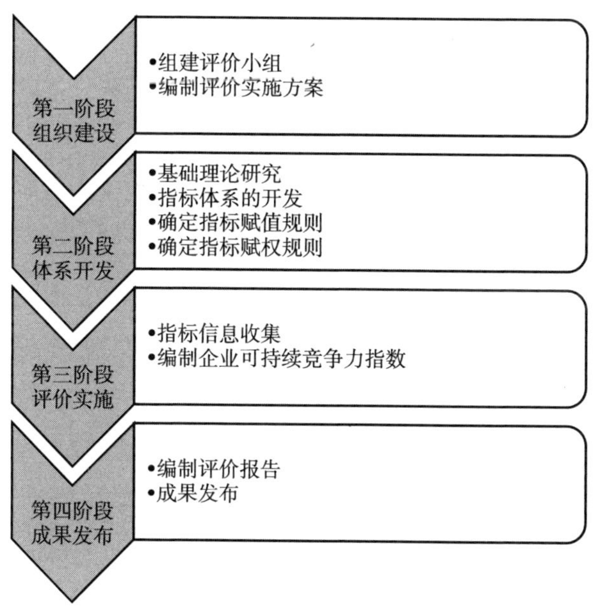

图 2　企业可持续竞争力评价的步骤

为满足企业信息的可获得性和评价信息的可靠性要求，本研究对象以四川上市公司为样本。研究基于企业可持续竞争力理论与四川上市公司的实际情况优化了评价体系，在前期准备阶段完善了评价信息收集规则，在信息收集阶段明确了评价信息收集范围，在信息审核阶段加强了评价信息准确性的审核把关，通过数据分析与计算汇总得到了四川企业可持续竞争力指数的最终结果。

1. 评价信息收集范围

本研究收集了四川上市公司100强的基本信息，主要通过“国泰安数据服务中心”所开发的中国上市公司研究系列数据库和“Wind咨询”所开发的中国上市公司数据库获取。

全部四川上市公司的可持续竞争力相关指标的信息，主要通过这些企业在2017年所发布的企业社会责任报告、企业财务报告、企业官方网站以及国内外媒体对企业的报道材料获取。四川上市公司的负面指标信息，主要通过上交所、深交所、政府部门网站等检索获取。

2. 评价信息审核工作

此次评价的信息审核工作是对所收集信息的真实性、全面性以及依据所收集到的信息开展的指标赋值的准确性进行审核把关。

对收集到的信息的真实性进行审核，保证了对样本企业所收集到的信息均符合评价指标的要求；对收集到的信息的全面性进行审核，保证了从不同渠道获取的企业可持续竞争力指标信息得到充分整合，从而最大限度地避免信息的缺失，提高信息的完整性；对指标的赋值情况进行审核，保证了每个指标的得分能够满足企业可持续竞争力指标要求与信息的一致，从而保证了指标赋值的准确性，如针对同一个三级指标，不同上市公司的赋值水平不因行业特性而有所不同，以保证赋值水平的一致性和评价结果的可比性。

专 题 篇

Special Reports

B.3
化工行业企业可持续竞争力评价

丁 荣*

摘 要： 本报告首先对四川化工行业企业可持续竞争力的基本情况进行了阐述，并根据四川化工行业企业可持续竞争力指数平均得分情况，对四川化工行业企业可持续竞争力进行了总体评价。其次通过可持续发展推进、可持续经济价值、可持续社会价值、可持续环境价值、沟通优化五个指标对四川化工行业企业进行了评价与分析。计算结果显示四川化工行业企业总体处于成长阶段，在经济价值创造、环境保护、安全生产等领域表现非常突出，在社会事业参与等方面需要进一步加强。研究发现：四川化工行业企业可持续发展推进能力低下，处于刚起步阶段；四川化工行业企业

* 丁荣，北京融智企业社会责任研究院高级咨询顾问，研究方向为企业社会责任管理。

可持续经济价值创造能力较强，但还有提升空间；四川化工行业企业可持续社会价值创造能力不高；四川化工行业企业可持续环境价值创造能力较低；四川化工行业企业依法合规经营得分较高。

关键词： 化工　可持续竞争力　管理体系　社会沟通

一　基本情况

（一）样本选择

本报告以2017年四川上市企业中14家化工行业企业为样本开展数据搜集与分析。其中包括6家国有企业（包括地方国有企业和中央国有企业）、6家民营企业、1家公众企业、1家其他企业。从企业总部所在地来看，有4家化工行业企业来自成都市，有1家化工行业企业来自德阳市，有1家化工行业企业来自遂宁市，有2家化工行业企业来自泸州市，有2家化工行业企业来自绵阳市，有1家化工行业企业来自宜宾市，有1家化工行业企业来自雅安市，有1家化工行业企业来自简阳市，有1家化工行业企业来自乐山市（见表1）。

表1　2012年四川化工行业样本选择情况

企业名称	地区	企业属性
四川金路集团股份有限公司	德阳市	民营企业
四川美丰化工股份有限公司	遂宁市	中央国有企业
四川泸天化股份有限公司	泸州市	地方国有企业

续表

企业名称	地区	企业属性
四川北方硝化棉股份有限公司	泸州市	中央国有企业
利尔化学股份有限公司	绵阳市	其他企业
宜宾天原集团股份有限公司	宜宾市	地方国有企业
四川雅化实业集团股份有限公司	雅安市	民营企业
成都云图控股股份有限公司	成都市	民营企业
四川国光农化股份有限公司	简阳市	民营企业
成都硅宝科技股份有限公司	成都市	公众企业
四川天一科技股份有限公司	成都市	中央国有企业
四川东材科技集团股份有限公司	绵阳市	民营企业
四川和邦生物科技股份有限公司	乐山市	民营企业
川化股份有限公司	成都市	地方国有企业

（二）化工行业的发展特点

化工行业渗透到各个方面，与国民经济各领域及人民生活密切相关，也是国民经济基础产业之一。化学工业是资源和技术密集相结合的工业，其行业发展既需要丰富多样的化工和能源资源，又需要掌握先进的工艺和技术装备。与其他行业相比，化学工业工艺流程复杂，主要的大宗原料和产品80%以上属于危化品。因此，提高资源综合利用水平、推动产业转型升级、促进科技创新和技术进步的重要性和紧迫性显得尤为突出。四川省国民经济和社会发展“十三五”规划纲要强调实施工业强基工程，强化工业基础领域创新和配套能力，并且加快化工行业技术改造和淘汰落后产能。随着数字化、信息化技术的创新与发展，化工行业需要加快自身与信息化深度融合，发挥智能制造在行业供给侧机构的重要作用，推动信息化技术建设化工园区的发展战略，最终实现化工行业优化发展，实现低耗能、低排放和安全高效生产。

“安全、环保、循环”是化工行业发展的永恒主题。由于化学工业门类繁多、工艺复杂、产品多样，生产中排放的污染物种类多、数量大、毒性高，因此化工产品在加工、贮存、使用和废弃物处理等各个环节都有可能产生大量有毒物质而影响生态环境、危及人类健康。可持续发展是既满足当代人的需求，又不对后代人满足其需求的能力构成危害的发展。它是一个密不可分的系统，既要达到发展经济的目的，又要保护好人类赖以生存的大气、淡水、海洋、土地和森林等自然资源和环境，使子孙后代能够永续发展和安居乐业。化工行业企业的可持续发展，需要在其经营战略中将环境保护和安全、对社会的贡献以及利益相关方的诉求等方面作为重要考量因素，妥善解决好“安全、环保、循环”问题，以实现经济发展、社会和谐、环境保护的现实意义。

二　总体评价结果

从可持续竞争力指数平均得分计算结果来看，四川化工行业企业可持续竞争力指数平均得分为65.62分，略高于全部四川企业可持续竞争力指数的平均得分64.58分，在所有行业中居第六位。2017年是“十三五”规划的第二年，国内经济增长平稳、供给侧结构性改革政策效应逐步显现，国家对生态环境建设给予高度关注并采取了严格的措施，对化工行业企业加强环境管理、有效控制成本提出了很大挑战。四川化工行业应顺应时代的发展潮流及趋势，在提高经济效能的同时，努力促进企业与社会和环境的和谐发展，提升整体行业可持续竞争力。

就得分分布情况来看，93%（13家）的企业评级为A档，7%（1家）的企业评级为B档。由此可见，四川化工行业企业可持续竞争力水平总体较高（见表2和图1）。

表 2　四川化工行业企业 2017 年可持续竞争力综合得分

排名	四川化工行业企业名称	企业简称	综合得分
1	成都硅宝科技股份有限公司	硅宝科技	74.1
2	成都云图控股股份有限公司	云图控股	70.67
3	宜宾天原集团股份有限公司	天原集团	69.69
4	四川北方硝化棉股份有限公司	北化股份	69.51
5	四川国光农化股份有限公司	国光控股	66.7
6	四川泸天化股份有限公司	泸天化	65.4
7	四川东材科技集团股份有限公司	东材科技	64.73
8	四川和邦生物科技股份有限公司	和邦生物	64.39
9	四川雅化实业集团股份有限公司	雅化集团	63.72
10	利尔化学股份有限公司	利尔化学	63.66
11	四川金路集团股份有限公司	金路集团	63.39
12	四川美丰化工股份有限公司	四川美丰	62.69
13	四川天一科技股份有限公司	天科股	61.10
14	川化股份有限公司	* ST 川化	58.91

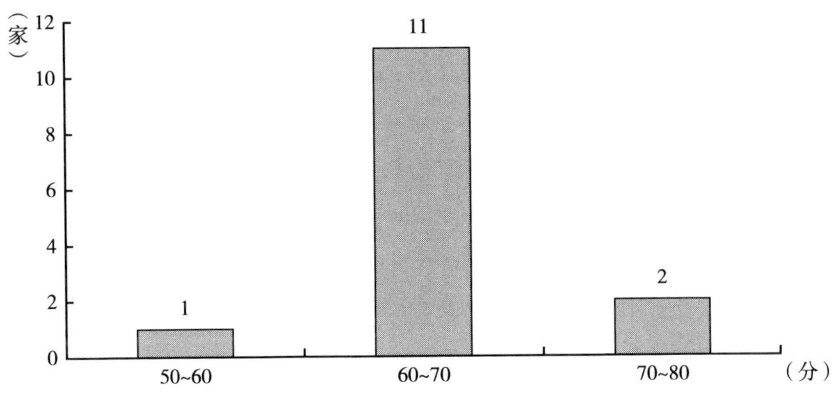

图 1　四川化工行业企业 2017 年可持续竞争力分布

2017 年，四川化工行业企业有效样本共有 14 家。这些企业总资产的平均值为 47.74 亿元，其中最高的是 142.27 亿元，最低的是 9.22 亿元；净资产的平均值为 25.45 亿元；资产负债率的平均值为 0.34%；营业收入的平均值为 29.67 亿元；市值的平均值为 67.00 亿元，其中最高的是 207.13 亿元，最低的是 34.12 亿元（见表 3）。

表 3　四川化工行业企业 2017 年基本财务特征分布

指标	均值	中值	标准差	偏度	峰度	极小值	极大值
总资产(亿元)	47.74	30.99	42.98	1.24	0.39	9.22	142.27
净资产(亿元)	25.45	23.37	25.55	2.54	7.73	1.15	107.75
资产负债率(%)	0.34	0.24	0.25	2.61	7.49	0.03	0.98
营业收入(亿元)	29.67	18.87	31.86	2.56	7.27	4.01	131.09
净利润(亿元)	0.91	0.87	3.08	0.15	3.88	-6.37	8.68
市值(亿元)	67.00	52.30	42.55	2.79	8.70	34.12	207.13
市盈率(%)	42.71	45.19	36.20	0.02	0.48	-20.88	121.28
基本每股收益(元)	0.27	0.12	0.74	1.02	2.02	-1.09	1.86

三　可持续竞争力专项指标评价分析

（一）可持续发展推进指标评价分析

1. 企业可持续发展理念水平需要提高

2017 年，四川化工行业可持续发展理念二级指标平均得分为 30.62 分，远低于全部四川样本企业综合得分 38.43 分。就分布情况来看，仅有 7%（1 家）的企业评级为 A 档，有 21%（3 家）的企业评级为 B 档，有 72%（10 家）的企业评级为 C 档。四川化工行业企业可持续发展理念指标得分主要集中在 20 ~ 40 分区间里面，说明很多企业尚未建立明确的可持续发展理念，需要进一步强化认识。四川化工行业企业2017年可持续发展理念指标得分分布情况见图2。

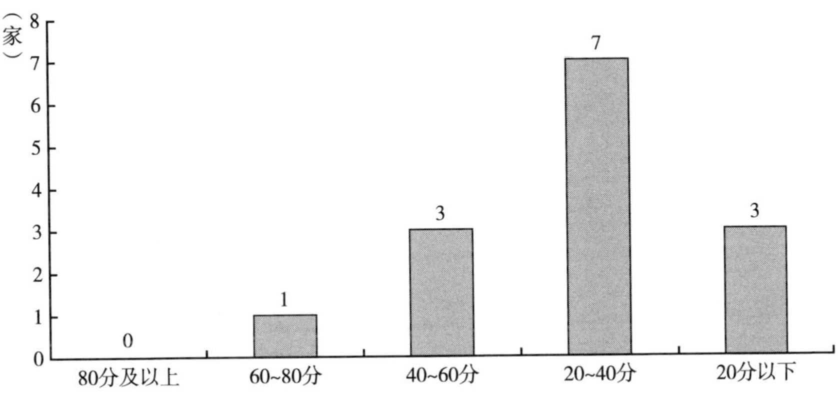

图2 四川化工行业企业2017年可持续发展理念指标得分分布

案例1 硅宝科技可持续发展理念融入企业管理

硅宝科技作为有机硅新材料行业首家上市的企业，始终坚持以“对客户负责、对员工负责、对社会负责、对投资者负责”为己任和出发点，始终将企业可持续发展的战略规划融入企业经营管理以及利益相关方的共同发展中，以实现推动经济、社会、环境的可持续发展，追求综合价值的最大化。公司在追求经济效益、保护股东利益的同时，还要承担其对利益相关者和社会的责任，以实现企业与经济社会的可持续发展的协调统一。

融入企业使命或价值观和融入企业愿景这两项三级指标中，平均得分分别为21.43分和8.39分，均低于全部四川企业平均得分22.41分和15.53分。就融入企业使命或价值观指标分布情况而言，仅有1家四川化工行业企业平均得分在40~60分的区间内。四川化工行业企业2017年使命或价值观融入情况见图3。

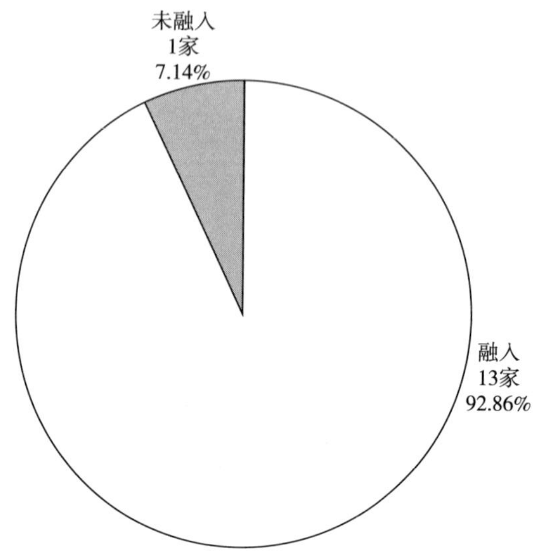

图3　四川化工行业企业2017年使命或价值观融入情况

案例2　北化股份坚持可持续发展理念融入企业使命或价值观

北化股份贯彻公司以“共创价值、致力和谐、绿色发展”为核心的可持续发展理念，实现生产经营管理与可持续发展管理有机融合，立足专业，面向全球，以打造产业链条为支柱，满足客户需要提升市场竞争力，以科技创新为动力，以国际化经营为平台，以人才队伍建设为保障，充分利用全球资源精耕细作，精益精细，做全球领先的纤维素产业和环保装备产业集团。

2. 可持续发展战略规划工作亟须加强

2017年，四川化工行业可持续发展战略二级指标得分在20~40分的有8家，在20分以下的有5家（见图4）。就统计分布情况来看，没有企业评级为A档，有7%（1家）的企业评级为B档，有93%（13家）的企业评级为C档。表明大多数四川化工行业企业尚未制定全面的可持续发展战略规划。

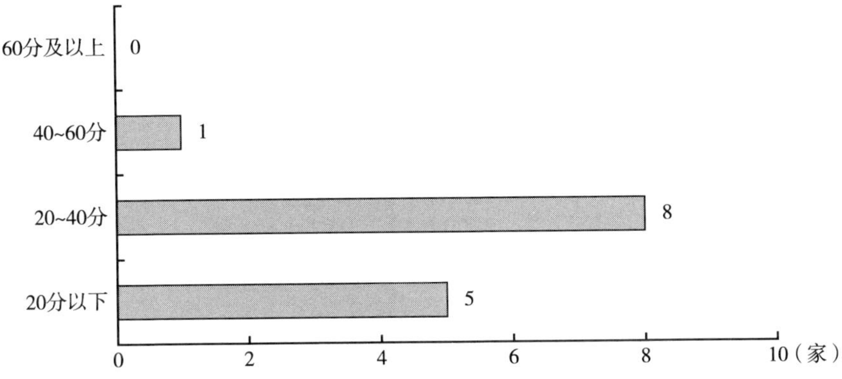

图 4　四川化工行业企业 2017 年可持续发展战略指标得分分布

案例 3　天科股份强化可持续发展体系建设

《“十三五”节能环保产业发展规划》将鼓励和支持节能减排、新能源、环保新材料等环境保护技术装备、资源循环综合利用等节能环保产业的发展，同时有关规划将碳排放、氮氧化物、氨氮等排放指标作为约束性指标纳入国家节能减排规划。

天科股份依据国家政策，积极拓展上述领域特别是节能环保、新能源和资源循环综合利用领域存在的市场需求和发展空间，切合国家战略发展方向的要求，促进经济社会发展绿色转型。尤其是该公司是由科研院所发展起来的企业，更应抓住时机，利用好企业的融资平台，适时推出再融资计划，完成重点产业发展壮大，并以重点产业的科研成果为发展动力，将其作为企业未来的发展方向，为改善环境质量、建设美丽中国提供可靠保障。

3. 可持续发展治理水平较低

2017 年，四川化工行业可持续发展治理二级指标披露占 28.57%，未披露占 71.43%（见图 5）。就统计数据分布情况来看，四川化工行业企业在可持续发展治理方面严重不足。仅有 1 家（7%）的企业评级为 B 档，其余

13 家（93%）企业评级均为 C 档。说明大部分企业并未建立可持续发展推进的组织体系和工作机制。

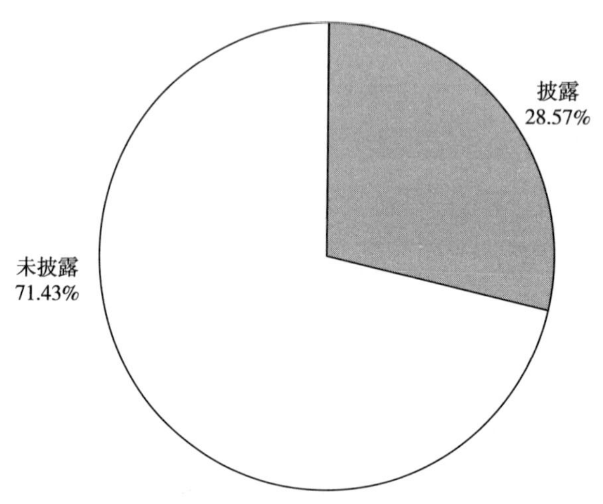

图 5　四川化工行业企业 2017 年可持续发展治理指标信息披露情况

案例 4　硅宝科技社会责任管理管理体系建设

2017 年，硅宝科技不断建立健全社会责任管理体系和工作机制，将社会责任理念及责任目标深入内化于企业的治理结构之中，致力于将履行社会责任融入企业运营的各个环节和业务全过程，提高企业社会责任意识，使社会责任管理成为推动企业履行社会责任的重要支撑。

1. 深入开展社会责任小组工作

在多年的实践探索下，硅宝科技逐步形成“加强责任融入、维持责任沟通、维护品牌形象”的社会责任管理思路，形成具有硅宝文化特色的社会责任管理机制。在社会责任小组的主导下，该公司逐渐将社会责任工作融入企业经营管理中，使两者有效结合。2017 年，社会责任小组按照 SA8000 标准对企业社会责任工作的实施进行检查、评估，积极与利益相关方沟通，进一步推动社会责任理念融入日常运营和管理中，使企业社会责任工作进入常态化。

2. 健全社会责任日常管理制度

2017 年，硅宝科技为进一步规范企业的社会责任管理和员工行为，在《社会责任管理手册》的基础上，结合公司经营发展需要，进一步梳理社会责任工作流程，细化职责分工，优化管理制度，将社会责任的要求融入管理标准，以有效保证公司社会责任工作的常态化和规范化。

4. 企业可持续发展能力建设水平不足

2017 年，四川化工行业可持续发展能力建设二级指标信息披露情况表明，披露占比 14. 29%，未披露情况占比 85. 71%（见图 6），说明大部分四川化工行业企业并未开展提升员工责任意识、理论知识、实践经验和思维眼界的一系列专项培训工作，也没有可持续发展外部交流和可持续发展知识管理。

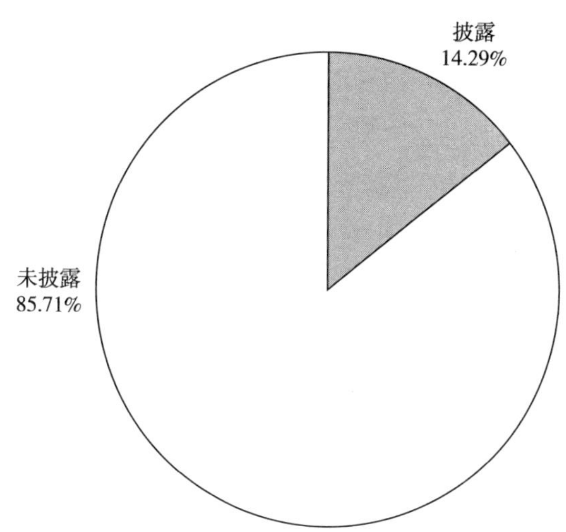

图 6　四川化工行业企业 2017 年可持续发展能力建设指标信息披露情况

案例 5　硅宝科技全面社会责任管理能力建设

硅宝科技通过参加和开展企业社会责任相关培训，有效提升员工履行社会责任的意识和技能，提升企业履行社会责任的能动性、创造性、管理水平及实践水平。

1. 社会责任培训

2017 年，硅宝科技责任生产部围绕企业生产安全环保责任工作，采取集中授课、讲座、现场演练等多种形式，开展生产安全、社会责任意识深化和员工素质与能力提升等专题培训；全年完成安全环保责任集中授课 45 次，参加培训的总人数达 800 人次，以安全宣传栏、安全挂图、OA 方式进行生产安全、节能环保宣传 40 余次；各生产班组实行班前讲安全、班中查安全、班后总结安全的随机培训模式，有效避免安全事故的发生，降低安全隐患存在的可能性。

硅宝科技时刻关注国内外、行业内外社会责任发展的最新动态，有针对性地参与国家权威机构组织的社会责任的研讨交流会，以学习、借鉴社会责任最新理念和最佳实践。2017 年，该公司积极参加由中国工业经济联合会组织的“中国企业社会责任大会”、四川省工业经济联合会组织的“四川省社会责任发布会”以及社会责任沙龙会议。此类社会责任培训有助于拓展企业社会责任工作的视野和强化企业经营管理。

2. 社会责任日常信息披露

硅宝科技充分利用微信、权威协会网站、大型展会等方式，及时宣传公司社会责任最新动态，以及通过内部刊物《硅宝视窗》在企业内外部进行传播与分享，以多方位展示企业社会责任管理工作推进情况。

3. 社会责任沟通与参与

硅宝科技将社会责任沟通作为提升履行社会责任效果的重要手段和增进公司透明度、建设和谐利益相关方关系的重要途径，努力畅通沟通渠道，探索创新沟通方式，保障利益相关方的知情权、参与权、监督权。

5. 可持续发展管理投入有待强化

2017 年，四川化工行业可持续发展管理投入二级指标，投入占比 21.43%，未投入占比 78.57%（见图 7），说明大部分四川化工行业企业并未就可持续发展管理投入工作给予充分的资源保障。

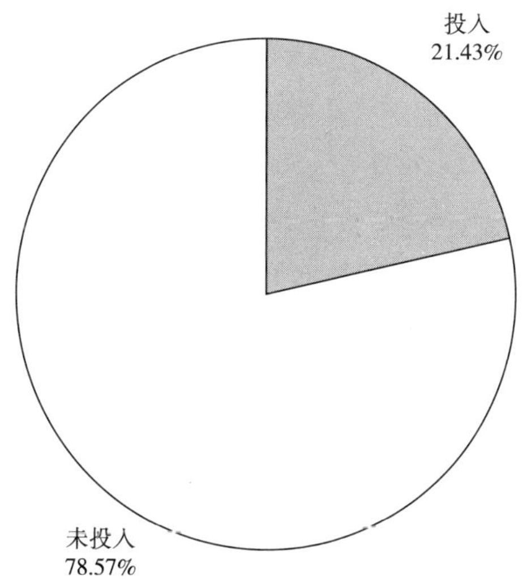

图 7　四川化工行业企业 2017 年可持续发展管理投入情况

（二）可持续经济价值指标评价分析

1. 企业经营业绩总体较好

2017 年，四川化工行业企业经营业绩二级指标平均得分为 72. 54 分，高于全部四川企业综合得分 70. 62 分（见图 8），所有化工行业企业评级均为 A 档，其中有一家评级为 AAAAA。四川化工行业企业在企业经营业绩指标方面平均得分较高且相互之间差距不大，说明四川化工行业企业生产经营能直接为四川经济发展创造价值，并且整体产生积极的影响。

在营业收入和净利润这两项三级指标中，四川化工行业企业平均得分分别为 38. 57 分和 34. 04 分，均高于全部四川企业营业收入指标平均得分 37. 66 分、净利润指标平均得分 32. 88 分。就营业收入指标得分的统计分布情况而言，有 1 家四川化工行业企业平均得分在 40 ~ 50 分的区间内；有 13 家四川化工行业企业平均得分在 30 ~ 40 分的区间内，占样本数量的 92. 86%。大部分四川化工行业企业这项指标得分分布在 30 ~ 40 分的区间内，并且最高分与最低分之间差距不大（见图 9）。

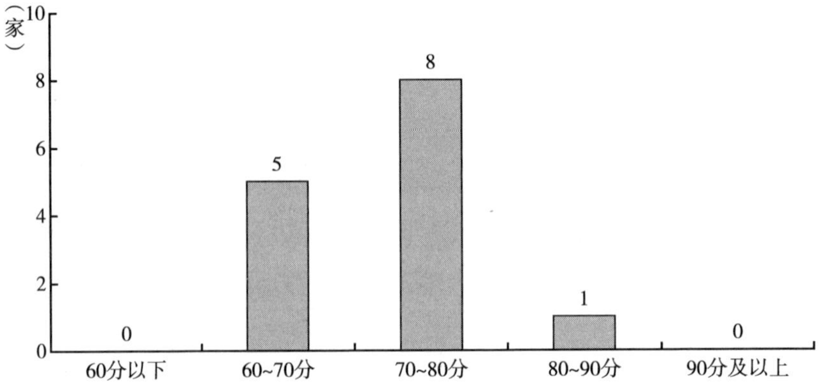

图8　四川化工行业企业2017年经营业绩指标得分分布

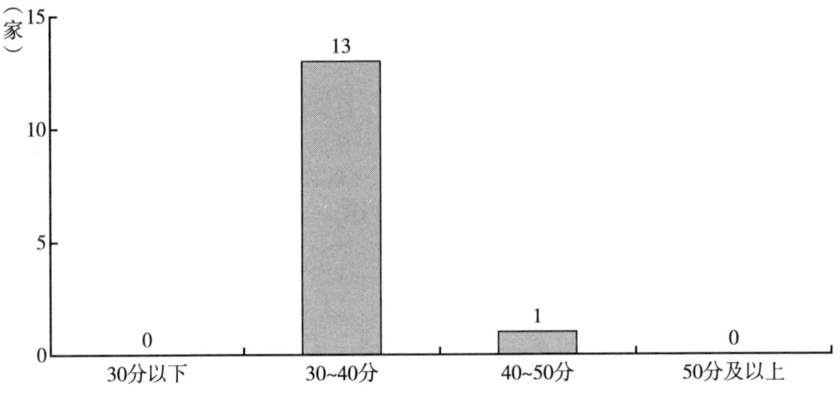

图9　四川化工行业企业2017年营业收入指标得分分布

就净利润指标统计分布情况而言，有1家企业平均得分在40～50分的区间内；有10家企业平均得分在30～40分的区间内，占样本数量的71.43%；有3家企业平均得分在20～30分的区间内（见图10）。

2. 企业经济影响成效显著

2017年，四川化工行业企业企业经济影响二级指标平均得分为62.68分，低于全部四川企业综合得分64.58分。就统计分布情况来看，有9家四川化工行业企业评级为A档，占样本数量的65%；有4家四川化工行业企业得分评级为B档，占样本数量的28%；有1家企业评级为C档，占样本数量的7%（见图11）。四川化工行业企业在企业经济影响指标方面平均得

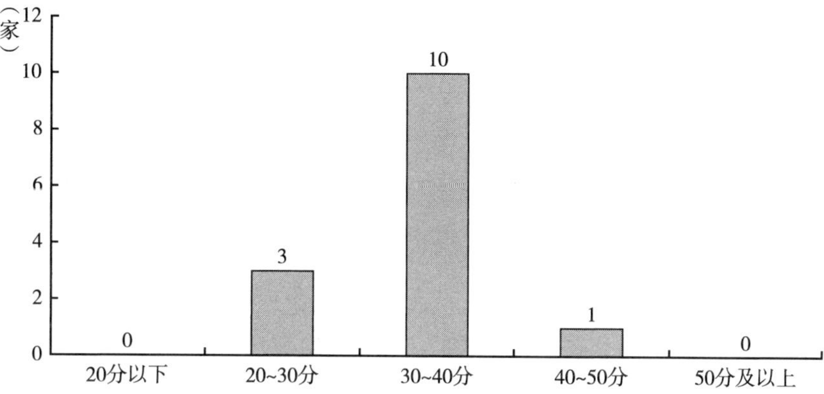

图 10　四川化工行业企业 2017 年净利润指标得分分布

分较高，说明四川化工行业企业生产经营能间接为四川的经济发展创造价值，包括对国家税收的贡献和对社会就业的贡献。

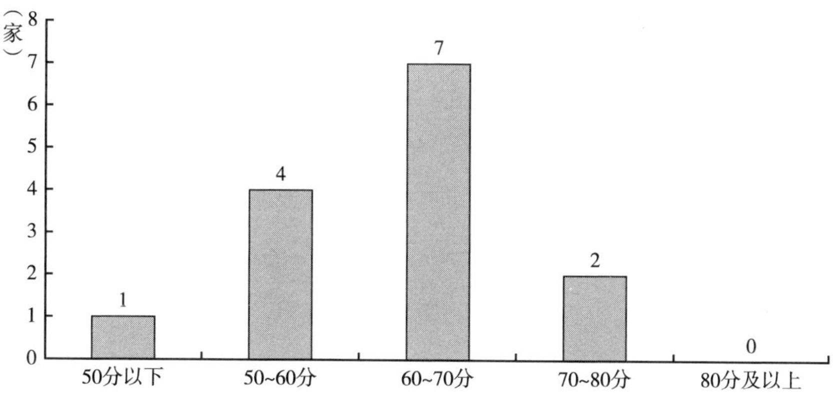

图 11　四川化工行业企业 2017 年企业经济影响指标得分分布

在缴纳税收和就业数量这两项三级指标中，四川化工行业企业平均得分分别为 35.96 分和 26.71 分，与全部四川样本企业缴纳税收平均得分 35.86 分、就业数量平均得分 28.66 分相差不大。就缴纳税收三级指标的统计分布情况而言，有 13 家四川化工行业企业平均得分在30 ~40 分的区间内，占样本数量的 92.86%（见图 12）。大部分四川化工行业企业这项指标得分分布在 30 ~40 分的区间内，并且最高分与最低分之间差距不大。

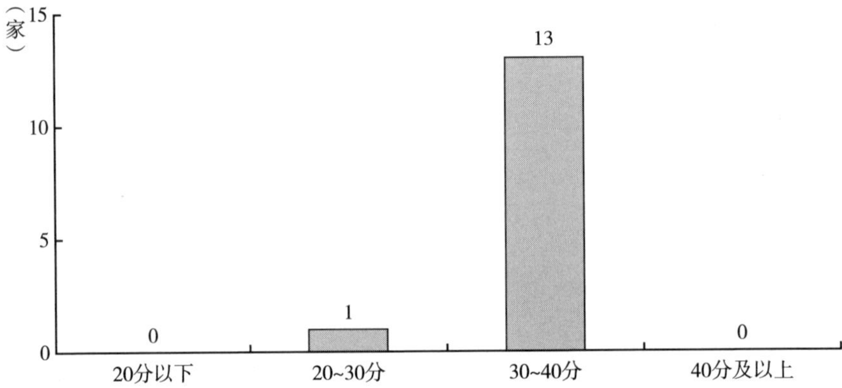

图12　四川化工行业企业2017年缴纳税收指标得分分布

就就业数量指标统计分布情况而言，有6家四川化工行业企业平均得分在30~40分的区间内，占样本数量的42.86%。

3. 提升客户满意指标有待改善

2017年，四川化工行业提升客户满意二级指标平均得分为24.71分，远低于全部四川企业综合得分37.68分。就这一指标的统计分布情况来看，有7%（1家）的企业评级为A档，有7%（1家）的企业评级为B档，有86%（12家）的企业评级为C档。四川化工行业企业提升客户满意指标平均得分大部分较低，且相互之间差距较大（见图13）。

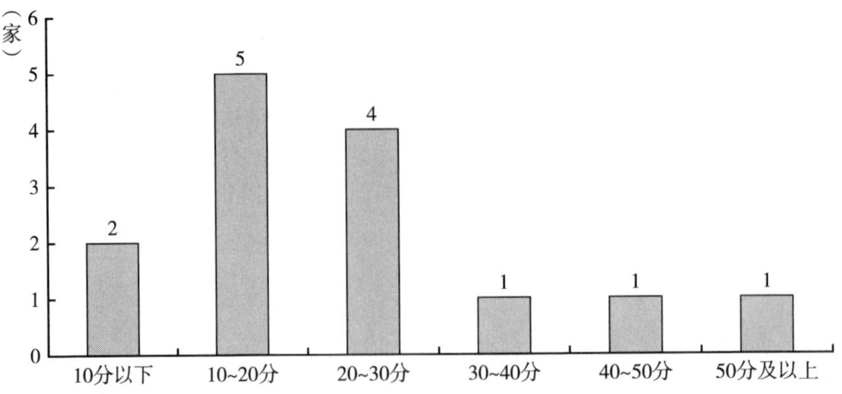

图13　四川化工行业企业2017年提升客户满意指标得分分布

案例6　硅宝科技注重客户隐私保护

在保护客户隐私方面，硅宝科技提倡员工入职时签订保密协议，保密协议中明确员工对于企业客户信息保密的法律义务；在管理方面，建立企业层面的内控体系，将对客户信息的保护纳入整个企业的内控体系范围内；在技术方面，对业务人员通过技术手段限制对客户信息的批量查询、导出；在与第三方的合作中，保障企业客户信息的安全性，公司从未发生泄露和侵犯客户隐私事件。

案例7　硅宝科技推进客户满意度调查工作

硅宝科技高度重视用户投诉的处理，相关质量小组不定期召开质量小组专题会议，对客户投诉、公司内部质量情况进行讨论和工作改进安排，有效解决客户投诉，提高产品品质和客户服务质量。公司每年都会进行客户满意度调查，并希望通过满意度调查，不断完善产品和服务。

4. 价值链合作表现尚可

2017年，四川化工行业企业价值链合作指标只有1家企业得分在60分及以上。四川化工行业价值链合作二级指标平均得分为45.55分，高于全部样本企业综合得分41.43分。就统计分布情况来看，有1家四川化工行业企业评级为A档，占样本数的7%；有7家企业评级为B档，占样本总数比为50%；有6家企业评级为C档，占样本总数的43%。四川化工行业企业2017年价值链合作指标得分分布情况见图14。

案例8　北化股份强调“诚信经营、互利共赢”，价值链合作

北化股份诚信经营，遵守商业道德，提供优质产品，提供优质服务，坚持互利共赢、共同发展，与诸多企业建立良好坚实的合作关系。2017年，该公司荣获宣伟集团“十五年合作伙伴”特殊贡献奖和德国朗盛集团“长期战略合作伙伴”称号。

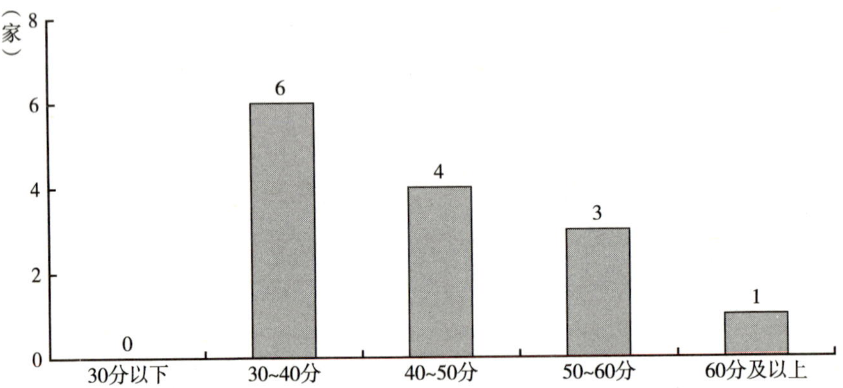

图14　四川化工行业企业2017年价值链合作指标得分分布

1. 建立战略共享机制及平台

北化股份与北京理工大学、北京北方世纪纤维素公司等单位联合开展“高氮量硝化棉制备工艺”、“醋酸硝酸纤维素酯合成工艺”和“低取代度醋酸纤维素制备工艺”青创项目的研究，联合股东方开展某型号含能硝化棉的试验研究工作。同时，该公司与江苏添竹化工科技有限公司通过建立长期的战略合关系，以经营合作的方式，开拓华东棉液市场。

2. 开展责任采购

采购管理是企业经营管理的核心环节，也是落实企业可持续发展的起点和源头。北化股份通过实施一般材料比质比价采购、大宗材料集中采购、重点材料招标采购、通用材料集团集中采购的形式推进公司采购管理向精益化、标准化、阳光化迈进。

3. 丰富采购形式

北化股份通过不断实践，逐渐形成原材料采购的一般形式。比如大宗材料采购遵循全公司集中采购的原则，保障质量和降低成本双同步，切实保障以最低成本保障最优质量的原材料稳定供应，实现与供应商之间的互利共赢；重点、特殊产品或服务招标采购，通过向社会公开招标迅速获得优质产品供应商，从而取得采购优势完成重点或特殊产品的采购工作；在中国兵器集团集中采购名单内的通用物资利用集团公司的采购平台实现集中采购，节约采购成本。另外，所有考核合格的供应商都会进入“合格供应渠道名单”，所有物资的采购优先向取得合格供应渠道资质的供应商采购，如必须向合格供应渠道外采购的，须办理合格供应渠道名单外采购审批手续。

4. 加强供应商管理

北化股份采购部门协助有关部门定期对供应渠道进行评价和考核，评价内容、办法及供应渠道的选择或淘汰参照《供应渠道管理办法》执行。采购供应部每年定期走访客户，从中选择优质供应渠道和战略合作伙伴。相互交流和共享市场信息，以及表彰优秀供应渠道并及时向供应渠道传达公司的技术标准、工艺等相关要求变化的情况。

案例9　东材科技与其他合作伙伴签署战略合作框架协议

东材科技与中国（绵阳）科技城工业技术研究院（以下简称“工研院”）签订战略合作框架协议。双方本着协同互动、资源共享的原则，就合作原则、合作内容、合作机制、权利和义务等方面内容进行磋商，以长期合作和共同发展为目标，签订战略合作框架协议。此次战略合作框架协议的签订，有利于充分发挥协议双方各自优势，开展战略合作，形成“院企合作、互利共赢”的良好局面。

东材科技与西南科技大学在东材科技工业园举行校企合作交流会，并进行校企合作框架协议签订仪式。此次合作交流旨在进一步发挥校企优势，实现资源优化组合，共同致力于人才培养与科技研发。双方将坚持“优势互补、互惠互利、协同创新、共同发展”的原则，建立并发展合作伙伴关系，通过合作发展，进一步加快人才培养、科技创新以及科技成果转化的步伐，提升科技创新水平，实现双赢。

东材科技与成都纺织高等专科学校进行战略合作协议讨论，并就具体相关合作事项达成共识，举行“战略合作协议签约仪式”。此次合作协议的达成，将有利于该公司阻燃聚酯新产品的研发、试样，加快新产品推向市场的速度，同时对新型功能纤维的创新工作也有着重要的意义。

5. 合规运营表现良好

2017 年，四川化工行业合规运营二级指标得分中 60 分及以上的有 4 家企业，平均得分为 48.21 分，高于全部四川样本企业综合得分 41.3 分。就这一指标的统计分布情况来看，有 4 家四川化工行业企业评级为 A 档，占样本总数的 29%；有 4 家四川化工行业企业评级为 B 档，占样本总数的 29%；有 6 家企业评级为 C 档，占样本总数的 43%（见图 15）。

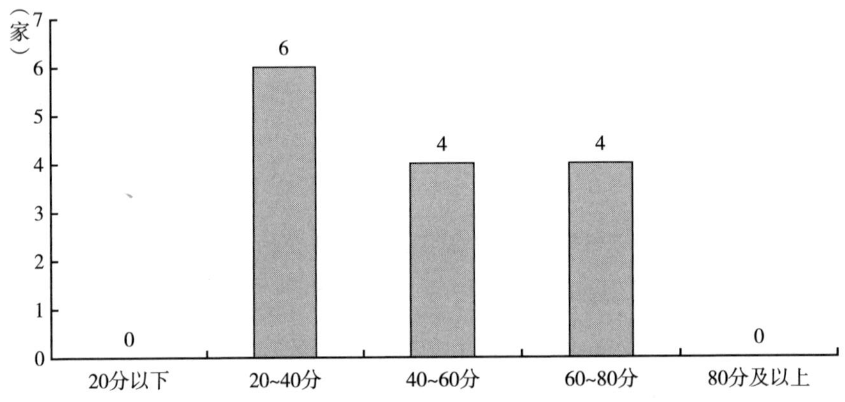

图 15　四川化工行业企业 2017 年合规运营指标得分分布

案例 10　硅宝科技加强风险防控，推动合规经营

1. 强化风险管理

为提高风险防范能力，保证公司安全、稳健运行，提高经营管理水平，硅宝科技严格按照《公司法》、《企业风险管理指引》、《企业内部控制制度》以及公司《董事、监事、高级管理人员问责制度》、《内幕信息知情人登记管理制度》、《企业内控制度》等相关风险管理规章制度，通过在公司管理的各个环节和经营过程中执行风险识别、评估、应对、报告、监督等工作流程，建立起以内审部为核心，从董事会层面有效实施的风险管理体系，有效防控生产经营各个环节风险。2017 年，该公司围绕核心业务和管理要求，定期开展关联交易审计、建设项目审计、内部控制自我评价等审计工作

25余项，充分发挥内部审计在风险防控和管理提升方面的作用，逐步实现审计问题的常态化和审计成果的管理化。

2. 依法治企

严格按照国家法律及监管机构要求，坚持依法治企，依法管理，诚信经营。硅宝科技严格按照《公司法》《公司章程》《股东大会议事规则》等法律规章制度并结合公司实际，建立较为完备的法律工作体系。目前，该公司法律事务工作已涵盖合同管理、法律诉讼、知识产权保护等领域。

3. 廉洁自律

硅宝科技注重加强管理干部以及重要岗位人员的廉洁自律教育，通过组织员工签订《廉洁协议》、参加廉洁培训以及内幕交易展示等多种形式，使公司人员廉洁自律的思想基础更加扎实，有效避免内部腐败现象的滋生。

在合规管理体系和合规培训这两项三级指标中，合规培训指标信息未披露情况占比35.71%，披露情况占比64.29%（见图16），其中四川化工行业企业平均得分分别为30.54分和17.32分，均高于全部四川样本企业合规管理体系指标平均得分29.3分和合规培训指标平均得分12分。

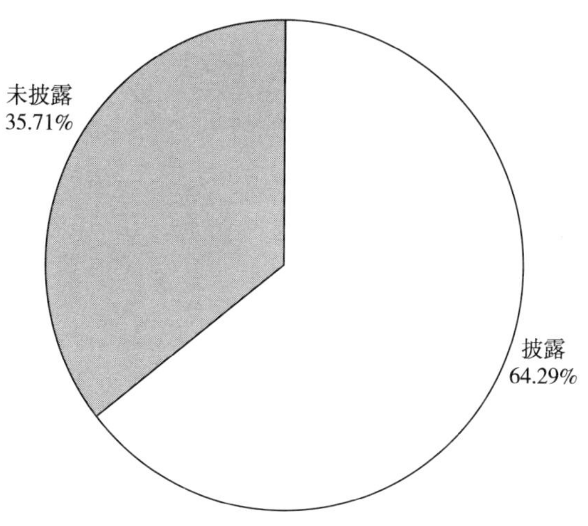

图16　四川化工行业企业2017年合规培训指标信息披露情况

就合规管理体系指标得分的统计分布情况而言，有6家四川化工行业企业合规管理体系指标平均得分在30～40分的区间内，占样本数的42.86%（见图17）。四川化工行业企业制定和执行合规管理制度，建立合规管理机制，有效避免相关风险的发生。

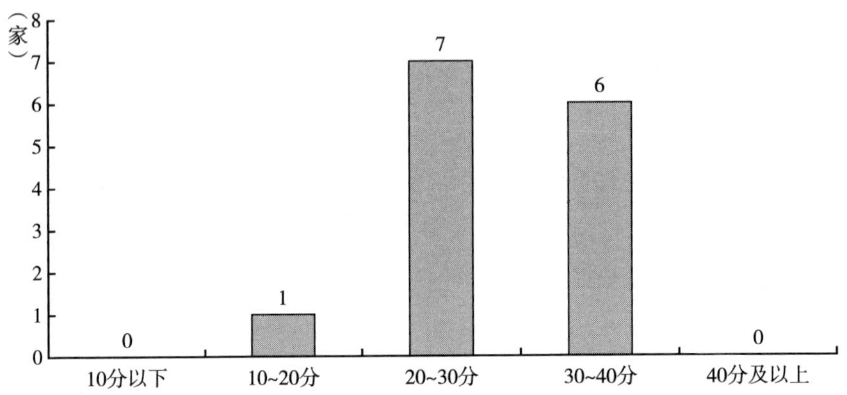

图17　四川化工行业企业2017年合规管理体系指标得分分布

案例11　云图控股完善合规管理体系

云图控股严格按照《公司法》、《证券法》、《企业治理准则》、《深圳证券交易所股票上市规则》和《深圳证券交易所中小企业板企业规范运作指引》等法律法规、规范性文件的要求，结合实际情况，不断完善公司法人治理结构，健全内部控制制度，深入开展公司治理活动，强化信息披露和内幕信息管理，加强投资者权益保护工作，进一步规范公司运作，提升公司治理水平。该公司制定《债务融资工具信息披露管理制度》，并修改《公司章程》。该公司整体规范运作，实际治理情况与《公司法》和中国证监会相关规定的要求不存在差异，未收到被监管部门采取行政监管措施的有关文件，也不存在尚未解决的治理问题。

（三）可持续社会价值指标评价分析

1. 支持员工成长工作良好

2017 年，四川化工行业支持员工成长二级指标平均得分为 53.52 分，高于全部样本企业综合得分 43.96 分（见图 18）。

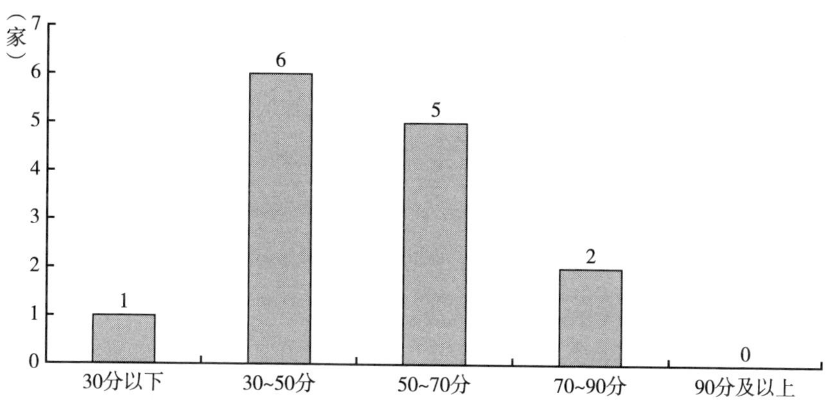

图 18　四川化工行业企业 2017 年支持员工成长指标得分分布

案例 12　硅宝科技秉承“对员工负责”管理理念，为员工创造价值

“对员工负责”是硅宝科技始终秉承的管理理念。硅宝科技始终秉承“以人为本”的用人理念，坚决维护员工的基本权益，积极完善员工保障体系，不断将企业的发展成果惠及全体员工，构建和谐稳定的劳资关系。

1. 充分发挥职代会作用

硅宝科技继续坚持和完善职工代表大会制度，不断加强企业民主管理和民主监督，积极推动企务公开，着力构建和谐的劳动关系，切实保障员工的主人翁地位，使员工的命运和企业的发展紧密结合在一起，不断拓展员工参与企业管理的深度和广度。

2. 积极维护员工合法权益

硅宝科技工会秉承“以人为本”的文化理念，代表员工与公司签订

《集体劳动合同》等，定期召开民主生活管理会议、集体协商会议并长期建立工会意见箱，听取员工建议并及时回复和有效采纳员工意见或建议，为员工提供表达诉求的有效渠道，有利于切实保障员工的知情权、参与权和监督权。

在工会的积极参与下，硅宝科技严格按照相关政策法规，为在岗员工足额缴纳各项法定社会保险与福利。2017 年，该公司劳动合同签订率以及基本养老、医疗、失业等社会保险的覆盖率均达到 100%。

案例 13　泸天化高度重视员工防暑降温劳动保护

泸天化切实贯彻落实《职业病防治法》，保障劳动者身体健康和生命安全，高度重视夏季防暑降温工作，采取有力措施，切实做好夏季高温天气劳动保护工作。

该公司落实国家安全监管总局《关于做好 2017 年夏季防暑降温工作的通知》精神，要求各单位加大防暑降温工作的宣传力度，强化防暑降温主体责任意识。主要采取以下措施。

一是开展防暑降温设施专项检查，重点对工艺车间主控室、变电所、仪表 DCS 机房、员工休息室及其他重要岗位的防暑降温设施进行隐患排查，发现问题及时处理。

二是要求各单位根据生产特点，合理安排或调整露天作业和高温作业工作时间，避免发生人员高温中暑事件。

三是加强高温中暑应急预案的培训和演练，对员工开展高温防护和中暑急救宣传教育，增强员工防范意识和自救互救能力。

四是为员工提供个体防护用品和防暑降温药品及清凉饮料，改善劳动条件和作业环境。

案例 14　四川美丰关爱员工，凝聚员工力量

四川美丰实施调增员工工作餐补贴标准、调增职工住房公积金缴存比例、印发《慰问管理办法》等一揽子举措，件件惠及员工，事事激发

干劲，并举办2017年单项文体活动篮球赛、足球赛、排球赛、乒乓球赛以及趣味活动，选树先进典型，开展各类技术比武活动，厚植美丰文化优势，激发美丰人顽强拼搏的昂扬斗志，凝聚打好扭亏为盈翻身仗的奋斗力量。

2. 支持社区发展有较大空间

2017年，四川化工行业支持社区发展二级指标平均得分为24.64分，高于全部样本企业的平均得分18.1分。就统计分布情况来看，没有企业评级为A档，有14%（2家）四川化工行业企业评级为B档，有86%（12家）四川化工行业企业评级为C档。四川化工行业企业在社区共享发展指标方面平均得分大部分较低，且最高分与最低分差距较大（见图19）。

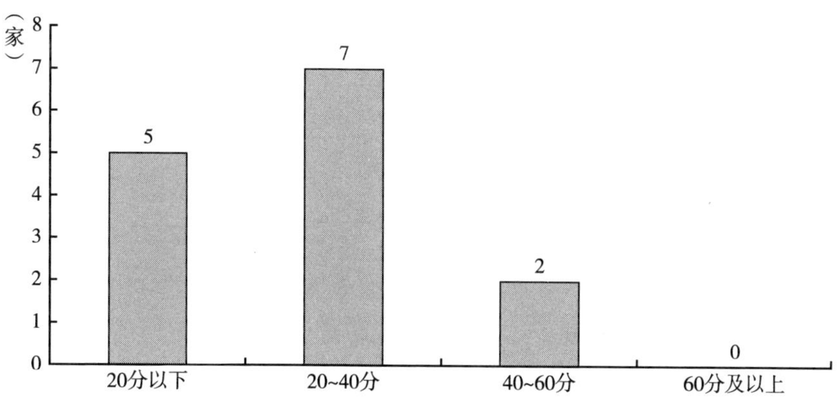

图19　四川化工行业企业2017年社区共享发展指标得分分布

案例15　北化股份积极参与社区服务，支持社区发展

北化股份积极参与地方政府“建和谐社区，做文明居民”活动。在高坝厂区党工委带领下，通过加强组织领导，细化制度措施，丰富活动载体，使高坝厂区广大居民的道德素养和文明素质得到较大提高，高坝厂区的整体建设水平有明显提升，将高坝厂区营造成环境整洁、秩序井然、文明和谐、生活舒适的温馨家园。

（1）充分利用企业和社区各种宣传媒体，对在“建和谐社区、做文明居民”活动中涌现的讲文明、促和谐的先进典型进行宣传。针对辖区内少数不文明、不诚信、不讲社会公德、不讲公民道德、不支持社区建设、不支持公司发展的职工、家属和社区居民建立不诚信居民档案，实施动态管理；通过全方位、立体化广泛宣传，开展正反两方面的教育引导，在辖区内形成浓厚的活动氛围，引导社区居民逐步形成以文明和谐为荣、以恶习陋俗为耻的普遍共识，并转化为行为自觉，增强主动参与创建活动的积极性。

（2）加强环境整治，努力营造优美舒适的宜居环境。以迎接国家卫生城市复审、泸州市创建全国文明城市为契机，加大社区环境保护宣传教育；动员、组织广大居民积极参加社区环境卫生活动，对社区违章搭建建筑物进行拆除，区企业先后投资28万余元改善高坝社区。

（3）北化股份西安分公司作为户县地区200多家规模以上企业的唯一代表，参加西安市“百场‘七五’普法进企业助力品质西安促和谐”行动户县启动仪式。在启动仪式现场，西安分公司展出精美的展板，得到参展单位、与会嘉宾以及现场群众的高度评价，提升了该公司在西安以及周边地区的企业形象。自西安市开展诚信守法企业评选活动以来，西安分公司连续多年被评为西安市“守合同、重信用”企业、户县“诚信守法企业”。

在社区关系管理这项三级指标中，四川化工行业企业平均得分为19.29分，高于全部样本企业社区关系管理指标平均得分10.93分。就社区关系管理指标的统计分布情况而言，所有样本数里14家四川化工行业企业平均得分在40分以下，说明这些企业需要改善为促进与运营所在地社区邻里之间的关系而建立的与社区沟通协调的管理机制。该指标披露情况见图20。

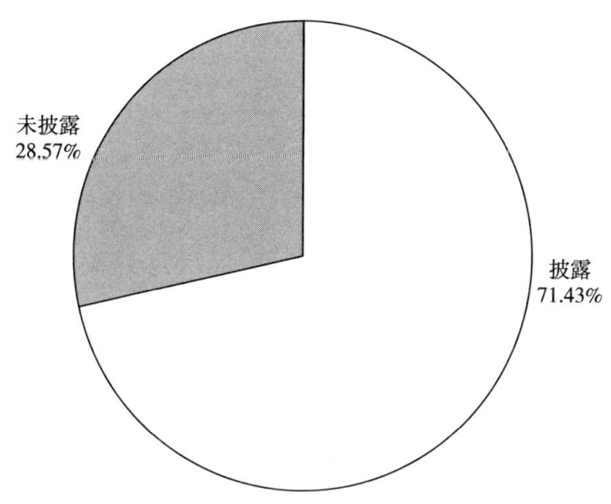

图 20　四川化工行业企业 2017 年社区关系管理指标披露情况

案例 16　天原集团推动可持续发展，推进精准帮扶

为贯彻落实中央、省、市精准扶贫、精准脱贫工作的要求，确保公司对口扶贫单位按计划脱贫，天原集团从精准扶贫实际出发，牢牢把握增强贫困村、贫困户自我发展、可持续发展这条主线，按照“精准扶贫”这一新要求、新标准、新机制，坚持“开发式”扶贫、“造血式”扶贫，坚持扶贫与扶志相结合，深入屏山县夏溪乡红岩村实地开展扶贫工作。

屏山县夏溪乡红岩村位于屏山县西部，与马边彝族自治县相接，全村面积约 8.1 平方公里，辖 5 个村民小组，131 户 521 人，其中建档立卡贫困户 44 户 114 人，占全村总人口的 21.9%；全村土地总面积 4630 亩，99% 均为陡峭的山坡地，山高坡陡，交通十分不便，自然环境十分恶劣，社会经济发展十分落后，脱贫攻坚任务十分繁重。

2012 年对口帮扶红岩村以来，天原集团已先后投入 30 余万元的资金和物资用于红岩村的基础设施建设和产业发展，并派驻一名中层管理人员驻村具体负责屏山县夏溪乡红岩村精准扶贫、脱贫帮扶工作。

3. 参与社会公益程度不高

2017 年，四川化工行业参与社会公益二级指标平均得分为 15. 17 分，低于全部样本企业综合得分 20. 37 分。就这一指标的统计分布情况来看，没有企业评级为 A 档，有 7%（1 家）的企业评级为 B 档，有 93%（13 家）的企业评级为 C 档。四川化工行业企业在参与社会公益指标的平均得分大部分较低，需要提高对社会公益的支持力度（见图 21）。

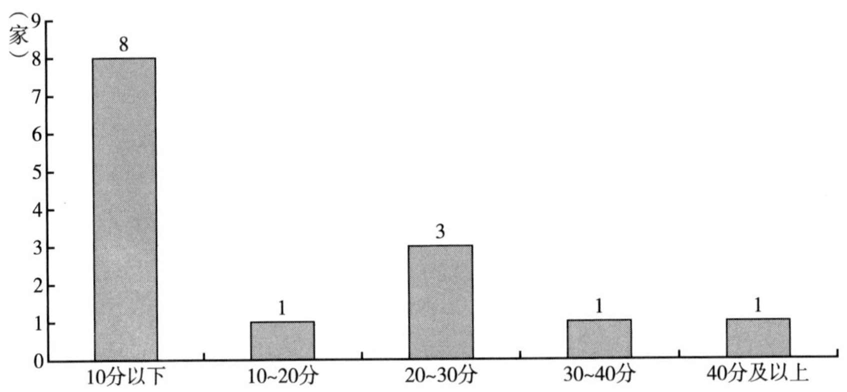

图 21　四川化工行业企业 2017 年参与社会公益指标得分分布

案例 17　硅宝科技助力参与社会公益事业

硅宝科技属于土生土长的地方民营企业，在做大做强企业业务的同时，牢记企业可持续发展和使命，以力所能及之力贡献地方，带动地区经济和城市发展，热心公益回报社会，促进社区和社会和谐。

1. 教育支持

硅宝科技坚持以教育支持为公益主线，帮助新源小学、绵阳盐亭希望小学、藏区德格县希望小学、玉林石羊中学、四川大学、兰州大学、北京化工大学等品学兼优的学子顺利完成学业。

2017 年，硅宝科技积极推行持续性慈善项目“硅宝科技种子奖学金”，旨在弘扬中华民族乐善好施、扶危济困的传统美德，支持国家教育事业的发展，奖励品学兼优、全面发展的大中小学生和在教育教学方面做出突出贡献的教师。

“硅宝科技种子奖学金”资金遍及重庆大学、北京化工大学、成都玉林中学（石羊校区）以及成都部分中小学，越来越多的大中小学生感受到硅宝科技的温暖。硅宝科技向获得“硅宝科技种子奖学金”的待就业学子提供到公司参观、交流和学习的机会，在人才选拔聘用时优先聘用获得“硅宝种子奖学金”的毕业生，为行业储备更多的精英人才。

2. 帮扶弱势群体

硅宝科技管理层带领全体员工积极义务献血，以缓解血液库存紧张的状态。2017 年 2 月，该公司一如既往响应中国红十字总会号召，在公司园区开展每年的“献爱心”义务献血活动。该活动自 2004 年至今已连续开展 14 个年头，越来越多的员工已把无偿献血当成自己的一种责任和义务，希望能为我国的慈善事业尽一份力、献一份爱。该公司继续坚持为道孚救火英雄遗孤每月按时发放生活补贴 2000 元，一直到其小孩满 18 岁，并且连续 5 年坚持为因病家庭以及生活举步维艰的社区贫困家庭购买保险。与此同时，硅宝科技坚持每年为聋哑人以及下岗农民提供就业岗位，为行业退休老专家提供专项慰问金以及定期到敬老院探望孤独老人。

就公益管理指标的统计分布情况而言，所有样本数里 14 家四川化工行业企业平均得分在 40 分以下。

案例 18　硅宝科技情暖弱势群体，助推公益事业发展

硅宝科技开展“慈善帮扶新园社区残疾人爱心行动”，倾情慰问新园社区、新光社区残疾人、特困家庭等弱势群体。硅宝科技作为新园社区内爱心企业，将持续为这些特殊人群缴纳社会保险，提供未来生活的基础保障，为其解决后顾之忧，同时通过发放节日慰问礼品等多种形式对区内弱势群体予以帮扶。

硅宝科技始终将“对社会负责”的管理理念作为企业文化的重要组成部分，在不断经营发展的同时，积极履行社会公益责任、文化责任，以各种形式回馈社会，积极投身公益活动，热衷慈善事业，并连续多年设立“孝敬奖”，倡导员工树立无私奉献的精神，且取得良好的社会效益。

就对外捐赠收入占比指标的统计分布情况而言，所有样本数里14家四川化工行业企业平均得分在20分以下。

案例19　雅化集团捐款助力灾区抗震救灾、重建家园

2017年8月8日，四川省阿坝州九寨沟县发生7.0级地震，地震造成重大人员伤亡和财产损失。雅化集团得知灾情后，迅速通过阿坝州慈善总会向九寨沟地震灾区捐款100万元，帮助灾区抗震救灾、重建家园。

当有重大自然灾害发生时，雅化集团总是挺身而出。在汶川地震、玉树地震、雅安地震等自然灾害中，雅化集团捐款捐物，依托企业优势组织爆破抗震救灾队伍积极打通生命通道，为灾区抗震救灾、重建家园提供助力。

就员工志愿者指标的统计分布情况而言，所有样本数里14家四川化工行业企业平均得分在20分以下。

上述三个三级指标的披露情况见图22。

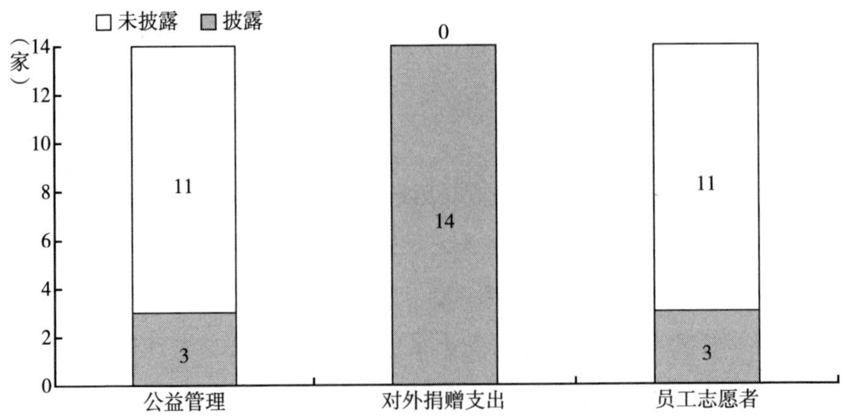

图22　四川化工行业企业2017年公益管理、对外捐赠支出、员工志愿者指标披露情况

案例 20　北化股份开展员工志愿者，为参与社会公益提供助力

北化股份积极开展“学雷锋、树新风”活动，成立志愿服务队。志愿者队伍在“志愿四川”在线平台上进行注册，在节日期间到社区等开展服务活动。

2017 年，该公司开展“精益伴我心，文明伴我行”青年志愿者活动，45 名青年志愿者分为 5 个志愿者小分队对公司厂区现场环境卫生死角进行突击清理，营造“精益管理，人人可为”的文化氛围。

4. 安全生产运营成效明显

2017 年，四川化工行业安全生产运营二级指标平均得分为 40. 81 分，远高于全部四川样本企业综合得分 32. 07 分。就这一指标的统计分布情况来看，有 22%（3 家）的企业评级为 A 档，有 28%（4 家）的企业评级为 B 档，有 50%（7 家）的企业评级为 C 档（见图 23）。

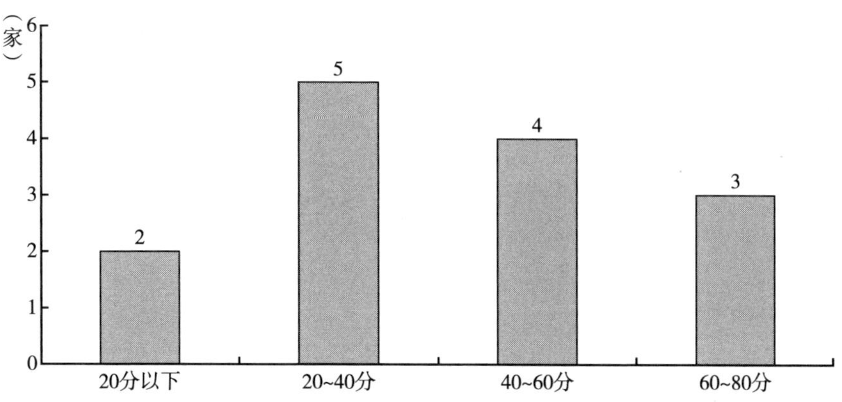

图 23　四川化工行业企业 2017 年安全生产运营指标得分分布

案例 21　硅宝科技多指标推进安全生产

硅宝科技始终把安全生产作为履行可持续发展的基本出发点，将安全理念不断融入生产经营的各个环节，引导员工形成良好的安全行为规范，帮助员工树立安全防范意识、掌握控制风险技能，为员工营造安全健康的工作环境。

1. 安全、环保制度体系

2017 年，硅宝科技在原有规章制度基础上，为进一步规范公司的安全管理工作，建立健全安全、环保生产管理规则制度，如《安全与环境监测控制程序》《环境因素识别评价控制程序》《安全管理奖惩办法》《危险作业安全管理规范》《消防安全管理办法》《生产安全事故应急预案》等管理制度及程序文件。此外，该公司实行的安全奖励、“网格化”管理、生产现场集中检查、生产运营周列会督促隐患整改等管理模式持续有效运行，从基础员工到高层领导的安全意识都大大提高，为公司生产安全打下坚实基础。

2. 安全教育及培训

2017 年，硅宝科技责成行政人事部进行 30 余次各类安全培训，包括新员工入职培训、销售人员培训、安全员培训、食堂人员培训、机修人员安全培训、职业防护培训、电气知识培训、实验室安全培训等，并根据各部门需要，临时为其做安全培训，尤其是技术中心实验室。

3. 应急演练

2017 年，硅宝科技将应急处置能力和突发事故自救作为培训重点，进行应急疏散演练 2 次，义务消防队训练 3 次，使公司义务消防队员熟悉各自技能，具备处置初期突发事件的能力，达到检验预案、评估效果、锻炼队伍、提高应急能力的目的。

4. 危险辨识与管控

硅宝科技作为环境友好型企业，产品无毒无害，但仍责成行政人事部加强危险辨识与管控，防患于未然。2017 年，该公司严格按照《危险化学品环境影响应急预案》《危险化学品处置预案》《危险化学品管理规范》等制度，进一步细化危险辨识要素，明确危险辨识的方法和流程。行政人事部会同生产部多次召集各部门相关人员进行危险源辨识和环境因素识别培训活动，并翔实地对公司范围内的危险源与环境因素进行识别，按照影响程度制定相应的预防措施，降低危险系数和发生环境污染事故的可能性。

5. 劳动保护

安全生产是对员工最大的保护。硅宝科技高度重视员工劳动保护工作，强化监督检查，重视宣传教育培训。通过“安全标准化”工作及“职业健康评价”，并同时按照 OHSAS 18001：2007 体系各项要求，不断完善管理制度，识别职业健康危害因素，并定期安排员工进行职业健康体检等。同时，为员工配备符合国家安全标准或行业标准的劳动工具及劳动防护用品，多次开展职业健康和安全岗位培训，提高员工劳动保护技能和意识，并主动使用劳保用品进行自我保护。2017 年，硅宝科技员工职业病发病率为 0，并且无重大安全事故发生。

安全生产管理、应急管理和安全生产投入指标披露情况见图 24。在这三项三级指标中，四川化工行业企业平均得分分别为 24. 93 分、5. 57 分和 14. 36 分，其中安全生产管理和安全生产投入指标得分高于全部样本企业平均得分 16. 18 分和 8. 83 分，应急管理指标得分低于全部样本企业平均得分 7. 45 分。

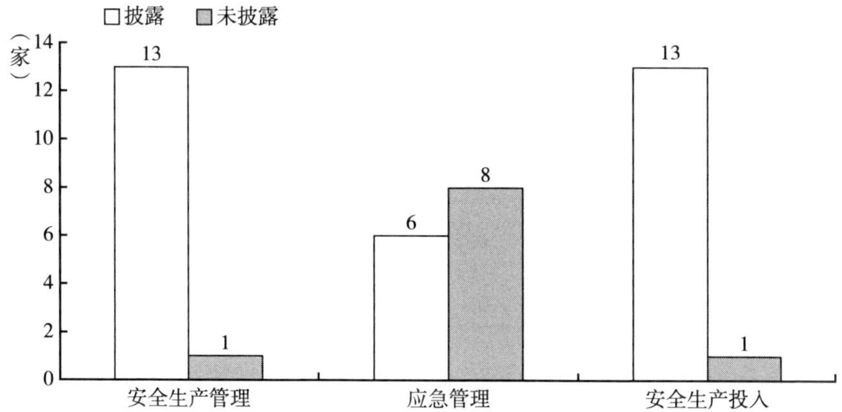

图 24　四川化工行业企业 2017 年安全生产管理、应急管理、安全生产投入指标披露情况

案例22　四川美丰强化安全生产

2017年，四川美丰全面修订安全生产管理相关制度，严格落实责任制，加大安全环保检查督导力度，抓紧抓好环保整治各项工作，以强烈的责任担当自觉接受各级政府部门的安全环保专项督察和大检查，并顺利通过各级环保督察和安全大检查。

四川美丰始终坚持“安全第一、预防为主、综合治理”的方针，认真贯彻落实国家和地方安全生产法律法规，并成立以法人代表为安全生产第一责任人的安全生产委员会，设立专门的安全管理机构，配备符合要求的专职安全管理人员；强化安全责任，通过层层签订安全责任书做到“安全工作人人挑、人人肩上有指标”；完善公司安全生产管理制度，实行安全生产规范化、标准化管理；加强员工培训教育，弘扬公司安全文化，增加员工职业安全健康意识；全员参加危害识别与风险评价，制定风险控制措施，防止一般及以上事故的发生；关注员工身心健康，加强劳动保护，不断改善劳动条件；加大安全投入，依靠技术创造和科技进步，逐步实现装置本质安全化；建立安全长效奖罚机制，持续改进安全管理绩效，促进公司可持续发展。

案例23　北化股份完善安全教育培训

北化股份非常重视安全教育培训，为强化公司安全管理人员队伍，该公司选派32人报名参加地方政府安全资格取证培训及职业健康管理人员资质培训。

该公司还开展主要领导“上讲台讲安全”活动。该公司总经理、党委书记带头上讲台讲安全，160余人聆听讲座。泸州分公司、西安分公司等单位主要领导也分别开展上讲台讲安全活动。该公司共对31名新进人员、45名复岗转岗人员进行安全培训，全员年度安全培训727人次，转岗复岗培训28人次。

（四）可持续环境价值指标评价分析

1. 环境管理水平突出

2017 年，四川化工行业环境管理二级指标平均得分为 40.57 分，远高于全部四川样本企业综合得分 26.37 分。就这一指标的统计分布情况来看，有 1 家企业评级为 A 档，占样本总数的 7%。有 6 家企业评级为 B 档，占样本总数的 43%。有 7 家企业评级为 C 档，占样本总数的 50%（见图 25）。

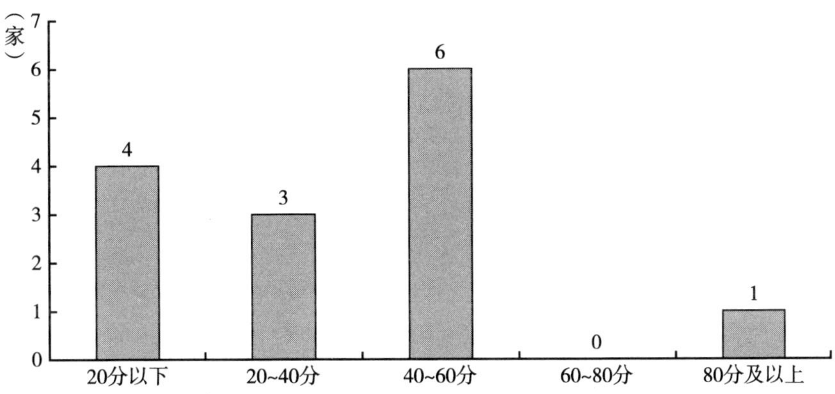

图 25　四川化工行业企业 2017 年环境管理指标得分分布

案例 24　北化股份推进环境管理

北化股份坚持“本质环保、预防为主，遵守法规、持续改进”的环境方针，在生产活动中，充分提高能源和原材料的利用率，并对生产过程中的副产物进行苛刻的管理和合理的处置，消除、降低、控制生产活动对周边环境和友邻的影响。

实施环保体系化管理

北化股份高度重视环境管理组织体系的建设，成立由总经理担任组长，副总经理担任副组长的节能减排领导小组，各职能部门和分、子公司负责人为节能减排领导小组成员，并在各生产经营单位内部形成二级节能减排管理机构，形成公司从上到下整体推进的环保管理组织体系。

该公司完善环保管理制度体系，2017年完成火炸药、弹药清洁生产评价指标体系中《精制棉、硝化棉清洁生产评价指标体系》的编制任务，开展评价标准的编写工作并通过标准体系编制研讨会的讨论修订，完成送审工作。此外，还完成《生产线异常废水管理办法》《固体废物管理办法》《固体废物和危险废物处置明细》《挥发性有机物排放管理情况调研报告》的编制和修订，逐步完善公司环境保护制度体系，推动管理的规范化、制度化。

1. 强化“两源”管理，降低环境风险

北化股份加强风险源、污染源的管理规范化工作。该公司2017年组织各单位对风险源、污染源重新进行辨识评估，完成公司环境风险源、污染源台账的更新，取消精制棉生产及江西泸庆硝化棉有限公司相关的风险源和污染源，辨识和新增废机油、废催化剂储存间等危险废物储存场所，同时根据公司环保飞行检查的要求调整公司环境风险源、污染源监督检查频次和责任人，明确主体责任和管理检查要点。通过工作的开展进一步完善“两源”管理，突出强化对危险废物源的管控，降低环保风险。

2. 开展危险废物排查和规范化处置工作

针对危险废物排查和规范化处置工作，北化股份制定专项工作方案在各生产经营单位开展危险废物专项排查工作，摸清公司危险废物底数，建立危废档案。在此基础上，该公司制定《固体废物管理办法》和《固体废物和危险废物处置明细》，进一步规范固体废物尤其是危险废物的储存、处置程序、方法等要求。全年共完成危险废物规范化处置11.71吨，产生委托处置费4.6万余元，并完成危险废物储存场所建设。

3. 加强环境风险隐患管理

（1）完善制度体系。北化股份在开展环境风险源、污染源辨识评估的基础上，制定详细的检查、管理措施要求，进一步明确管理责任单位和责任人，有效地提升对风险源、污染源的管理水平，降低环境风险。

企业在泸州基地开展突发环境事件风险评估工作，通过对企业自身风险源的辨识评估、环境风险防控能力的评价以及周边受众群体的调研，全面分析企业环境风险程度，并制定针对性的应急处置措施和管理要求，进一步强化企业应对突发环境事件的能力。

(2) 强化应急能力。北化股份加强应急管理体系建设，对各级各类环境应急预案进行修订，同时还对各种大环境风险源的应急物资进行规范化的管理，定期检查，确保应急物资的有效。按计划开展安全环保应急演练及桌面演练，全年开展现场应急演练6次，参演136人次。

(3) 开展风险隐患治理。北化股份积极开展各类环保检查及环境风险隐患排查治理工作，全年共开展各级各类环保检查、隐患排查8次，发现环保问题和风险隐患52项，并已全部完成整改。

在环保管理政策与体系和环保投入这两项三级指标中，四川化工行业企业平均得分分别为35.14分和34分，均远高于全部四川样本企业环保管理政策与体系平均得分18.48分和环保投入平均得分11.4分。

就环保管理政策与体系指标的统计分布情况而言，所有样本数里14家四川化工行业企业平均得分都分布在30~40分的区间内，说明四川化工行业企业设立了环保管理政策与体系，并且在政策方面，采取系列有效措施落实国家环保政策如环境管理政策、环境经济政策等，成效良好。

案例25　泸天化发展新环保产业，助力企业转型升级

泸天化结合自身现有的化工产业基础和人才技术优势，坚持“原料市场化、产品多元化、风险分散化、效益最大化”的原则，做好企业的转型升级，重点发展“新农化、新材料、新环保”三大产业。

案例26　天原集团建立环保管理网络体系

天原集团高度重视环境保护工作，制定《环境保护责任管理体系》和《环境保护管理考核办法》，建立环保管理网络体系，明确各级人员和各职能部门的环保责任，对工艺操作、设备、设施、厂区绿化等方面进行环保管理，加强对环保工作的检查并对奖惩做具体规定。

2. 三废管理表现良好

2017 年，四川化工行业三废管理二级指标平均得分为 33.67 分，远高于全部四川样本企业综合得分 18.89 分。就这一指标的统计分布情况来看，没有企业评级为 A 档；有 5 家企业评级为 B 档，占样本总数比为35%；有9 家企业评级为 C 档，占样本总数比为 65%（见图 26）。

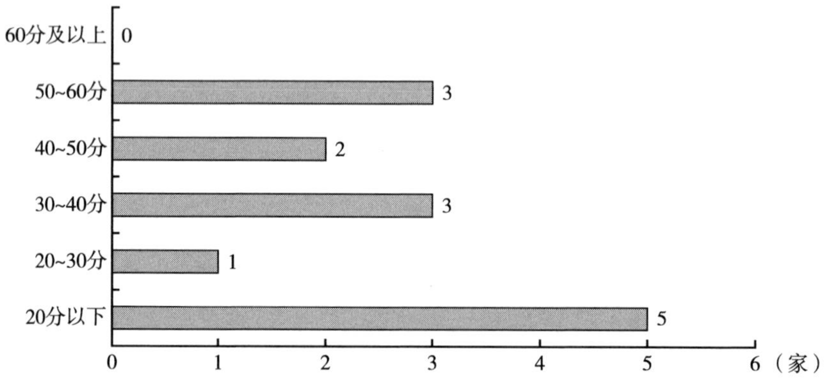

图 26 四川化工行业企业 2017 年三废管理指标得分分布

案例 27 硅宝科技注重清洁生产，坚持节能减排

硅宝科技强化清洁生产管理，通过生产技术工艺改造和高费清洁生产改造方案，实现低能耗、低排放、无污染的生产水平。

1. 加强“6S”管理

硅宝科技不断对厂区进行合理规划，规范各种废弃物的回收和储存放置区、物料放置区等，并责成生产部及其他相关部门每月对车间“6S”情况进行监督检查。同时，还通过宣传栏，以图文并茂的方式对“6S”管理知识进行普及。

2017 年，该公司技术中心继续按照 6S 管理制度对各实验室、材料室的整理、整顿、清洁、清扫进行落实和完善，形成定期培训和不定时抽查的常态，研发技术环境进一步得到改善，积极促进公司技术成果的显著提升。

2. 加强生产技术工艺改造

硅宝科技作为新材料制造类企业，始终坚持生产过程绿色化，达到低能耗、低排放、无污染的水平。近三年万元产出的平均能耗为电 81.17 千瓦时、水 0.55 吨，除原材料外没有其他能源和资源消耗，各项指标远远低于我国制造业的平均水平。

2017 年，硅宝科技除积极规范日常环境管理外，还不断研究利用新工艺、新技术对生产过程进行技术升级和改造，引入世界最先进的立式自动化节能环保生产线和智能化控制系统，深入推进"有机硅室温胶研发生产和专用设备制造"的互动发展，全面发挥进口生产线功能，提高生产效率、实现产能最大化、节能降耗。此外，该公司加大对制胶设备的更新改造力度，淘汰落后技术，并明确规定不得购置高能耗和排放不达标的设备，加大重点耗能设备和运输装备的抽检力度，达不到要求的设备全部清退。

3. 清洁生产

2017 年，硅宝科技中高费清洁生产改造方案得以顺利通过并实施改造完毕。同时，清洁生产审核工作的顺利推行，大大改善公司环境和能源消耗，有效促进公司向高效、清洁、环保生产经营的持续发展能力。

在废水管理、废气管理和固体废弃物管理这三项三级指标中，四川化工行业企业平均得分分别为 15 分、10.11 分和 8.56 分，均高于全部四川样本企业的平均得分 6.89 分、6.11 分和 5.71 分。

案例 28 泸天化荣获省"十二五"主要污染物总量减排先进集体称号

在泸州市环境保护委员会第二次全体成员单位会议上，通报表彰四川省"十二五"主要污染物总量减排工作先进。泸天化股份公司荣获"四川省'十二五'主要污染物总量减排工作先进集体"称号。

"十二五"期间，泸天化以科学发展观为指导，坚持走资源节约型和环境友好型企业的路子，大力发展清洁生产。在环境保护管理方面，该公司严格落实环保“一岗双责”，每个岗位均明确环保责任制，按照“党政同责”及“管生产必须管环保、管专业必须管环保、管业务必须管环保”的原则，每年初由公司领导与各二级单位党政负责人签订环保责任书。在建立健全责任体系的基础上，该公司还制定严格的环保目标指标考核体系，纳入各单位每月平衡计分卡绩效指标考核，接受公司主管领导的质询，并对环保事故实行一票否决。

在总量减排控制方面，该公司制定《“十二五”环境保护规划》和《环境保护总量减排管控方案》。泸天化领导与各基层单位签订“十二五”环保目标责任书，通过采取建设污染治理设施、工艺和设备技术改造、加强污染物排放管理等一系列环保管理举措，确保污染物总量减排目标任务的完成。“十二五”期间，该公司共计削减排放二氧化硫 665 吨、氮氧化物 158 吨。

案例 29　利尔化学建设固废、废液综合焚烧处理装置

2016 年，利尔化学通过以新带老，建设固废、废液综合焚烧处理装置，能日处理废液 80 吨、固废 40 吨，全年处理危险废弃物 1500 余吨，有效地降低固废排放的总量，和缓了固废委外处置过程中的环境风险。2016 年，该公司建设的副产物资源化利用车间硫酸镁生产线投入运行，全年利用废硫酸 13000 余吨，降低危险废物的委外处置量，并带来积极的经济效益和环境效益。

3. 循环经济发展需要加强

2017 年，四川化工行业循环经济二级指标中，未披露情况占比 43%，披露情况占比 57%（见图 27），其中平均得分为 14.64 分，低于全部四川样本企业综合得分 15.78 分。就这一指标的统计分布情况来看，没有企业评级为 A 档；有 7%（1 家）的企业评级为 B 档；有 93%（13 家）的企业评级为 C 档。

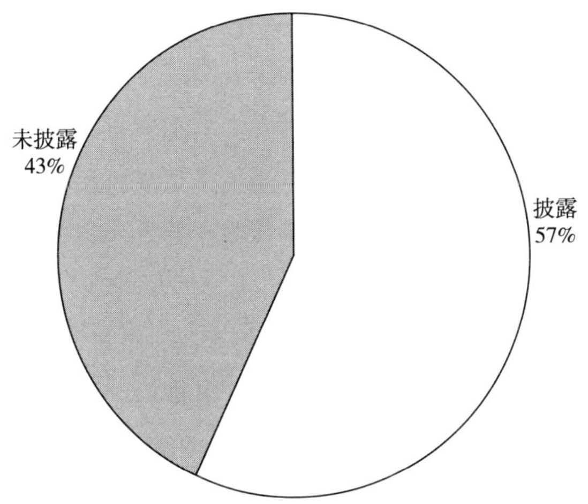

图27　四川化工行业企业2017年循环经济指标披露情况

案例30　硅宝科技创新环保产品，打造绿色产业链

硅宝科技处于有机硅新材料行业下游深加工领域，强调做到原料、产品的环境友好，并通过产品的生产过程，推动环境保护，促进可持续生产和资源保护。硅宝科技的产品经过国家建筑材料测试中心（CTC）的“绿色商标使用证明”和“环保建材证明商标准”认证通过，并且部分产品进行SCS检测，响应RoHS指令要求。

1. 原料对环境友好

相对于传统的聚氨酯和丁基胶等密封材料而言，硅宝科技生产的有机硅酮结构密封胶主要原材料为聚二甲基硅氧烷（PDMS），可以在自然环境中降解，对环境没有负面影响。

2. 产品促进可持续生产和保护资源

硅宝科技节能环保产品广泛运用于建筑幕墙、节能门窗、环保装饰、新能源、电力防腐等节能环保领域。随着我国城镇化进程的加快以及超高层建筑的大量兴建，硅宝科技研究开发的门窗密封绿色新材料解决方案、室内装饰环保新材料解决方案、幕墙粘结密封关键材料解决方案已经被广泛运用，其中用于节能领域的产品超过70%。特别是专门针对解决雾霾严重问题，硅宝科技研究推出的脱硫脱硝电力环保防腐产品，具有优异的耐腐蚀性能，能在电力烟囱酸性环境中持久使用，对于二氧化硫的减少起到重要作用，并作为国家火炬计划产业化示范项目，广泛运用于全国大型火力发电领域，并开始逐步应用到污水处理池、脱硫塔等领域，有效地发挥减少雾霾、造福人类的环保作用。

在综合能耗管理和水资源管理这两项三级指标中，综合能耗管理披露4家，水资源管理披露7家（见图28），其中四川化工行业企业平均得分分别为6.43分和7.68分，综合能耗管理指标得分低于全部四川样本企业平均得分8.63分；水资源管理指标得分高于四川样本企业平均得分7.07分。

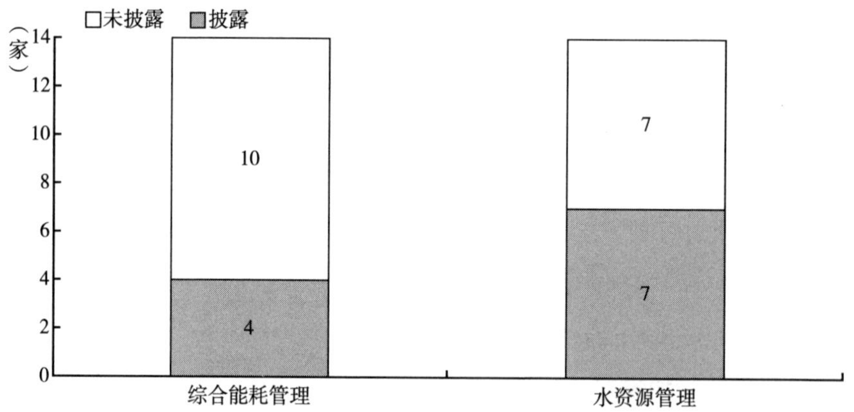

图28　四川化工行业企业2017年综合能耗管理和水资源管理指标信息披露情况

（五）沟通优化指标评价分析

1. 透明度管理得分较高

2017年，四川化工行业信息披露二级指标平均得分为46.59分，高于全部四川样本企业综合得分44.28分。就这一指标的统计分布情况来看，有2家四川化工行业企业评级为A档，占样本总数的14%；有7家四川化工行业企业评级为 B 档，占样本总数的 50%；有 5 家企业评级为 C 档，占样本总数的 36%（见图 29）。

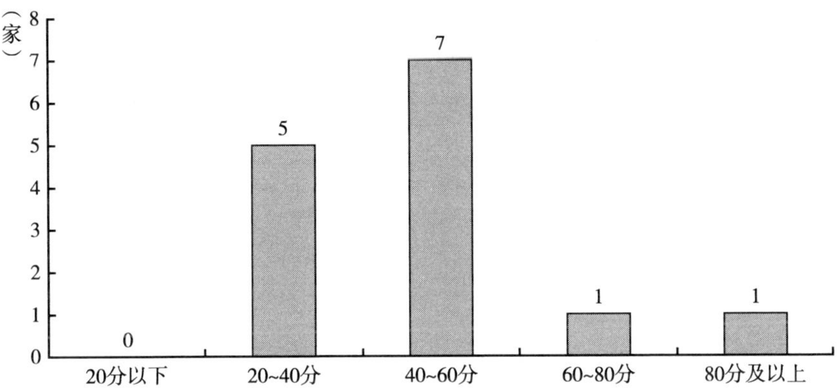

图 29　四川化工行业企业 2017 年信息披露指标得分分布

在信息披露机制、信息披露渠道、官网社会责任信息数量、发布社会责任报告和发布财务报告这五项三级指标中，四川化工行业企业平均得分分别为 11.43 分、8.95 分、6.48 分、2.77 分和 16.96 分，其中四川化工行业企业在信息披露机制、官网社会责任信息数量和发布财务报告等指标得分均高于全部四川样本企业平均得分 11.32 分、3.54 分和 16.42 分；四川化工行业企业在信息披露渠道和发布社会责任报告等指标得分均低于全部四川样本企业平均得分 9.1 分和 3.84 分。

案例 31　北化股份加强信息披露与透明度

关于信息披露与透明度，北化股份严格按照《信息披露事务制度》及实施细则和《投资者关系管理制度》要求，指定公司董事会秘书负责信息披露工作、接待股东来访和咨询。该公司指定《中国证券报》、《证券时报》和巨潮资讯网为公司信息披露的报纸和网站，真实、准确、及时、完整地披露信息，确保所有投资者公平获取公司信息，对重大未公开内幕信息执行严格的保密程序，控制知情人员范围。同时，该公司通过投资关系互动平台、投资者专线电话、网上业绩说明会及现场交流等方式与投资者进行充分的沟通交流。

就发布财务报告指标得分的统计分布情况而言，所有样本数里 14 家四川化工行业企业平均得分在 20 分以下，其中有 1 家四川化工行业企业得分为 0 分，说明这些四川化工行业企业没有及时对外发布编制最新反映企业财务状况和经营成果的财务报告。

2. 社会沟通工作需要加强

2017 年，四川化工行业相关方参与二级指标平均得分为 45.18 分，与全部四川样本企业综合得分 45.55 分基本相同。就这一指标的统计分布情况来看，有 21%（3 家）的四川化工行业企业评级为 A 档；有 35%（5 家）的四川化工行业企业评级为 B 档；有 44%（6 家）的四川化工行业企业评级为 C 档（见图 30）。

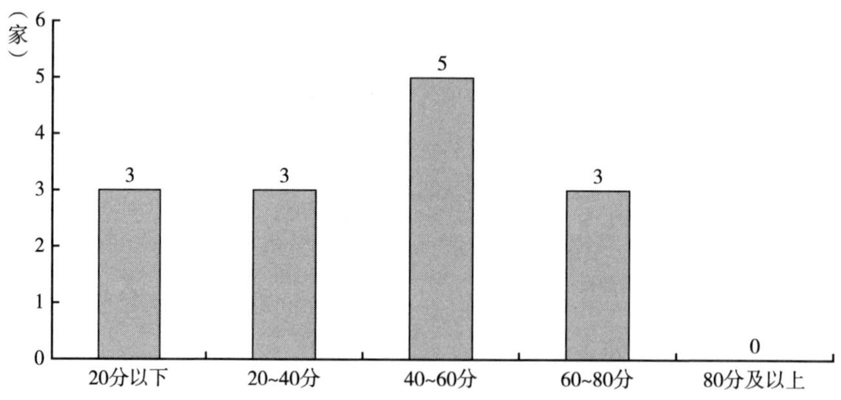

图 30 四川化工行业企业 2017 年相关方参与指标得分分布

在股东关系管理和组织举办的重大公开活动这两项三级指标中，四川化工行业企业平均得分分别为 29.46 分和 15.71 分，均低于全部四川样本企业平均得分 29.62 分和 15.93 分。

就股东关系管理指标得分的统计分布情况而言，没有四川化工行业企业评级为 A 档；有 7%（1 家）的四川化工行业企业评级为 B 档；有 93%（13 家）的四川化工行业企业评级为 C 档（见图 31）。

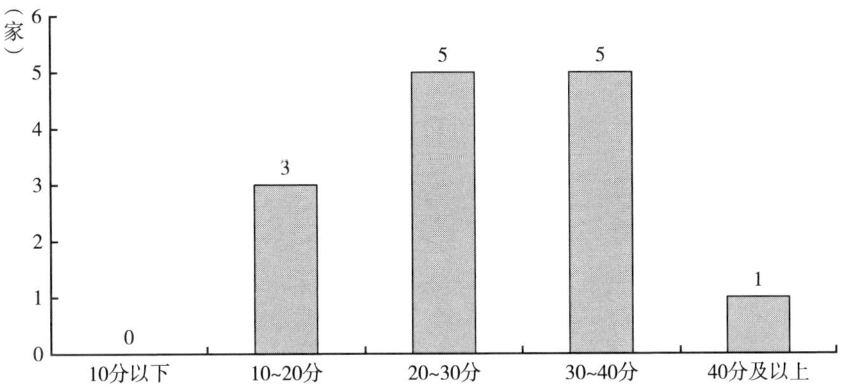

图 31　四川化工行业企业 2017 年股东关系管理指标得分分布

案例 32　北化股份积极推进股东关系管理

北化股份持续推进制度建设，不断完善公司治理结构，促进公司持续、稳定地发展。2017 年，该公司根据《关于在深化国有企业改革中坚持党的领导加强党的建设的若干意见》、中国证监会《企业章程指引》、深圳证券交易所《中小板企业规范运作指引》等文件规定，并结合公司实际情况，完成《公司章程》的修订。

1. 股东权益保护

2017 年，北化股份共召开 3 次临时股东大会、1 次年度股东大会。该公司高度重视股东合法权益的保护，特别是中小投资者合法权益的保护，股东大会的召开均采取现场投票与网络投票相结合的方式进行，以保障股东能够充分行使自己的权利。2017 年度该公司共召开 12 次董事会、7 次监事会，涉及 2016 年度利润分配、关联交易、重大资产重组、子公司股权转让、修改公司章程、变更登记机关等一系列重大经营管理事项。

2. 投资者关系管理

北化股份坚持良好的投资者关系管理文化，积极深入开展投资者关系管理工作，通过股东大会、投资者关系互动平台、公司邮件及电话咨询、日常接待及参加投资者见面会议等渠道与投资者进行交流，同时也保证对所有投资者的一致对待。

（1）积极参与网上集体说明会。2017年4月12日，北化股份举行2016年度网上业绩说明会，公司总经理、财务负责人兼董事会秘书、副总会计师、独立董事等参加此次网上集体说明会，答复38条投资者提出的关于公司经营情况、财务情况、公司治理、项目投资、资产重组、股权激励计划和发展前景等相关的问题，实现企业与投资者的良好互动。

（2）与投资者积极互动。通过投资者关系互动平台、电话、邮件等方式，北化股份及时回复投资者关心的各类问题254个，回复率100%。

（3）关注投资者关系管理。每月定期制作《投资者关系管理月报》，在报送董事、股东单位的同时，刊载于公司网站供投资者参阅，为相关方及时提供监管动态及重要资讯。

3. 投资者信息平等

北化股份公平对待所有投资者，及时、准确、完整地依法做好信息披露工作，严格遵照有关法律、法规，遵守深圳证券交易所对企业信息披露的相关要求及公司《信息披露事务制度》的规定，严把信息披露质量关，有效提升公司透明度，较好地履行企业信息披露义务。

（1）充分保障投资者的知情权。北化股份及时、准确、完整地披露定期报告和各种临时公告共177份，充分保障所有投资者的知情权。

（2）认真接待投资者，保障投资者的建议和质询权。北化股份设立投资者咨询电话和传真，专人负责接听投资者来电咨询及回复提问，认真记录投资者关心的问题和提出的意见，汇总整理后反馈给公司董事会、管理层做决策参考，并认真做好投资者来访及机构调研接待工作，促进投资者对公司的了解和认同，与投资者构建和谐良好的关系。

4. 投资者利益共享

北化股份积极为股东创造价值，注重对投资者的合理回报。该公司严格遵照《中国证监会关于进一步落实企业现金分红有关事项的通知》《公司章程》《股东回报规划》等相关规定，在保障公司持续发展、经济效益逐步增长的同时，结合自身实际情况，坚持与投资者共享公司成长收益的理念，积极回报股东，充分保护中小投资者的合法权益。北化股份每年均进行现金分红，确保公司股东获得持续稳定的投资回报。2008～2016 年累计派现额为 1.44 亿元。

案例 33 云图控股加强股东关系管理

云图控股严格依照《公司法》、《证券法》、《深圳证券交易所股票上市规则》、《公司章程》及《股东大会议事规则》的规定和要求，规范股东大会的召集、召开、议事及表决程序。2016 年，该公司共召开 3 次股东大会，均采用现场会议和网络投票相结合的方式，为股东参与投票提供便利，同时在审议影响中小投资者利益的重大事项时，对中小投资者的表决进行单独计票，并公开披露表决结果，公平诚信对待所有股东，确保所有股东行使自己的合法权利。该公司董事会严格按照《公司章程》的规定将相关决策事项提交股东大会审批，不存在越权审批或先实施后审议的情形，不存在损害中小股东利益的情形。

就组织举办的重大公开活动指标得分的统计分布情况而言，未披露情况占比 28.57%，披露情况占比 71.43%（见图 32）。所有样本数里 14 家四川化工行业企业平均得分在 40 分以下，而且有 4 家企业在这一指标里的得分为 0 分，说明这 4 家四川化工行业企业并没有向政府、股东、新闻媒体、社会公众等相关方集中进行以可持续发展竞争力为主题的重大公开性活动。

案例 34 硅宝科技积极承办、协办和参与行业大型活动

2017 年，硅宝科技应邀出席第十八届国际硅化学大会、2017 氟硅产业高峰论坛、2017 复杂建筑表皮创新设计与实现论坛、第十八届国际硅化学大会青年论坛、第二十届中国粘胶剂和粘胶带行业年会、2017 装配式建筑创新发展高峰论坛等行业顶级会议并做主题演讲。同时，该公司积极参加第 28 届中国国家玻璃幕墙展、2017 美国国际玻璃门窗展览会、2017archidex 展会、2017 玻璃行业年会等等，在提升公司品牌知名度和美誉度的同时，为行业可持续发展贡献自身力量。

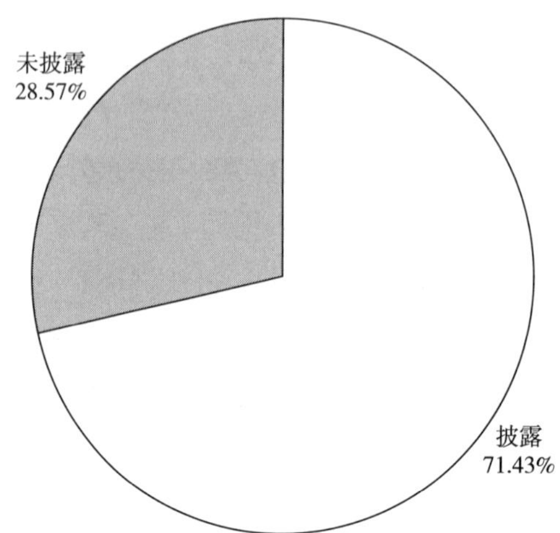

图 32　四川化工行业企业 2017 年组织举办的重大公开活动指标信息披露情况

四　主要研究发现

（一）可持续发展推进能力低下，处于刚起步阶段

2017 年，四川化工行业企业可持续发展推进指标平均得分为 28. 17 分，低于四川全部 100 家企业整体平均得分 36. 10 分。从可持续发展推进的三级指标来看，融入企业使命或价值观、融入企业愿景、可持续发展战略、可持续发展规划平均得分分别为 21. 43 分、8. 39 分、16. 43 分、8. 93 分，并且全部低于所有四川企业在这四项三级指标上的平均得分 22. 41 分、15. 53 分、20. 98 分、12. 57 分。这说明四川化工行业大部分企业没有形成可持续发展理念和战略，也没有制定相关的可持续发展战略与规划。从另外几个可持续发展推进的三级指标来看，组织机构、制度建设、专项培训、知识管理、专项预算和专兼职人员指标的平均得分都很低，分别为 2. 14 分、1. 78 分、1. 07 分、1. 78 分、1. 07 分、1. 07 分，这说明四川化工行业大部分企业

没有形成可持续发展推进体系来制定和实施企业的责任方针，并组织实施各类可持续发展工作。相对于其他行业，化工行业没有发布相关的可持续发展指南和标准，在一定程度上限制了整个行业的可持续发展推进。加强企业的可持续发展专项培训，将是化工行业企业的未来发展方向。化工行业企业需要积极推动相关的可持续发展指南和标准的制定，促进整个行业可持续发展推进，改变人们谈“化”色变的刻板印象，重新树立化工行业形象。

（二）可持续经济价值创造能力较强，但还有提升空间

四川化工行业企业在对当地可持续经济价值创造方面有较强的贡献，全部化工行业企业的可持续经济价值指标平均得分为67.11分，与2017年四川企业的平均得分67.29分几乎相同，说明化工行业作为国民经济中不可或缺的重要组成部分，有力地促进了四川经济的发展。从分布来看，四川13家化工行业企业评级为A档，占比93%；有1家企业评级为B档，占比7%。化工行业在国民经济中占有重要地位，是国家的基础产业和支柱产业，更是地区发展的核心产业，直接影响社会经济的发展。四川化工行业企业在可持续经济价值创造方面整体发展趋势较好，而且可持续经济价值指标得分最高的企业和可持续经济价值指标得分最低的企业差距较小。

化工是传统的“高能耗、高污染”行业。近年来一直面临效益下滑、产能过剩、成本上升、资源环境约束及创新能力不足等诸多挑战。化工行业要想摘掉“两高”的帽子，要致力于绿色化工的发展，以科技创新和技术进步为基础，把环境保护和资源综合利用作为行业发展的重要内容，提高废物回收利用和资源再生利用，提高各类资源的利用效率，淘汰污染环境和生产能力低下的设备和工艺。无论从经济和产业发展，还是从环境保护和社会和谐的要求看，化工行业的未来发展需要卸掉有毒、有害物质的沉重成本，大力研究和开发绿色化工，重点从源头减少和消除污染，以期以绿色化工为着力点，促进四川绿色经济的发展。绿色经济是以可持续发展为目的，在自然资源利用率最大化、环境污染破坏最小化前提下，实现可持续经济价值创造最大化。未来化工行业绿色经济的发展主要依靠以下几点。

（1）政府政策扶持。化工行业绿色经济的发展，不仅需要行业自身努力，更需要政府完善在财政、税收、金融等方面的政策机制刺激绿色经济的发展。推动调整产业结构，依据当地资源环境条件和区域特点合理布局整个产业，对现存的工业进行重新规划、改造。

（2）行业技术创新。以绿色经济为重点，大力发展绿色化工，自主开发减少环境污染和加强资源利用的技术工艺，吸收国外先进的技术，引导化工行业向精细化、高附加价值型方向发展，以实现化工行业的绿色经济，带动四川经济发展。

（三）可持续社会价值创造能力不高

四川化工行业企业的可持续社会价值指标平均得分为37.00分，高于2017年四川企业的平均得分34.04分，说明化工行业企业在经营活动中为利益相关方履行相关的责任和义务。从分布来看，有1家企业评级为A档，占样本总数比例为7%；有4家企业评级为B档，占样本总数比例为28%；有9家企业评级为C档，占样本总数比例为65%。

（四）可持续环境价值创造能力较低，九成企业得分低于30分

四川化工行业企业的可持续环境价值指标平均得分为21.24分，高于2017年四川企业的平均得分17.24分。从分布来看，所有四川化工行业企业评级均为C档。

2017年号称史上最严环保年。这一年，华北地区出现持续雾霾天气，社会各界对化工企业的环保问题给予更多的关注，环保督查已然成为常态化，国家环保政策方面对化工行业企业的要求也越来越严格。比如《“十三五”生态环境保护规划》提出到2020年生态环境质量总体改善的目标，并确定打好大气、水、土壤污染防治三大战役等七项主要任务，为“十三五”时期生态环境保护工作明确“行动指南”。化工企业污染问题一直都是环保部门关注的焦点，各级环保部门在化工污染防治方面投入大量资金，采取各类防治措施，虽然取得一定的成效，但远远不能解决化工行业存在的环境污

染和资源浪费问题。除环保部门的努力外，化工行业需意识到环保问题的严重性和紧迫性，需了解造成环境污染是制约化工行业可持续发展的关键因素，因此企业可以采取以下的措施来减少环境污染和资源浪费问题。

设立专门的环保部门。建立企业环境管理组织架构，设立企业环境管理责任体系，明确领导层、管理部门和员工的职责，以推动化工企业对环境的保护。聘用有专业能力的环保管理人员执行环保管理工作，制定科学合理的环境保护计划和污染物排放控制和管理措施，设立年度环境目标和完善环保管理制度，并在日常的检查和管理中严格执行，将环保管理落到实处。在实际管理工作中，依据制度对生产过程异常排放从源头上控制，减少污染物排放。

加强环保宣传培训。为提高员工环保意识和环保管理能力，应采用多样化形式对员工进行宣传和教育，如举办环境知识培训讲座、环保知识竞赛、环境征文以及播放宣传片、悬挂环境标语、举办主题环境日活动等形式，并保证其学以致用，在企业环保管理工作中发挥实效。在项目工作中，对可能有环境污染风险的环节和区域给予员工提示，提高员工在项目工作中对环保的重视程度，自觉加强环境保护。化工企业可以将环保管理意识纳入企业文化建设当中，使其理念伴随企业发展的始终，切实满足环境保护需要。

完善环境保护和资源综合利用体系。化工行业企业要遵循保护和改善生活环境和生态环境，防止污染和其他公害，保障人体健康，促进社会主义现代化建设的发展方针，结合公司具体情况，组织实施公司的环境保护管理工作。在化工生产前，做好设备管理和维修工作，杜绝跑、冒、滴、漏。在化工生产过程中，开展“三废”综合利用工作，提高水资源的重复利用率，提升资源的综合使用效率。化工企业应加强生产工艺优化和技术创新，并对排污系统进行科学、合理的设置，对排放的污染物实施净化或中和处理等举措，减少其对环境的污染。

推进绿色化工工艺发展。绿色化工工艺是指在化工产品生产过程中，从工艺源头上就运用环保理念，进行生产过程的优化、废物再利用与资源优化，从而降低成本与消耗，减少废弃物的排放，减少产品生命周期对环境的不良影响。在化工企业的生产过程中，做好化工产品的设计和生产材料的选择，尽量选择无毒、低毒和少污染的原材料进行化工生产，以化工生产的源头为着力点，降低化工生产的污染性。化工行业应该跟紧科技与社会的进步步伐，不断发展与完善绿色化工，缓解化工行业发展与环境保护之间尖锐矛盾，实现化工行业的可持续发展。

（五）依法合规运营指标得分较高

四川化工行业企业的合规运营指标平均得分为46.82分，高于2017年四川企业的平均得分41.29分。从分布来看，有3家企业评级为A档，占样本总数比例为21%；有6家企业评级为B档，占样本总数比例为44%；有5家企业评级为C档，占样本总数的比例为35%。

B.4

机械设备行业企业可持续竞争力评价

丁　荣*

摘　要：　本报告首先对四川机械设备行业企业可持续竞争力的基本情况进行了阐述，并根据四川机械设备行业企业可持续竞争力指数平均得分情况，对四川机械设备行业企业可持续竞争力进行了总体评价。其次从可持续发展推进、可持续经济价值、可持续社会价值、可持续环境价值、沟通优化五个指标对四川机械设备行业企业进行了评价与分析。计算结果总体处于成长阶段，在经济价值创造、环境保护、安全生产等领域表现非常突出，在社会事业参与等方面需要进一步加强。通过研究发现：四川机械设备行业企业在可持续发展推进指标得分差距较大；四川机械设备行业企业可持续发展推进指标得分严重偏低；四川机械设备行业企业可持续经济价值指标得分较高；四川机械设备行业企业可持续社会价值创造方面可以进一步提高；四川机械设备行业企业环境管理水平不高，亟须加强。

关键词：　机械设备　经济价值　社会价值　环境价值

* 丁荣，北京融智企业社会责任研究院高级咨询顾问，研究方向为企业社会责任管理。

一　基本情况

（一）样本选择

本报告以2017年四川企业100强中10家机械设备行业企业为样本开展数据搜集与分析。其中包括1家地方国有企业、8家民营企业和1家集体企业。从企业总部所在地来看，有6家机械设备行业企业来自成都市，有2家机械设备行业企业来自自贡市，有1家机械设备行业企业来自眉山市，有1家机械设备行业企业来自什邡市。根据不同的业务经营范围，样本企业可被分为机械（7家），电气设备（1家），商业服务与用品（1家），金属、非金属与采矿（1家）四种类型，具体如表1所示。

表1　四川机械设备行业样本选择情况

企业名称	证券简称	城市	所属行业名称	企业属性
四川川润股份有限公司	川润股份	自贡市	机械	民营企业
台海玛努尔核电设备股份有限公司	台海核电	眉山市	电气设备	民营企业
成都市新筑路桥机械股份有限公司	新筑股份	成都市	机械	民营企业
成都利君实业股份有限公司	利君股份	成都市	机械	民营企业
四川科新机电股份有限公司	科新机电	什邡市	机械	民营企业
成都天翔环境股份有限公司	天翔环境	成都市	商业服务与用品	民营企业
四川金石东方新材料设备股份有限公司	金石东方	成都市	机械	民营企业
四川日机密封件股份有限公司	日机密封	成都市	机械	集体企业
成都华气厚普机电设备股份有限公司	厚普股份	成都市	机械	民营企业
四川大西洋焊接材料股份有限公司	大西洋	自贡市	金属、非金属与采矿	地方国有企业

（二）机械设备行业的发展特点

机械设备行业素有“工业的心脏”之称。它与国民经济发展密切相关，是其他经济部门的生产手段，也可说是一切经济部门发展的基础。机械设备行业在我国工业化进程中有着战略性的地位，对我国的重大工程建设和重点产业调整有着非常重要的作用。经过几十年的发展，我国制造业持续快速发展，建成了独立完整的产品体系，其中以装备制造为核心的机械设备工业门类齐全、产品覆盖范围广泛，规模和产量位居世界第一，有利于我国工业化和现代化进程，成为我国制造业的重要基础支撑。但与世界先进水平相比，机械产品大多处于中低端水平，行业技术水平参差不齐，关键技术对外依存度大，质量和可靠性竞争力弱，质量管理水平不高，没有国际知名品牌，这些不利因素又制约了机械工业“由大变强”的步伐，转型升级和跨越发展的任务紧迫而艰巨。

目前，中国经济已经到了非常关键的转型时期，中国制造的转型升级是在国家战略转型中非常关键的一个环节，而机械设备行业将会是推动中国制造转型升级的主力军。2016 年 5 月 8 日，国务院正式印发《中国制造2025》，明确提出增强国家制造业创新能力、推进信息化与工业化深度融合、增强机械设备业基础能力、加强质量品牌建设、全面推行绿色制造、大力推动重点领域突破发展、深入推进制造业结构调整、积极发展服务型制造和生产性服务业、提高制造业国际化发展水平等九大战略任务与重点。以《中国制造 2025》提出的目标和任务为指引，中机联发布《机械工业“十三五”发展纲要》，贯彻落实供给侧结构性改革战略重点，实施“创新驱动、结构优化、质量兴业、融合发展、绿色低碳、国际合作、人才为本、文化提升”八大战略任务，以解决制约中国机械工业“由大变强”的基础性和体制性问题，促进机械行业转型升级和健康稳定发展，提高我国机械工业的核心竞争力。

二　总体评价结果

四川机械设备行业可持续竞争力指数得分整体较高，所有企业得分均在60 分及以上。2017 年，四川机械设备行业企业可持续竞争力整体平均得分为 64. 48 分，略低于 2017 年全部四川企业的平均分 64. 58 分。从可持续竞争力评级来看，10 家样本企业的评级均为 A 档。其中，1 家企业评级为 AAA，2 家企业评级为 AA，7 家企业评级为 A。四川机械设备行业都处于成熟阶段（见图 1 和图 2）。

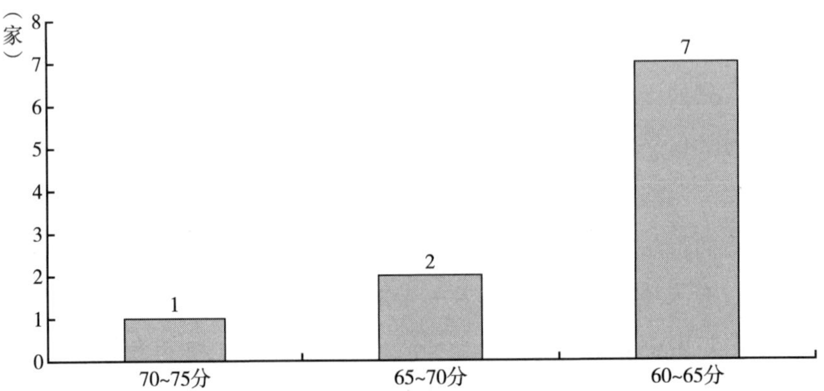

图 1　四川机械设备行业企业 2017 年可持续竞争力得分分布

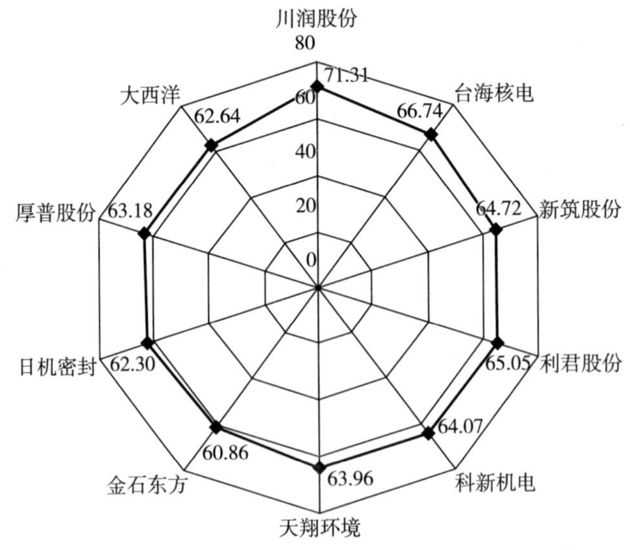

图 2　四川机械设备行业企业 2017 年可持续竞争力综合得分

2017 年，四川机械设备行业企业有效样本共有 10 家。这些企业总资产的平均值为 25.73 亿元；净资产的平均值为 14.85 亿元；资产负债率的平均值为0.34%；营业收入的平均值为9.06亿元；市值的平均值为67.07亿元（见表2）。

表2　四川机械设备行业企业2017年基本特征分布

指标	均值	中值	标准差	偏度	峰度	极小值	极大值
总资产(亿元)	25.73	24.48	15.88	0.39	-1.21	4.84	51.48
净资产(亿元)	14.85	17.49	6.60	-0.47	-1.15	4.03	24.42
资产负债率(%)	0.34	0.28	0.15	0.97	-0.73	0.17	0.62
营业收入(亿元)	9.06	8.84	5.40	0.16	-1.64	1.66	17.92
净利润(亿元)	1.02	0.70	1.09	2.10	5.00	0.15	3.92
市值(亿元)	67.07	49.80	51.52	2.29	5.72	28.75	207.92
市盈率(%)	107.54	95.56	68.33	0.91	-0.16	34.60	247.62
每股收益(元)	0.38	0.16	0.41	0.99	-0.89	0.03	1.14

三　可持续竞争力专项指标评价分析

（一）可持续发展推进指标评价分析

1. 可持续发展理念有待强化

2017年，四川机械设备行业可持续发展理念二级指标平均得分为37.75分，与全部四川样本企业平均得分38.43分基本相同。就分布情况来看，有1家企业评级为A档，占样本总数的10%；有4家企业评级为B档，占样本数的40%；有5家企业评级为C档，占样本数的50%（见图3）。

从可持续发展推进的三级指标来看，融入企业使命或价值观和可持续发展战略的平均得分分别为25分和21.75分，高于所有四川企业在这两项三级指标上的平均得分22.41分和20.98分；融入企业愿景和可持续发展规划的平均得分分别为12.75分和2分，低于所有四川企业在这两项三级指标上的平均得分15.53分和12.57分。

四川机械设备行业企业融入企业使命或价值观和融入企业愿景这两项三

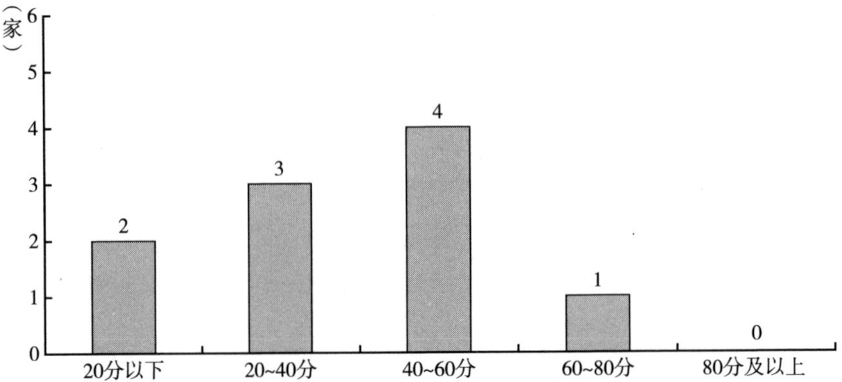

图 3　四川机械设备行业企业 2017 年可持续发展理念指标得分分布

级指标平均得分分别为 25 分和 12.75 分，其中融入企业使命或价值观指标的平均得分要高于所有四川企业在这项三级指标上的平均得分 22.41 分；融入企业愿景指标平均得分要低于所有四川企业平均得分 15.53 分。

就融入企业使命或价值观指标得分的统计分布情况而言，没有四川机械设备行业企业评级为 A 档和 B 档，100% 的四川机械设备行业企业评级为 C 档（见图 4）。四川机械设备行业企业自觉将可持续发展原则和理念融入企业使命或价值观中，让推动可持续发展成为公司存在的意义之一，但是在融入的深度上还有待加强。

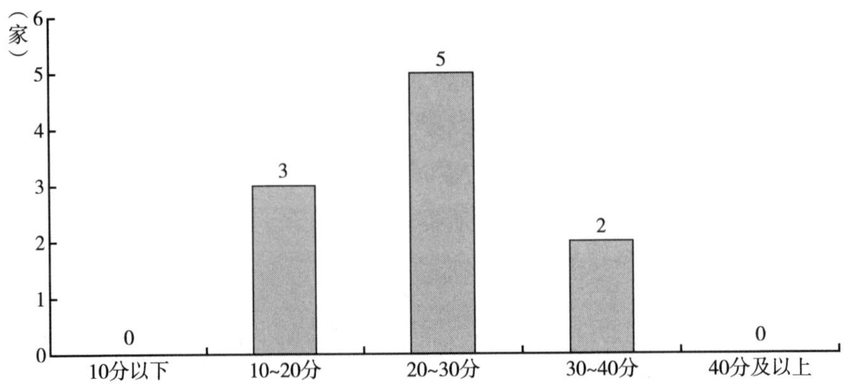

图 4　四川机械设备行业企业 2017 年融入企业使命或价值观指标得分分布

案例1 川润股份将可持续发展理念融入企业使命或价值观

川润股份的使命：推进装备运行更清洁、更经济、更高效。

川润股份坚持“珍惜感恩、精进求实、成就客户”的核心价值观，进一步做强做大，为中国及世界提供“更清洁、更经济、更高效”的能源环保系统解决方案，“让人类与自然更和谐”。

就融入企业愿景情况（见图5）而言，有1家四川机械设备行业企业平均得分在20～40分的区间内；有9家四川机械设备行业企业平均得分在20分以下，占样本数量的90%。

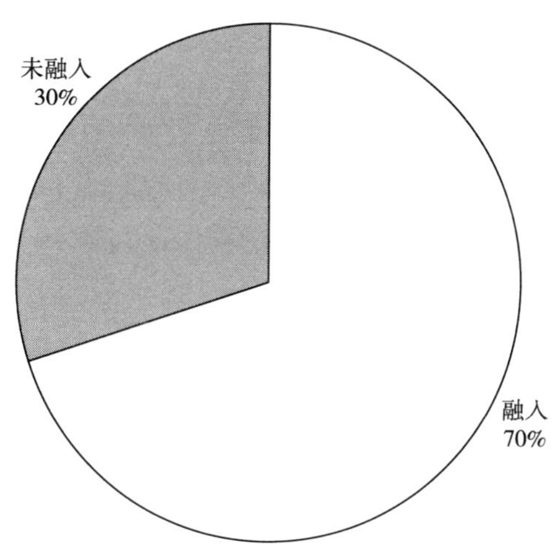

图5 四川机械设备行业企业2017年融入企业愿景情况

案例2 台海核电坚持可持续发展理念融入企业愿景

台海核电致力于打造高端装备制造基地，推动高端装备行业不断发展；坚持走核电设备生产专业化的高端路线，以市场为导向，根据公司坚持的“制造一代、储备一代、研发一代”的研发战略，集成综合优势，优化配置资源，统筹整体规划，分步实施发展；紧跟世界核电新技术步伐和对核电设备的需求，立足国内市场，力争开拓国际市场。该公司将在核电重大装备及大中小型铸锻件制造领域形成核心竞争力，成为世界一流的高端装备制造基地。

2. 可持续发展战略水平偏低

2017 年，四川机械设备行业可持续发展战略二级指标平均得分为 23.75 分，远低于全部四川样本企业平均得分 33.78 分。就分布情况来看，没有企业评级为 A 档；有 1 家企业评级为 B 档，占样本数量的 10%；有 9 家企业评级为 C 档，占样本数量的 90%（见图 6）。

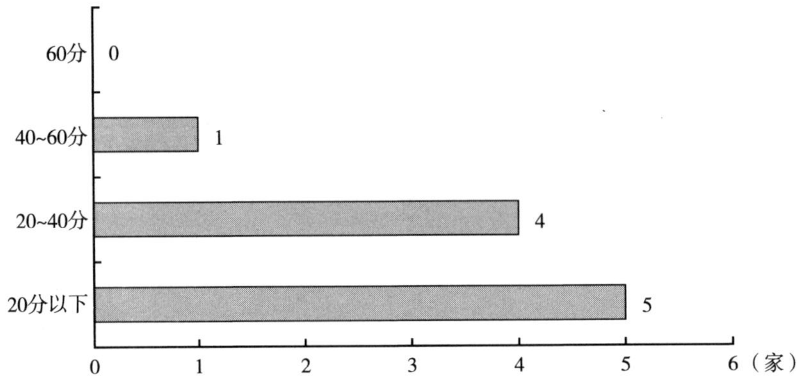

图 6　四川机械设备行业企业 2017 年可持续发展战略指标得分分布

在四川机械设备行业可持续发展战略和可持续发展规划这两项三级指标中，可持续发展战略指标得分在 10 ~ 20 分的企业有 5 家，得分在 30 分及以上的企业有 1 家（见图 7），平均得分分别为 21.75 分和 2 分，其中可持续发展战略指标得分高于全部四川样本企业平均得分 20.98 分；可持续发展规划指标得分低于全部四川样本企业平均得分 12.57 分。从四川机械设备行业企业的评价结果来看，四川机械设备行业企业没有制定相关的可持续竞争力发展战略，只是在公司发展战略中略有提到有关可持续竞争力的内容，同时相关的披露内容也缺乏深入的调研和分析。

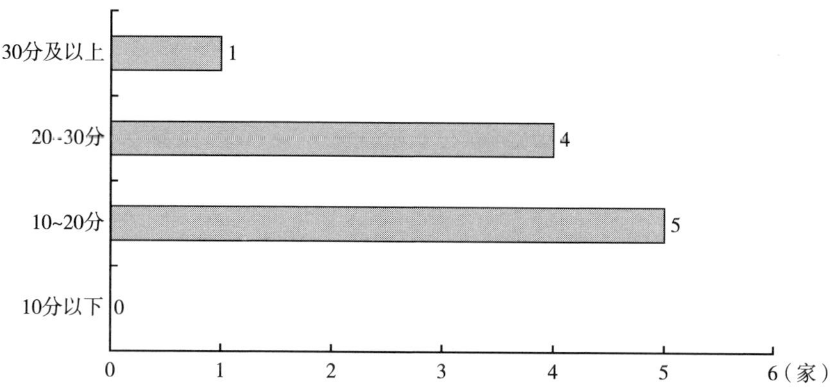

图 7　四川机械设备行业企业 2017 年可持续发展战略指标得分分布

案例 3　厚普股份制定战略规划，助推企业可持续发展

厚普股份全力打造成为国际领先的清洁能源及相关应用领域整体解决方案服务商。围绕公司的战略规划，该公司上市后通过一系列并购战略的实施和业务的拓展，完成清洁能源全产业链“能源装备、能源工程、能源运营、能源互联网、能源金融”五大板块业务布局，初步形成以宏达公司为设计、施工、工程总承包 EPC 业务的设计工程板块；以装备事业部、重庆欣雨公司、安迪生公司、科瑞尔公司为天然气采输过程中端处理、液化工厂、终端应用的装备板块；以船舶工程研究院、湖南厚普公司为 LNG 船用产业链的船舶节能减排的运营板块；以电子公司的互联网技术为纽带，以有价值的投资与融资运作为支撑，构建以互联网 + 能源为基础，借助大数据、云计算、物联网、移动支付等互联网技术手段，保障能源站点运营安全，提供巡检及维护、保养等服务，打造能源行业的综合服务站，建设多方共赢的商业生态圈，逐步从传统能源站点经营模式到全渠道资源整合、设备全生命周期监管的转变，逐步从实体营销到大数据营销转变，使线上线下有机结合，实现集能源行业智慧产品、渠道、促销、支付、设备、环保、数据、安全监管于一体的平台。

厚普股份的相关清洁能源产品已沿“一带一路”，远销英国、俄罗斯、尼日利亚、巴基斯坦等国家，初步实现节能环保、清洁能源装备走出国门的国际化战略。该公司紧抓天然气清洁能源领域拥有的巨大市场发展空间，顺接国家的雾霾治理、大气污染防治等严格的环保措施，加快市场拓展，加速项目建设，从而取得更大的企业效益与社会效益。

3. 可持续发展治理水平较低

2017 年，四川机械设备行业可持续发展治理二级指标中披露情况占比 80%，未披露情况占比 20%（见图 8），其中平均得分为 5.2 分，低于全部四川样本企业平均得分 6.20 分。

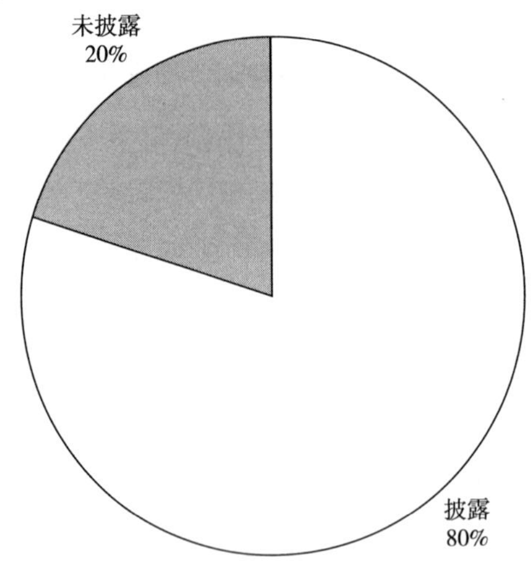

图 8　四川机械设备行业企业 2017 年可持续发展治理指标信息披露情况

四川机械设备行业企业的组织机构和制度建设这两项三级指标，平均得分分别为 0.3 分和 4.9 分，均低于全部四川样本企业组织机构指标平均得分 2.77 分、制度建设平均得分 2.86 分。

就可持续发展推进制度统计分布情况而言，所有样本数里 10 家四川机械设备行业企业平均得分均在 10 分以下，其中 7 家企业制定了有关可持续发展推进制度的文件，但内容较为简略，在实际工作中依然是以临时性公文的方式处理。

4. 可持续发展能力建设指标评价分析

2017 年，四川机械设备行业可持续发展能力建设二级指标中 10 ~ 20 分的有 4 家，10 分以下的有 5 家（见图 9），其中平均得分为 9. 23 分，低于全部四川样本企业平均得分 6. 01 分。

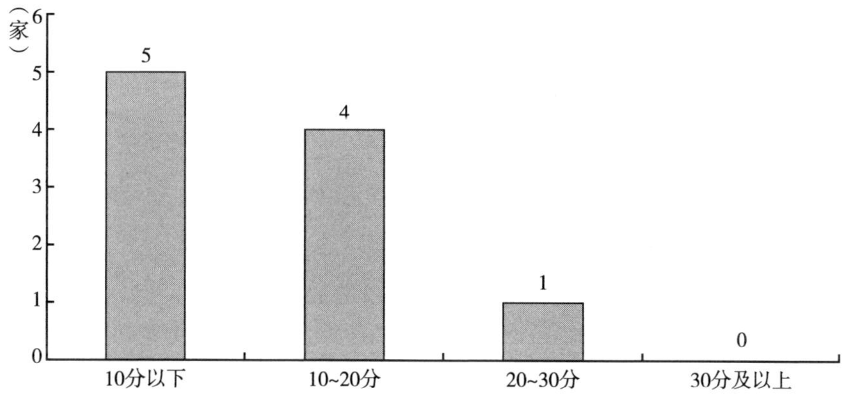

图 9　四川机械设备行业企业 2017 年可持续发展能力建设指标得分分布

在四川机械设备行业企业的专项培训、知识管理这两项三级指标中，平均得分分别为 3. 7 分、4. 07 分。四川机械设备行业的专项培训和知识管理平均得分均高于四川所有样本企业在这两项指标的平均得分 2. 03 分和 1. 78 分。

5. 可持续发展管理投入不足

2017 年，四川机械设备行业可持续发展管理投入二级指标中投入占比 40%，未投入占比 60%（见图 10）。平均得分为 2. 05 分，低于全部四川样本企业平均得分 6. 27 分。

在专项预算和专兼职人员这两项三级指标的信息披露情况见图 11，两项指标平均得分分别为 1. 8 分和 0. 25 分，均低于全部四川样本企业专项预算平均得分 3. 78 分和专兼职人员平均得分 2. 15 分。

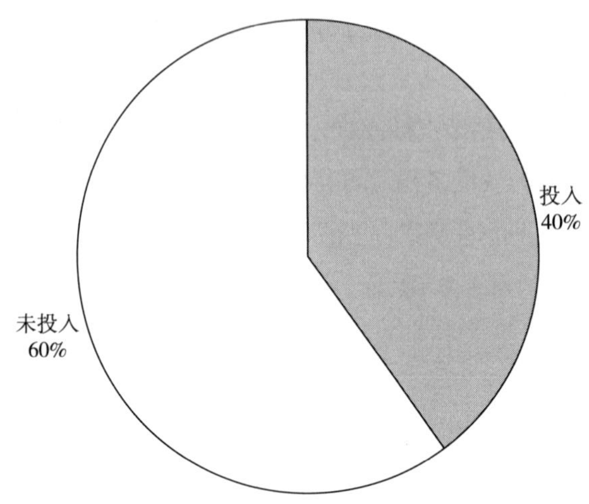

图 10　四川机械设备行业企业 2017 年可持续发展管理投入情况

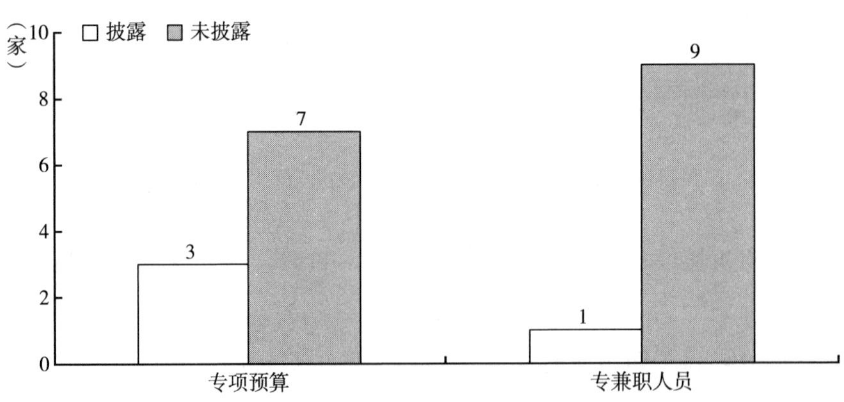

图 11　四川机械设备行业企业 2017 年专项预算、专兼职人员指标信息披露情况

（二）可持续经济价值指标评价分析

1. 企业经营业绩表现良好

2017 年，四川机械设备行业企业经营业绩二级指标平均得分为 70.1 分，略低于全部四川样本企业平均得分 70.62 分。就这项指标统计分布情况来看，所有样本企业评级均为 A 档。四川机械设备行业企业在企业经营业绩指标平均得分较高且相互之间差距不大，行业整体对四川经济的发展起到直接促进作用（见图12）。

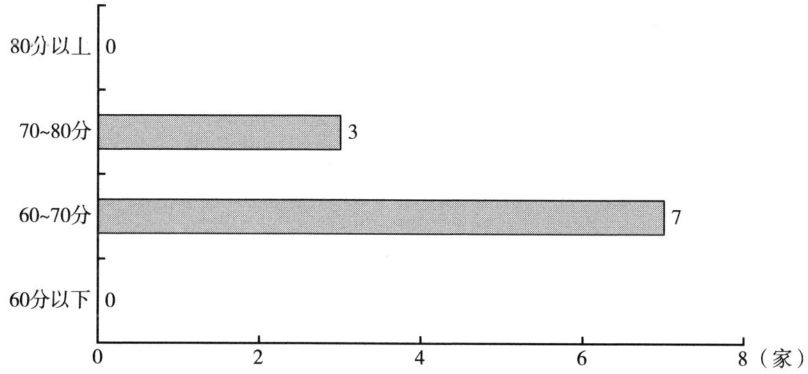

图12　四川机械设备行业企业2017年经营业绩指标得分分布

案例4　新筑股份抢占世界磁浮交通制高点

2018年3月15日，新筑股份与德国马克斯·博格集团在德国森根塔尔签订《关于博格磁浮交通系统的技术许可协议》。新筑股份将全面引进与掌握国际领先水平的新一代中低速磁浮交通系统全套核心技术，并实现本地产业化，打造四川城轨交通新名片。

博格新一代中低速磁浮交通系统在综合效率、速度等级、加速能力、载客能力、磁辐射量、噪声控制、限界尺寸等方面均取得突破性成果，全面超越世界范围内所有的中低速磁浮交通系统，达到国际领先水平，打破制约中低速磁浮交通系统发展的瓶颈，可广泛应用于高架轻轨、市域快轨、短途城际、地下轨道等约90%的城轨交通市场，作为地下轨道使用将是中国的世界首创。

我国城轨交通呈现爆发式增长趋势，据中国城市轨道交通协会统计，截至2017年底，我国城市轨道运营里程已达5021.7公里。预计未来十年新建里程将超过10000公里，市场空间巨大。新筑股份作为省、市轨道交通产业龙头企业，将联合省内轨道交通领域的相关单位和企业，实现博格新一代中低速磁浮交通系统全产业链和全系统生产制造100%本地产业化，快速抢占中低速磁浮产业发展的世界制高点，促进四川省“行业引领、国际一流”和成都市“引领世界轨道交通先进技术发展方向”产业目标的实现。

在营业收入和净利润这两项三级指标中，四川机械设备行业企业平均得分分别为36.5分和33.6分，其中四川机械设备行业企业营业收入指标的平均得分低于全部四川样本企业营业收入平均得分37.66分；四川机械设备行业企业净利润指标的平均得分要高于全部四川样本企业净利润指标平均得分32.88分。就营业收入指标的统计分布情况而言，10家四川机械设备行业企业平均得分均在30~40分区间内（包含40分），并且最高分与最低分之间差距不大。

就净利润指标统计分布情况而言，10家四川机械设备行业企业平均得分均在30~40分区间内（包含30分）。

2. 企业经济影响成效明显

2017年，四川机械设备行业企业企业经济影响二级指标平均得分为64.9分，略高于全部四川样本企业平均得分64.58分。就这项指标统计分布情况来看，有7家企业评级为A档，占样本数的70%；有3家企业评级为B档，占样本数的30%；没有企业评级为C档。四川机械设备行业企业的企业经济影响指标平均得分较高，整体能间接为四川的经济发展创造价值（见图13）。

在缴纳税收和就业数量这两项三级指标中，四川机械设备行业企业平均得分分别为35.4分和29.5分，与全部四川样本企业缴纳税收平均得分35.86分、就业数量平均得分28.66分相差不大。

就就业数量指标统计分布情况而言，有1家四川机械设备行业企业平均得分在40~50分的区间内；有1家四川机械设备行业企业平均得分在30~40分的区间内（见图14）。

3. 提升客户满意指标表现较好

2017年，四川机械设备行业提升客户满意二级指标得分企业中，60~

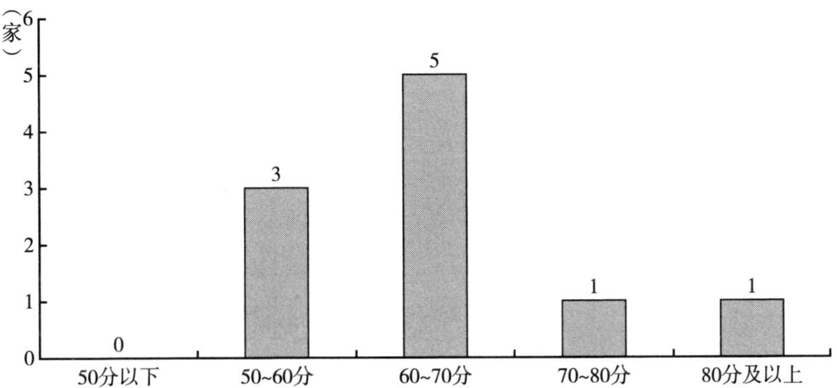

图 13　四川机械设备行业企业 2017 年企业经济影响指标得分分布

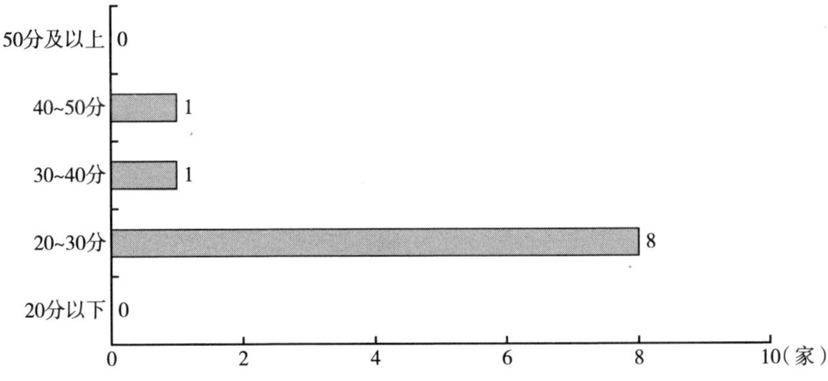

图 14　四川机械设备行业企业 2017 年就业数量指标得分分布

70 分的有 3 家（见图 15），平均得分为 45. 38 分，高于全部四川样本企业平均得分 37. 68 分。就这一指标的统计分布情况来看，有 3 家企业评级为 A 档，占比为 30%；有 2 家企业评级为 B 档，占比为 20%；有 5 家企业评级为 C 档，占比为 50%。

2017 年，四川机械设备行业企业保障消费者权益指标中 10 分以下的占比为 80%，产品质量管理指标中 10 ~ 20 分的占比为 60%（见图 16、

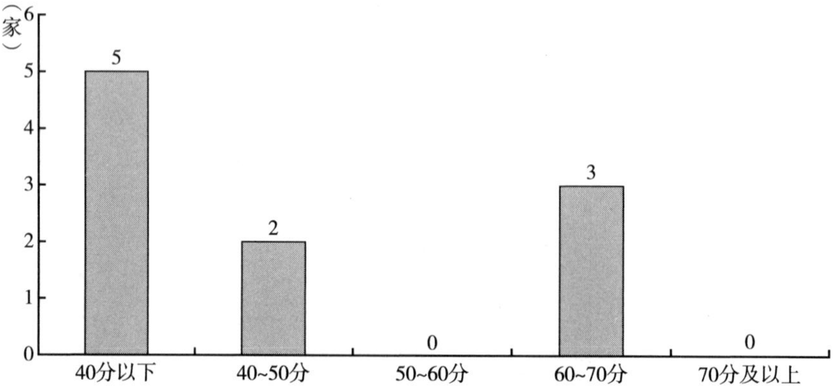

图 15 四川机械设备行业企业 2017 年提升客户满意指标得分分布

图 17）。在保障消费者权益、产品质量管理、改善客户服务、客户满意度这四项三级指标中，四川机械设备行业企业平均得分分别为 6.1 分、13.9 分、11.53 分和 13.85 分，均高于全部四川样本企业四项三级指标平均得分 4.29 分、13.32 分、10 分、9.69 分。

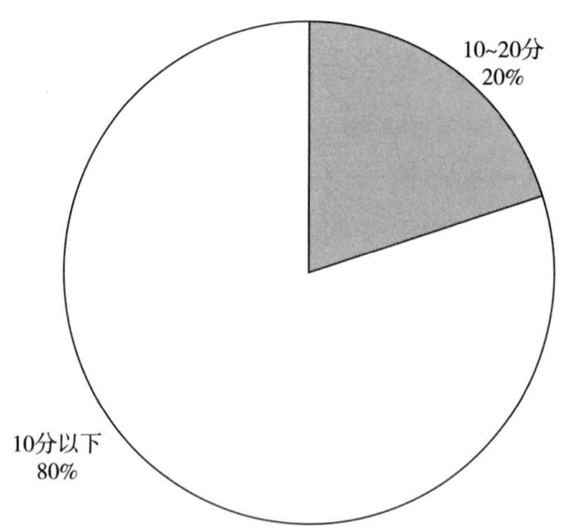

图 16 四川机械设备行业企业 2017 年保障消费者权益指标得分分布情况

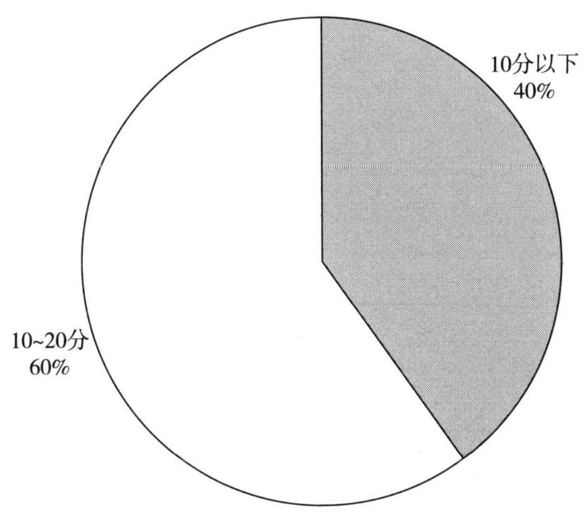

图 17　四川机械设备行业企业 2017 年产品质量管理指标得分分布情况

案例 5　川润动力荣获“2016 年度质量优异奖金奖”

2017 年 11 月 14 日，在安德里茨（中国）有限公司（以下简称“安德里茨”）主办的第八届供应商大会上，川润股份的子公司川润动力设备有限公司（以下简称“川润动力”）荣获“2016 年度质量优异奖金奖”。

安德里茨是国际上最大的纸浆和碱炉设备成套公司，川润动力自 2007 年开始与其合作，已达十年之久。川润股份始终坚持“以客户价值为核心、以质量求生存”，其间分别向安德里茨芬兰、安德里茨美国、安德里茨奥地利、安德里茨中国等公司提供优质的汽包、水冷壁、蛇形管、省煤器、集箱等各类锅炉部件产品。“2016 年度质量优异奖金奖”不仅是安德里茨公司对川润动力产品质量和优质服务的肯定，更奠定了川润动力与安德里茨公司长期合作及进一步开拓国际市场的坚实基础。

4. 价值链合作有待加强

2017 年，四川机械设备行业价值链合作二级指标平均得分为 42.6 分，高于全部四川样本企业综合得分 41.52 分。就这一指标的统计分布情况来看，有1家企业评级为A档，占样本总数的10%；有6家企业评级为B档，占样本总数的60%；有3家企业评级为C档，占样本总数的30%（见图18）。

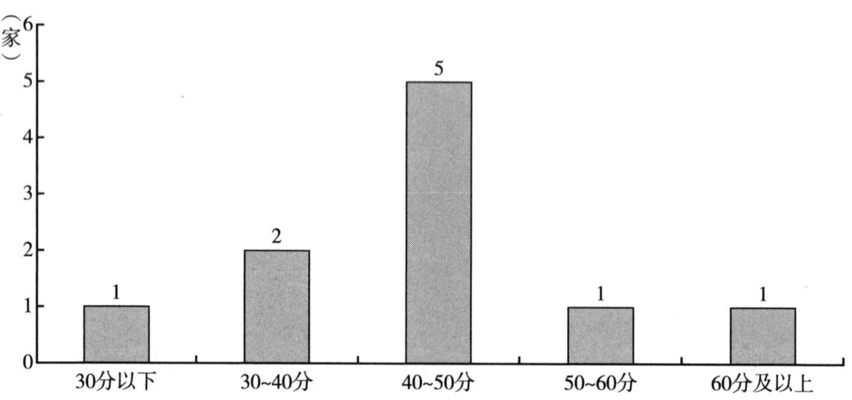

图18　四川机械设备行业企业2017年价值链合作指标得分分布

案例6　天翔环境加强伙伴合作，推动业务发展

天翔环境与德国欧绿保国际资源再生公司、黄石市人民政府签订《关于建设黄石工业废物资源化利用及综合处置循环经济产业园等项目的合作框架协议》，总投资额40亿元。此次合作协议中投资建设规划主要分为三部分，首先将启动整合工业废渣综合治理及资源化利用项目，投资额约6亿元。随后，联合方将在黄石经济技术开发区建设工业废物资源化利用及综合处置循环经济产业园项目，投资额约30亿元，其中包括新建蚀刻液处置及资源化利用、工业废弃物资源化终端处置和黄金山工业新区表面处理产业园等项目。此外，联合方将在后续跟进包括再生资源回收利用项目、尾矿回收治理项目等其他环保合作项目。同时，在其他符合黄石环保发展规划的项目上，黄石政府将支持天翔环境、欧绿保与黄石市国资平台合作，共同搭建优质的环保产业投资及发展平台，进行其他环保及资源循环利用项目投资，投资额约4亿元。

该协议的签署是该公司工业废物资源化利用及综合处置循环经济产业园等环保产业项目在中国中部地区的市场开拓。未来随着项目的成功建设、运营，将增强天翔环境市场占有率、增加新的盈利增长点，从而提高其在环保行业的综合竞争实力。

在反不正当竞争、合同履约率、供应商合作、银企合作和其他合作伙伴这五项三级指标中，四川机械设备行业企业平均得分分别为7.2分、10.12分、10.96分、8.64分和5.68分（见图19），其中合同履约率和供应商合作指标的平均得分分别低于全部四川样本企业平均得分10.76分和11.11分；反不正当竞争、银企合作和其他合作伙伴指标平均得分分别高于全部四川样本企业平均得分6.75分、8.28分和4.54分。

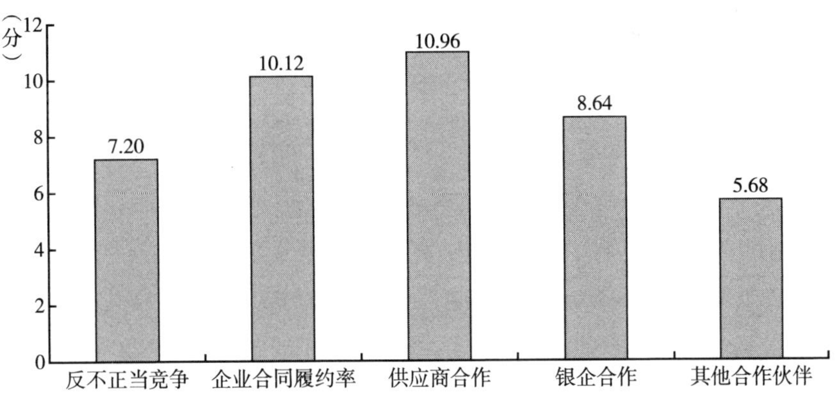

图19 四川机械设备行业2017年反不正当竞争、合同履约率、供应商合作、银企合作和其他合作伙伴指标平均得分

案例7 日机密封坚持公平竞争的理念与政策，开展价值链合作

日机密封与供应商坚持自愿、平等、公平、诚实守信的交易原则，双方达成合作关系并签署《廉政协议》，杜绝商业贿赂行为。该公司注重与供应商的相互促进、共同成长，通过在技术、质量、服务等方面相互交流、学习，实现双方共同发展与进步。

案例8　天翔环境加强与政府合作

2017年11月1日，攀枝花市政府与天翔环境、成都新筑路桥合作项目签约仪式在攀枝花市举行。各方将前期全面对接、深入洽谈的成果以协议的形式正式固定下来，开启合作共赢的新征程。

根据协议内容，天翔环境将与攀枝花市国有投资（集团）有限责任公司组建合资公司，并与攀枝花钢城集团有限公司以及相关企业共同推进攀枝花市环境综合建设、报废汽车拆解及资源化利用、报废汽车破碎拆解回收的金属破碎机装备制造、攀西地区环保项目设计的环保设备制造和污水处理及再生资源装备制造、有机废弃物处置与特色林果品质提升、市政环保产业等项目。

本协议将推进攀枝花市“四个加快建设”“四区驱动”发展战略，引进先进环保技术工艺落地攀枝花，培育本土环境综合服务提供商，为促进攀枝花市绿色转型发展示范城市建设做出贡献。

5. 合规运营管理成效一般

2017年，四川机械设备行业合规运营二级指标中60分及以上的有1家，50~60分的有1家（见图20），其中平均得分为39.55分，低于全部四川样本企业平均得分41.29分。就这一指标的统计分布情况来看，有2家企

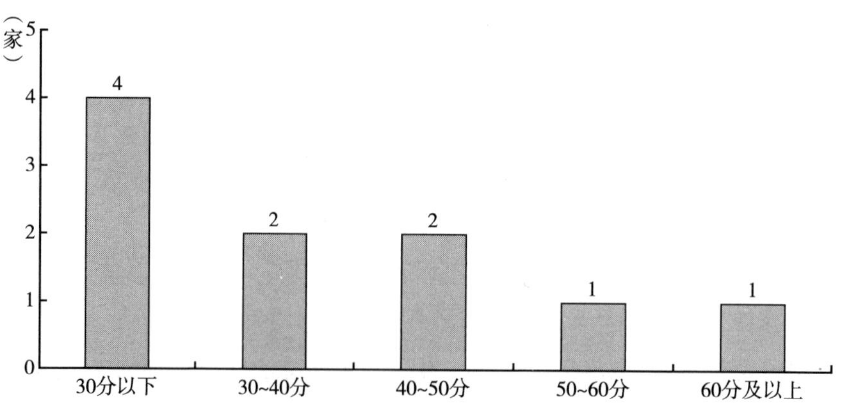

图20　四川机械设备行业企业2017年合规运营指标得分分布

业评级为 A 档，占比为 20%；有 2 家企业评级为 B 档，占比为 20%；有 6 家企业评级为 C 档，占比为 60%。

案例 9　川润股份健全治理结构，推动合规经营

川润股份严格按照《公司法》《证券法》《企业治理准则》和中国证监会的有关规定以及《深圳证券交易所股票上市规则》《深圳证券交易所中小企业板企业规范运作指引》的要求，不断完善公司法人治理结构，建立健全内部控制体系，规范公司运作，认真及时履行信息披露义务，保护广大投资者利益。

就合规培训指标平均得分的统计分布情况而言，未披露占比 60%（见图 21），10 家四川机械设备行业企业平均得分在都在 30 分以下，其中有 4 家四川机械设备行业企业平均得分大于 0 分，占样本数的 40%；6 家四川机械设备行业企业平均得分为 0 分，占样本数的 60%。说明有 60% 的四川机械设备行业企业没有开展反腐倡廉会议、法律讲座等培训来提升员工合规意识和能力或者没有披露相关的数据信息。

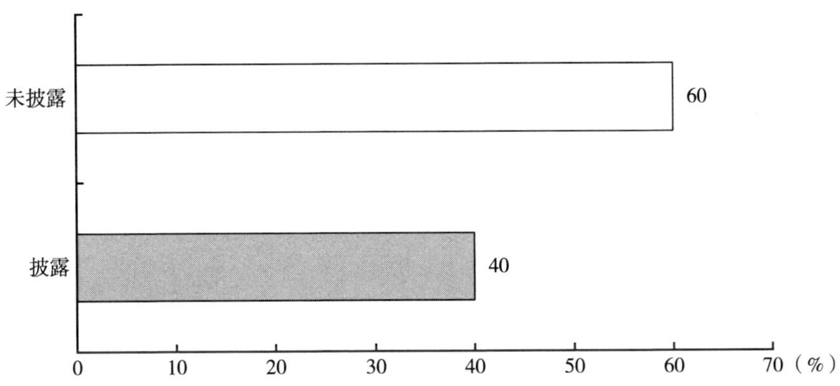

图 21　四川机械设备行业企业 2017 年合规培训指标信息披露情况

（三）可持续社会价值指标评价分析

1. 支持员工成长方面需要进一步改善

2017 年，四川机械设备行业支持员工成长二级指标平均得分为 38.31 分，低于全部四川样本企业平均得分 43.96 分。就这一指标的统计分布情况来看，有 4 家企业评级为 B 档，6 家企业评级为 C 档（见图 22）。

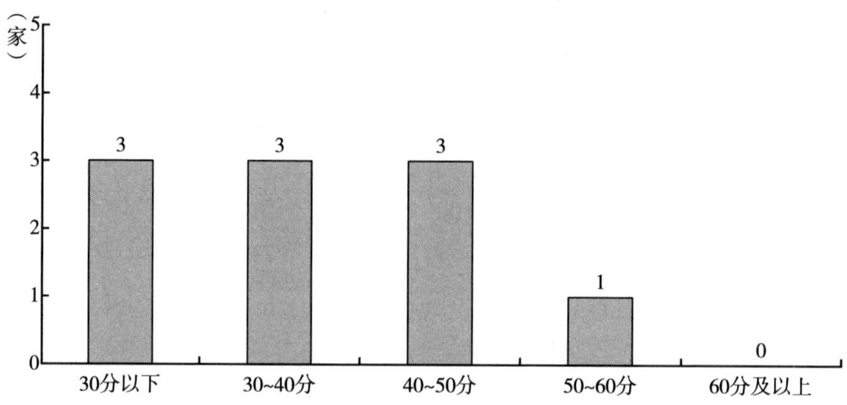

图 22　四川机械设备行业企业 2017 年支持员工成长指标得分分布

案例 10　川润股份加强员工权益保护，为员工创造价值

川润股份秉持“以人为本”的人才理念，尊重员工人格，关爱员工，保障员工合法权益，致力于培育员工的认同感和归属感。通过多种途径和渠道提高员工社会生存综合能力，不断改善员工的工作环境、工作条件，为员工提供广阔的发展平台和施展个人才华的机会。

1. 严格遵守相关法律法规

川润股份严格遵守新《劳动法》并按照有关法律法规的规定，修改工作制度、调整作息时间，与所有员工签订《劳动合同》，办理医疗、养老、失业、工伤、生育等社会保险，为员工缴纳住房公积金，提供健康、安全的生产和生活环境，切实维护员工的切身合法权益，并建立合理的薪酬福利体系和科学完善的绩效考核体系，遵循按劳分配原则，实行同工同酬。

2. 积极改善工作条件和工作环境

川润股份注重对员工安全生产和劳动保护，针对不同岗位开展安全教育及培训，不定期地对公司生产安全进行全面排查，通过开展安全生产知识竞赛、岗位安全培训、安全知识考试等方式，有效提高员工的安全生产意识和自我保护能力；为员工配备必要的劳动防护用品及保护设施；建立员工休息区，配备先进的办公设施，让员工有一个更加舒适的工作环境。

3. 注重与员工的沟通交流

川润股份尊重员工权利，通过开职代会和员工大会、设立意见箱、开设内部信息平台与社区论坛、办内刊杂志《川润之声》等多种方式，倾听员工心声，搭建公司与员工沟通的桥梁，使之成为公司内部交流经验、通报信息、展示成就、表彰先进、鼓舞士气的重要平台，成为员工发挥特长、展示自己的一个很好的舞台；组织召开各类家属座谈会，增加员工家属对企业的了解，使员工的工作能够得到更多的家庭支持。

4. 重视员工权利的保护

川润股份支持工会依法开展工作，成立职工代表大会，对工资、福利、劳动安全、社会保险等涉及员工切身利益的事项，关心和重视员工的合理需求，通过职工代表大会等形式听取员工的意见，签订《集体劳动合同》《工资集体协议》，构建和谐稳定的劳资关系。

在劳动合同签订率、员工薪酬待遇、社保缴纳率、反歧视、职业安全健康、员工体检率、员工培训投入、职业成长、员工关爱和员工满意度这十项三级指标中，四川机械设备行业企业平均得分分别为5.2分、5.35分、5.3分、2.41分、1.9分、2.64分、4.95分、3.19分、2.4分和4.98分，其中四川机械设备行业企业劳动合同签订率、社保缴纳率、反歧视、职业安全健康、员工体检率、员工培训投入和员工关爱指标平均得分分别低于全部四川样本企业平均得分6.5分、6.55分、5.83分、2.07分、3.28分、5.7分和

2.66 分；四川机械设备行业企业员工薪酬待遇、职业成长和员工满意度指标平均得分分别高于全部四川样本企业平均得分 5.3 分、2.57 分和 4.71 分。其中，本文选取了 10 个指标展现指标披露情况，披露劳动合同签订率、员工薪酬待遇、社保缴纳率、员工满意度、员工培训投入、员工体检率指标的有 10 家企业，具体指标披露情况见图 23。

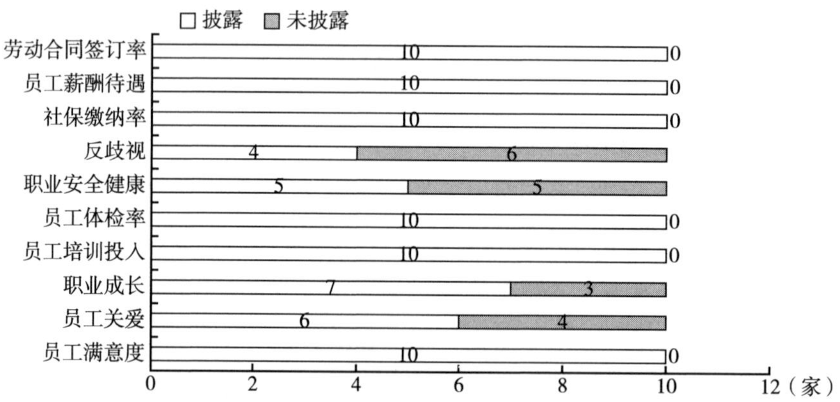

图 23　四川机械设备行业企业支持员工成长指标下三级指标披露情况

案例 11　台海核电创新薪酬结构，为员工创造价值

考虑到公司业务的拓展，台海核电根据各岗位的性质及工作特点，实行相应的薪酬结构，体现公司为岗位付薪、为绩效付薪、为能力付薪的薪酬理念；将公司所设立的岗位分为管理、技术、操作三大序列，实行岗位技能工资制的薪酬由岗位工资、浮动工资、技能工资、绩效奖金、补贴五部分组成，全面考虑每名员工岗位、技能、绩效等多种因素，并与该公司产量进行挂钩，实现员工薪资与企业效益的有效结合。

案例 12　川润股份加大员工培训投入，举办商务礼仪专题培训

为了进一步提升员工在商务行为中的个人形象、自身素质、礼仪规范和交往艺术，从而提升人际交往效率、企业形象和市场竞争力，川润股份于

2017 年 8 月 16 日开展商务礼仪培训。本次培训聘请专业培训机构的讲师授课，该公司销售、市场、行政以及外联相关岗位等共计 70 余名员工参加培训。

讲师以尊重和细节为核心，通过引古博今的讲解和生动的图片展示，向参训人员介绍商务礼仪的文化、内容、原则等理论知识，全面讲解商务魅力塑造、商务会面、商务接待、商务拜访、商务会议、商务沟通、电话礼仪、商务用餐等基本知识，并对参训人员不符合礼仪规范的行为进行现场指导和纠正，使参训人员掌握在各种商务活动中提升商务品位修养和魅力的技巧。为了达到更好的培训效果，讲师还通过现场实操演练互动调动气氛，不仅增强了参训人员的参与性与积极性，而且使参训人员加深了对商务礼仪知识的理解。

崇尚商务礼仪，不仅是时代的潮流，更是获得更多客户往来、提升企业竞争力的现实所需。通过本次培训，参训人员普遍反映收获颇多、实用性较强，对提升个人素养和企业形象起到积极的推动作用。

2. 支持社区发展工作有待提升

2017 年，四川机械设备行业支持社区发展二级指标中，披露情况占比 30%，未披露情况占比 70%（见图 24），其中平均得分为 9 分，低于全部四川样本企业平均得分 18.1 分。

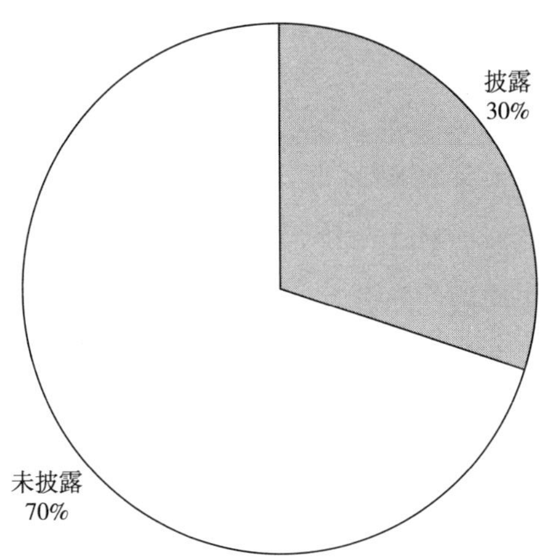

图 24　四川机械设备行业企业 2017 年支持社区发展指标信息披露情况

在四川机械设备行业企业社区关系管理这项三级指标中，四川机械设备行业企业平均得分为4分，低于全部四川样本企业社区关系管理指标平均得分10.93分。说明大部分四川机械设备行业企业没有为促进改善与运营所在地社区邻里之间的关系进行有效的社区沟通。

案例13　川润股份精准扶贫，构建和谐社区关系

为贯彻落实党的十九大精神，进一步扎实做好精准扶贫、精准脱贫工作，让帮扶对象的经济水平进一步提高，川润股份从“我”做起。

1. 修建公路

“要想富，先修路”。川润股份已为对口扶贫的自贡大安黄桷村贫困户互助合作社修建专用公路。

2. 收购农产品

自贡市大安区何市镇黄桷村贫困户互助合作社养殖很多跑山鸡等农产品，面对激烈的市场竞争，川润股份扶贫再次行动，在春节前夕收购该村的跑山鸡等农产品。一方面，希望通过产业扶贫的方式让贫困户持续、有尊严地实现脱贫，切实帮助农民增收；另一方面，体恤公司员工，将收购的农产品回馈给公司员工及家属。

3. 参与社会公益力度不大

2017年，四川机械设备行业参与社会公益二级指标平均得分为16.15分，低于全部四川样本企业平均得分20.06分（见图25）。

在公益管理、对外捐赠收入占比和员工志愿者这三项三级指标中，四川机械设备行业企业平均得分分别为10.5分、4.95分和0.7分，其中公益管理指标平均得分高于全部四川样本企业平均得分10.43分，对外捐赠收入占比和员工志愿者指标平均得分低于全部四川样本企业平均得分6.2分和3.43分（见图26）。

4. 安全生产水平差距明显

2017年，四川机械设备行业安全生产运营二级指标平均得分为29.5

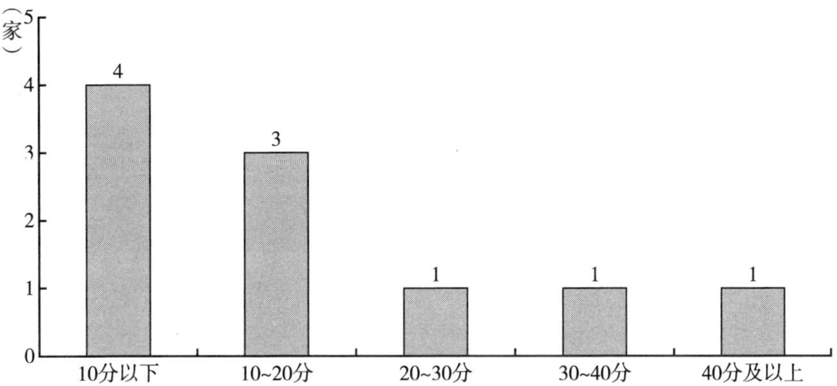

图 25　四川机械设备行业企业 2017 年参与社会公益指标得分分布

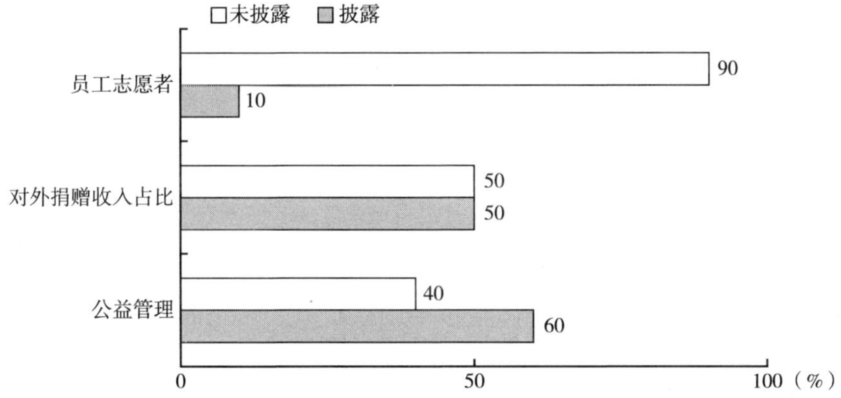

图 26　四川机械设备行业企业 2017 年公益管理、对外捐赠收入占比、员工志愿者指标披露情况

分，低于全部四川样本企业平均得分 32.46 分。就这一指标的统计分布情况来看，有 1 家企业得分在 80 分及以上；有 1 家企业得分在 60 ~ 80 分的区间内（见图 27）。

安全生产管理、应急管理和安全生产投入指标的披露情况见图 28，在这三项三级指标中，四川机械设备行业企业平均得分分别为 13.1 分、7.45 分和 8.95 分，其中安全生产管理的平均得分低于全部四川样本企业平均得分 16.18 分；应急管理指标平均得分与全部四川样本企业平均得分 7.45 分相同；安全生产投入指标的平均得分高于全部四川样本企业平均得分 8.83 分。

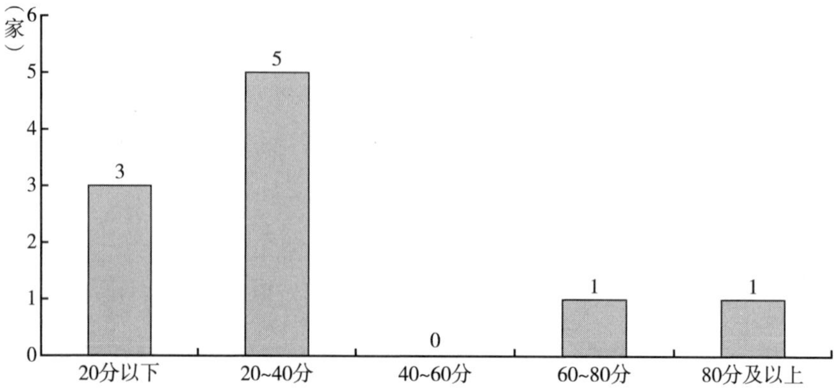

图 27　四川机械设备行业企业 2017 年安全生产运营指标得分分布

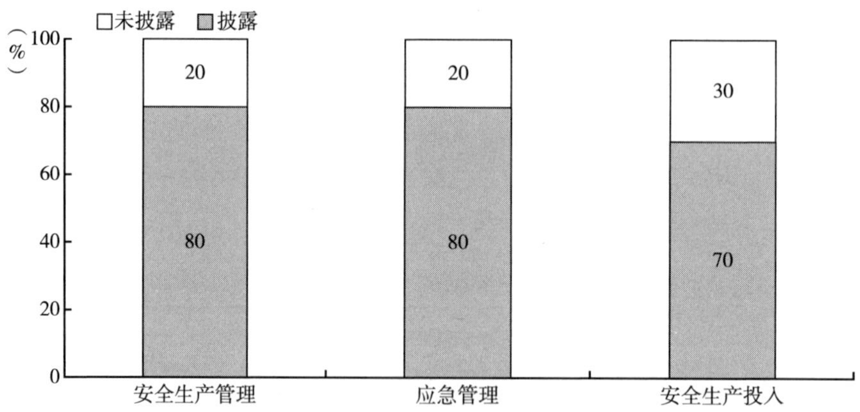

图 28　四川机械设备行业企业 2017 年安全生产管理、应急管理、安全生产投入指标披露情况

案例 14　日机密封荣获“成都市安全生产先进集体”称号

2016 年，日机密封牢固树立安全生产红线意识和底线思维，以深化安全生产责任、隐患排查治理和预防控制、应急救援“三大体系”建设为核心，以防范重特大事故为重点，扎实抓好安全风险管控和隐患排查治理，大力实施安全生产依法治理，安全生产工作取得积极成效。成都市人民政府对落实安全生产各项工作成绩突出的单位，授予“成都市 2016 年安全生产先进集体”称号。

（四）可持续环境价值指标评价分析

1. 环境管理亟须加强

四川机械设备行业环境管理二级指标中，披露情况占比 40%（见图 29），平均得分为 14 分，远低于 2017 年四川企业的平均得分 29.87 分。从该指标的统计分布来看，有 1 家企业评级为 A 档，占比为 10%；有 1 家企业评级为 B 档，占比为 10%；有 8 家企业评级为 C 档，占比为 80%。

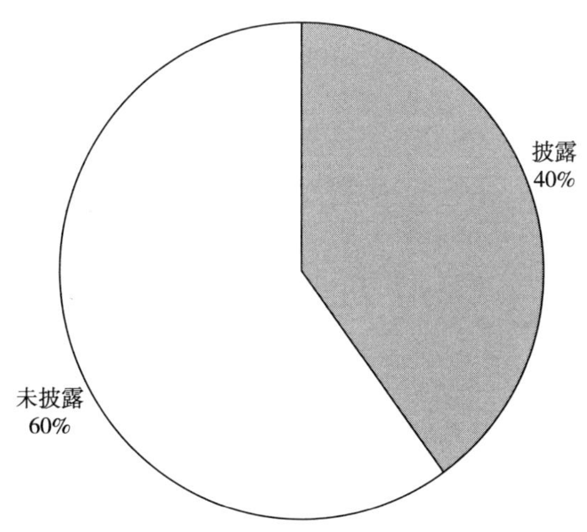

图 29　四川机械设备行业企业 2017 年环境管理指标信息披露情况

案例 15　川润股份强化节能环保，促进环境管理

川润股份具有优质品牌，拥有良好的社会美誉度，更具有强烈的可持续发展理念。该公司坚持以节能环保、新能源为核心业务，为促进社会和谐、环境美好，实现“让人类与自然更和谐”贡献着自己的力量。

1. 节能环保工业装备

在钢铁、建材、化工等高能耗行业，川润股份改造和建设纯低温余热发电、压差发电、副产可燃气体和低热值气体回收利用等余热余压余能利用装置及设备，为装备制造业提供工业润滑系统，提升装备运行效率。

2. 节能环保综合服务

通过有效的技术手段，川润股份为国内600MW及以下的燃煤锅炉提供电站性能改造及除尘、脱硫脱硝节能减排服务，提升锅炉效率，降低污染物排放，实现高效、清洁的排放。通过综合技术，该公司降低维护成本并实现减排，为企业提供合同能源管理服务，为国内外客户提供电站工程建设总包服务。

3. 清洁能源

风能是可再生、无污染、能量大、前景广的清洁能源，川润股份为风电行业提供风电流体系统解决方案及风电运维服务；太阳能是安全、清洁、可再生的绿色能源，川润股份为客户提供太阳能光、热发电相关设备，提高太阳能转换效率。生物质发电是可再生能源发电的一种，对降低大气污染、改善能源结构有着极其重要的意义，川润股份为社会提供生物质发电工程总包及核心设备，包括甘蔗渣发电、垃圾焚烧发电、垃圾填埋气发电、沼气发电等。

在环保管理政策与体系和环保投入这两项三级指标中，四川机械设备行业企业披露情况分别为40%、20%（见图30），平均得分分别为11.25分和2.75分，均低于全部四川样本企业环保管理政策与体系平均得分18.48分和环保投入平均得分11.4分。

2. 三废管理水平较低

2017年，四川机械设备行业三废管理二级指标平均得分为10.16分，远低于全部四川样本企业综合得分18.71分，披露情况占比30%（见图31）。就这一指标的统计分布情况来看，有1家四川机械设备行业企业评级为B档，占样本数的10%。剩下9家四川机械设备行业企业评级为C档，占样本数的90%。

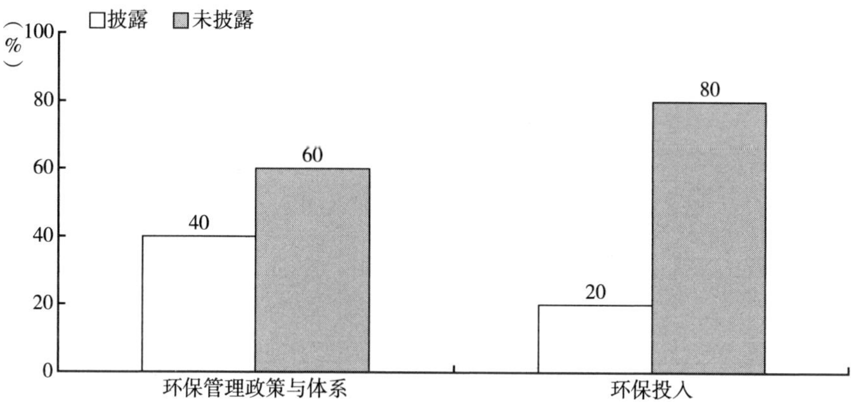

图30　四川机械设备行业企业2017年环保管理政策与体系、环保投入指标信息披露情况

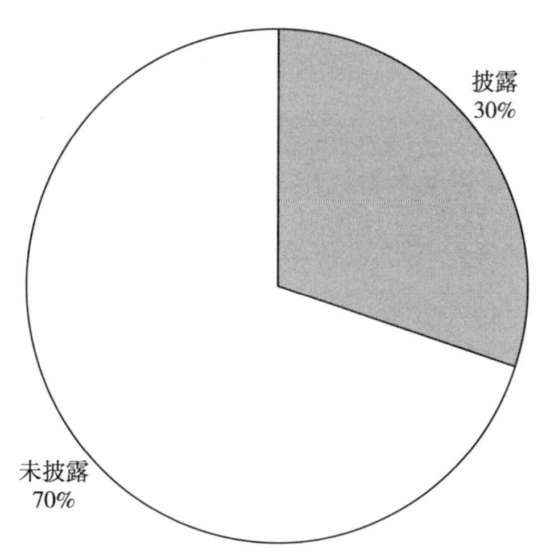

图31　四川机械设备行业企业2017年三废管理指标信息披露情况

在废水管理、废气管理和固体废弃物管理这三项三级指标中，四川机械设备行业企业平均得分分别为3.66分、3.66分和2.83分，均低于全部四川样本企业平均得分6.89分、6.11分和5.71分，三项指标披露情况见图32。

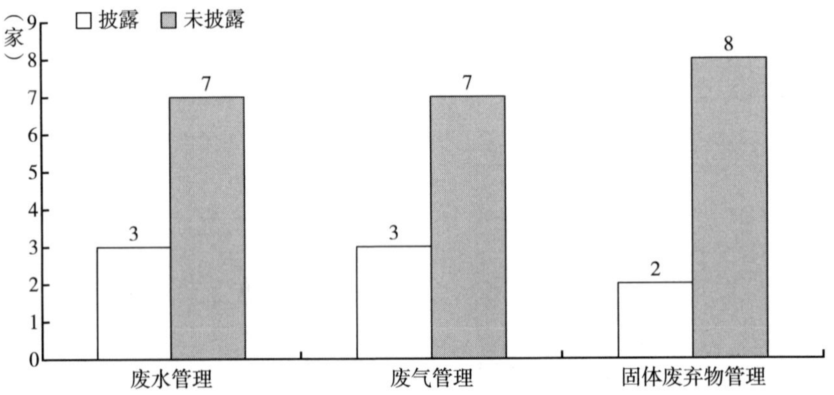

图 32　四川机械设备行业企业 2017 年废水管理、废气管理、固体废弃物管理指标信息披露情况

3. 循环经济发展缓慢

2017 年，四川机械设备行业循环经济二级指标平均得分为 13.9 分，低于全部四川样本企业综合得分 15.54 分，指标披露情况为 60%（见图 33）。就这一指标的统计分布情况来看，10 家样本企业本指标评级均为 C 档。

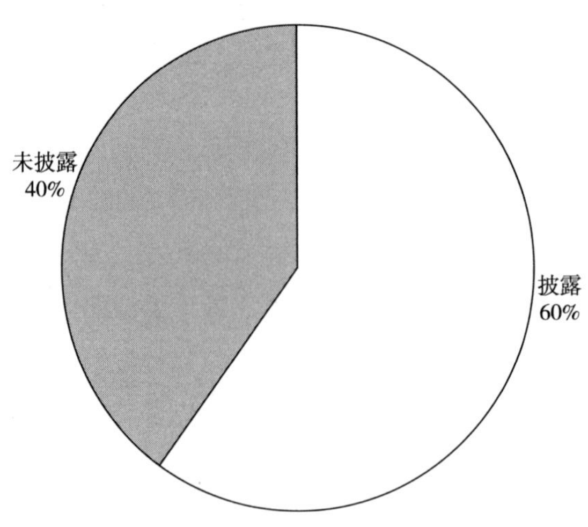

图 33　四川机械设备行业企业 2017 年循环经济指标披露情况

案例16 川润股份推动循环经济发展

川润股份将环境保护和可持续发展深入企业经营活动中。

1. 积极推进节能环保类产品的研发工作

川润股份加大技术和资金投入，加速产品升级。响应国家政策的号召，加快从锅炉部件加工转型至节能环保、新能源整机锅炉产品的制造。该公司水泥余热锅炉、生物质发电等环保、节能锅炉业务成长良好。

2. 加大设备的更新速度

在川润液压润滑工程的募投项目中，川润股份投入近千万元采用先进的节能环保设备及装置。先进设备的采用比现行工艺更具有能耗低、效率高、安全、环保等特点。

3. 加强资源综合利用和循环经济建设

川润股份强化资源综合利用和循环经济建设，如通过边角料回收，将废品、废料分类管理，实现废弃产品再资源化，并且在生产过程中实施产品标准化，细化生产工艺，推行5S现场管理，加大工艺改进，减少物料消耗，改善物流减少浪费。

4. 加快信息化建设

川润股份实施节约用电、节约用水，倡导绿色采购、无纸化办公等多项节能降耗举措，持续改善和提升环境和资源的利用效率。

（五）沟通优化指标评价分析

1. 透明度管理水平不高

2017年，四川机械设备行业信息披露二级指标平均得分为36.43分，低于全部四川样本企业平均得分44.25分。就这一指标的统计分布情况来看，有3家样本企业评级为B档，另外7家企业评级为C档（见图34）。

案例17 台海核电加强信息披露

台海核电严格按照中国证监会及深圳证券交易所的相关法律、法规和

《公司章程》《信息披露管理制度》等的要求，认真履行信息披露义务。该公司指定《中国证券报》、《证券时报》、《上海证券报》、《证券日报》和巨潮资讯网为公司信息披露的报纸和网站，真实、准确、及时、完整地披露公司信息，确保所有股东有公平的机会获得公司相关信息。同时，该公司指定董事会秘书为公司的投资者关系管理负责人，负责公司的信息披露与投资者关系管理，接待股东的来访和咨询。

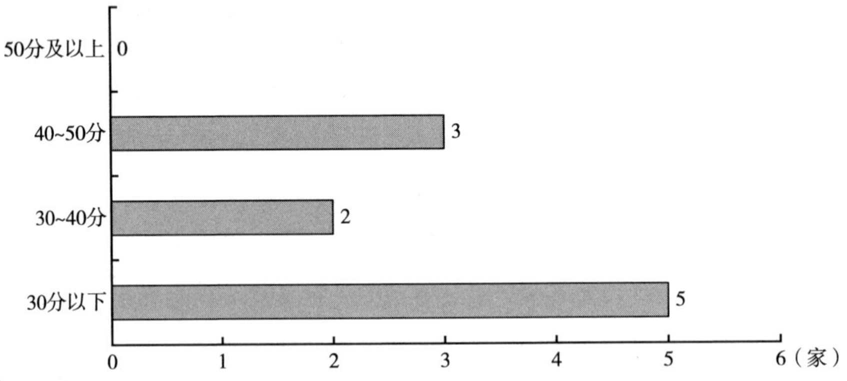

图 34　四川机械设备行业企业 2017 年信息披露指标得分分布

在信息披露机制、信息披露渠道、官网社会责任信息数量、发布社会责任报告和发布财务报告这五项三级指标中，四川机械设备行业企业平均得分分别为 11.8 分、8.63 分、1.13 分、0 分和 14.88 分，其中信息披露机制指标得分高于全部四川样本企业平均得分 11.35 分；信息披露渠道、官网社会责任信息数量、发布社会责任报告和发布财务报告等指标得分均低于全部四川样本企业平均得分 9.1 分、3.5 分、3.84 分和 16.45 分，相关指标披露情况见图 35。

2. 社会沟通工作力度较大

2017 年，四川机械设备行业相关方参与二级指标平均得分为 47.25 分，高于全部四川样本企业平均得分 45.34 分。就这一指标的统计分布情况来看，有 2 家企业评级为 A 档，占比为 20%；有 4 家企业评级为 B 档，占比为 40%；有 4 家企业评级为 C 档，占比为 40%（见图 36）。

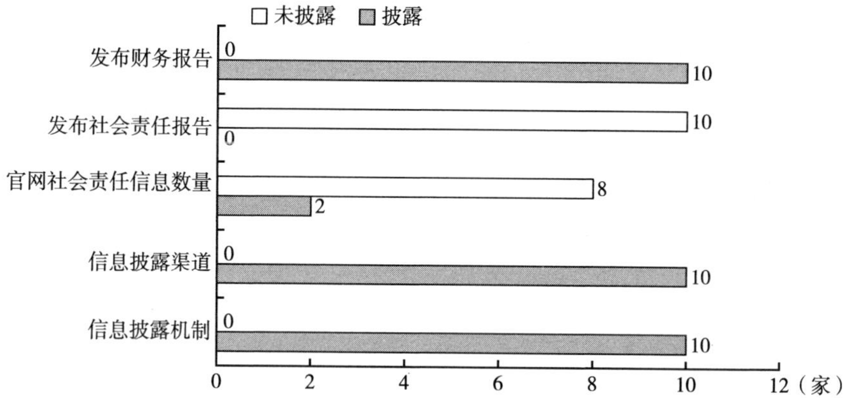

图35 四川机械设备行业企业2017年信息披露机制、信息披露渠道、官网社会责任信息数量、发布社会责任报告和发布财务报告指标披露情况

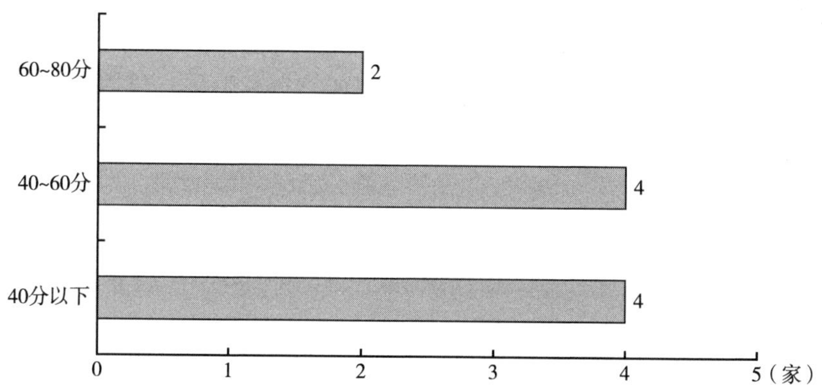

图36 四川机械设备行业企业2017年相关方参与指标得分分布

案例18 新筑股份强化各利益相关方的沟通

新筑股份充分尊重和维护相关利益者的合法权益，加强与各方的沟通和交流，努力实现政府、股东、债权人、员工、消费者、社会等各方利益的均衡，以推动公司持续、稳定、健康地发展。

在股东关系管理和组织举办的重大公开活动这两项三级指标中，四川机械设备行业企业平均得分分别为30.5分和16.75分，均高于全部四川样本企业平均得分29.57分和15.77分。就股东关系管理指标的统计分布情况来看，没有企业评级为A档和B档，100%的企业评级为C档。组织举办的重大公开活动这一指标信息70%的企业进行披露，30%的企业未披露（见图37和图38）。

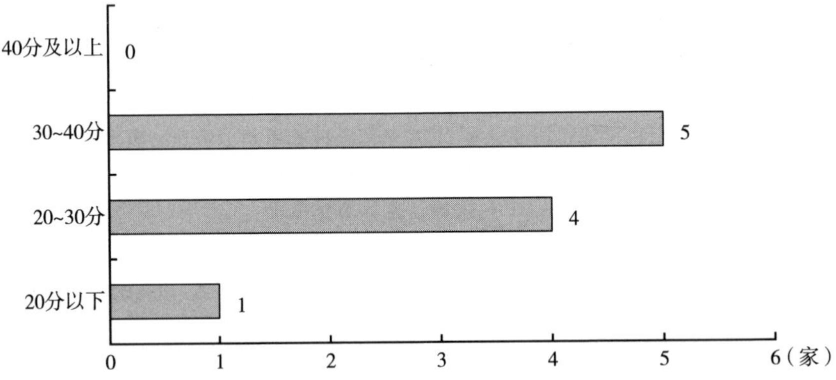

图37　四川机械设备行业企业2017年股东关系管理指标得分分布

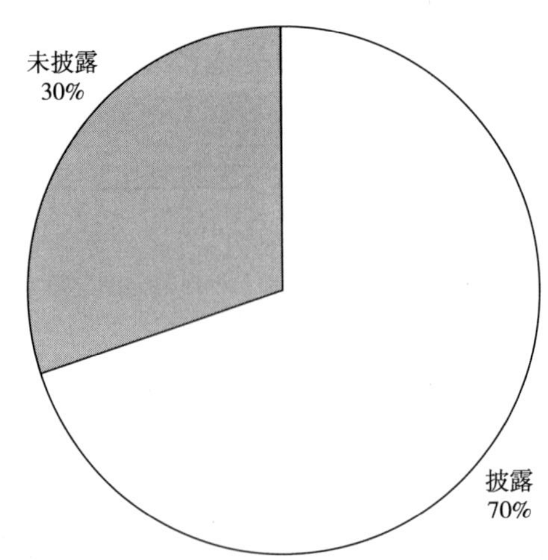

图38　四川机械设备行业企业2017年组织举办的重大公开活动指标信息披露情况

案例19　川润股份举办第八届科技工作大会

2017年8月9日，川润股份以“节能环保，顶尖创新”为主题举办第八届科技工作大会，并邀请到中国工程院胡正寰和关杰两位院士以及自贡市科学技术和知识产权局等单位的领导到会。

2017年，川润股份以“实施创新驱动发展战略，增强川润转型发展动力”为目标和思路，通过科技创新、深化技术管理、促进技术升级等措施，把公司打造成行业科技领先型、技术服务型企业，引领公司实现科学、全面、协调发展。本次会议对川润股份2016年度各项科技成果进行表彰奖励，对4个科研项目立项报告、12个技术革新项目、6个优秀创新设计项目，6个科技研发项目结题、8个专利以及2016年12名技术精英、3名杰出工程师进行表彰及奖励。

四　主要研究发现

（一）四川机械设备行业企业可持续发展推进指标得分严重偏低

2017年，四川机械设备行业企业可持续发展推进指标平均得分为6.18分，低于四川全部100家企业整体平均得分36.10分。四川机械设备行业企业在可持续发展管理推进方面严重不足，所有企业平均得分都在20分以下，但是都大于0分。从可持续发展战略指标来看，可持续发展战略平均得分为30.75分，低于四川全部企业整体平均得分33.78分。

从可持续发展治理、可持续发展能力建设、可持续发展管理投入指标来看，组织机构、制度建设、专项培训、知识管理、专项预算和专兼职人员指标的平均得分都很低，分别为0.30分、4.90分、3.70分、4.07分、1.80分、0.25分，表明机械设备行业在可持续发展推进过程中，人力、物力、财力投入都严重不足，亟须加强。

（二）四川机械设备行业企业可持续经济价值指标得分较高

四川机械设备行业企业在可持续经济价值创造方面有较强的贡献，四川机械设备行业企业的可持续经济价值指标平均得分为67.24分，与2017年所有四川样本企业的平均得分67.29分基本一致。从统计分布来看，所有样本企业评级均为A档。

（三）四川机械设备行业企业可持续社会价值创造方面可以进一步提高

四川机械设备行业企业的社会价值指标平均得分为32.03分，低于2017年所有四川样本企业的平均得分34.04分。从可持续社会价值一级指标统计分布来看，没有企业评级为A档；有2家企业评级为B档，占样本总数的20%；有8家企业评级为C档，占样本总数的80%。

（四）四川机械设备行业企业环境管理水平不高，亟须加强

2017年，四川机械设备行业企业的可持续环境价值指标平均得分为18.83分，高于2017年所有四川样本企业的平均得分17.24分。远低于可持续经济价值创造和可持续社会价值创造维度的得分水平。从指标统计分布来看，没有企业评级为A；有1家企业评级为B档，占比为10%；有9家企业评级为C档，占比为90%。

《中国制造2025》为机械制造行业指引新的发展方向，为组织实施传统制造业能效提升、清洁生产、节水治污、循环利用等专项技术改造提出了要求。机械设备行业作为重污染行业可以采取以下措施来减少环境破坏。

加强自身的环保体系建设。机械设备行业在日常生产过程要遵循保护和改善生活环境与生态环境、防止污染和其他公害、保障人体健康、促进社会主义现代化建设的发展方针，结合公司具体情况，组织实施公司的环境保护管理工作，如加强对环境保护工作的领导和管理；对生产过程中的“三废”必须大力开展综合利用工作，做到化废为宝、变废为宝；做好设备管理和维

修工作，杜绝跑、冒、滴、漏；使用有毒有害物质及酚类物质的工厂、部门，在排放废气和废水前，应经过净化或中和处理等。

落实环保工作责任制。充分认识环保工作的重要性和紧迫性，把环境保护纳入企业重要工作日程，建立企业环境保护工作责任体系，明确领导层、管理部门和员工的职责，确保环保工作有序开展，以推动化工企业对环境的保护。

推进生产智能化绿色化转型发展。“十三五”期间，我国实行最严格的环境保护制度，为环保装备制造业带来巨大的市场空间，但是其存在创新能力较弱、产品低端同质化竞争严重、先进技术装备应用推广困难等问题。作为机械设备行业要重点推进以下领域的发展：大气污染防治装备，水污染防治装备，固体废物处理处置装备，土壤污染修复装备，环境污染应急处理装备，环境监测专用仪器仪表，环境污染专用材料与药剂。

强化环保宣传和培训。开展各类环境保护宣传活动，如张贴宣传标语、组织讲座、开展座谈会、组织环保知识竞赛等，大力营造环境保护的宣传氛围，将环境保护意识根植到员工的心中，达到人人皆知、人人都做的效果。在培训方面，可以采取集中式和现场操作相结合、“走出去”和“请进来”相结合、普及性和专题相结合的多元培训方案。

案 例 篇

Case Reports

B.5
四川省建国汽车集团可持续发展案例

郭玲丽　顾明月　薄　涛*

摘　要： 四川省建国汽车集团在致力于企业经济效益增长的同时积极履行企业社会责任，推进可持续发展，倡导并贯彻“坚持跟共产党走”理念，倡导并实施“红色动力”党建工程，倡导并坚持“五个对得起”教育，坚持推动开放党建，以党建领航企业发展。公司不忘初心，围绕中央、省、市“十三五”规划要求和迎接“党的十九大”召开“两大主线”，将公司核心工作与可持续发展践行相结合，企业发展和履责实践硕果累累。

关键词： 建国汽车集团　党建工作　红色动力　履责行动

---

* 郭玲丽，四川大学马克思学院博士研究生；顾明月，四川省社会科学院研究生院研究生；薄涛，四川省社会科学院研究生院研究生。

一　改革潮头立企兴业，始终坚持跟共产党走

1997 年 3 月，黄建国利用改革开放以后开理发店和经销建材生意的积蓄成立四川眉山市建国汽车贸易公司；2001 年，成都建国汽车贸易有限公司成立；2006 年，扩张组建东创建国汽车集团（以下简称“建国集团”）。截至目前，公司已代理了 20 余个主流品牌，覆盖进口、合资、自主三大类别，形成从高端豪华到中高级品牌，再到经济车型的产品线结构；拥有 33 个汽车产业文化园区、200 多家品牌 4S 店、专营分销店及 200 多家二级维修店。有近万职工及 100 多万客户的资源数据库。是中国汽车销售服务领域的知名企业，先后荣获“中国汽车十佳经销商集团”“全国十佳汽车营销集团”等称号。是中国服务业 500 强和四川省 100 强企业，并以完善的服务网络、创新的营销、优秀的文化立于车市，影响中国。2017 年，建国集团全年实现营业收入 160 亿元，利润逆势增长 3%。

从最初艰辛创业到公司发展颇具规模，黄建国深刻认识到：如果没有中国共产党的领导，就不会有公司的快速发展。他曾多次说：“作为非公企业，建国汽车只有跟着中国共产党走，才能发展壮大”。这是他作为党外人士，将公司飞跃式发展的根本原因与党的领导、党的改革开放政策紧密联系起来所得出的正确结论；是他对中国共产党艰苦奋斗的红色历史和为人民服务根本宗旨的认同；更是他对中国共产党的领导能力和执政水平的认同。

基于“跟共产党走”的思想基础，黄建国和他的团队进一步提出了公司发展的使命宣言：“我们志在打造一支学习型运营管理团队，决心将企业做大做强并实现可复制发展。我们要时刻牢记自己的可持续发展和使命，将用心的企业文化融入我们的思想和标准流程，使员工都养成一种良好的价值观和思维方式，实现世界知名企业品牌的梦想。”这一使命宣言集中表达了他们构建“学习型团队”，实现“可复制”发展的战略思想，“用心”服务的企业文化责任观和“创建世界名牌企业”的梦想。更加值得赞许的是，

在“企业可持续发展”概念刚引入中国的时候，他们能够旗帜鲜明地提出“牢记可持续发展和使命”的口号，确实难能可贵。

2007年，在公司成立十周年之际，公司董事长黄建国先生主动提出成立公司党组织，并组织公司管理层中的党员及时研究并依规成立了党支部。党支部的成立为公司的经营管理注入新的活力，支部的战斗堡垒作用和党员的先锋模范作用日益凸显。在黄建国的关注和党支部的努力下，党员队伍迅速扩大，由刚成立时的70人发展到现在520余人。党组织的结构不断完善升级，由1个党支部发展到集团党委、1个党总支和29个基层党支部，形成了成都总部有党委，地市州园区有支部，跨区域“双重领导体制”。

二 打造“红色动力”工程，党建工作全方位开展

2014年，建国集团党委书记任川康提出构建“红色动力”系统工程的设想。随后，公司党委不断地推出“2345党建工程项目”、“渗透式”思想教育方式、“党员和骨干双培养制度”、“开放党建”等创新性党建工作模式，为公司党建工作的开展和可持续发展的实践深植思想基因，汲取多元智慧，凝聚多方合力。

（一）关于“2345党建工程项目”

所谓“红色动力”是指继承党的革命传统，发扬红军革命精神，将党组织建成有思想、有信念、有责任、有情怀、有抱负的基层政治组织，充分发挥其在职工群众中的政治核心作用、在企业发展中的政治引领作用。为了把“红色动力”工程落到实处，公司党委首先提出了“2345党建工程项目”。

所谓“2”，即两种文化，主要是指党建文化与企业文化的构建和融合。

所谓“3”，即三种模式，主要是指跨区域党建（成都总部及全川各园区支部）；六位一体（党委、工会、团委、职工关爱中心、培训中心和志愿

者协会为一体)；三表一卡（党员综合业绩表、党员困难登记表、党员违规违纪登记表和党员生日卡)。

所谓“4”，即四大举措，主要是建立标准化的园区党群服务活动中心；在各大4S店设立党员示范岗（台)；完善党员考评机制；党员志愿者进社区惠民生。

所谓“5”，即五种工作方式，主要是指健全“三会一课”制度；完善“互联网+”的沟通制度；开展“优秀党员”评选活动；举办党员职工技能竞赛；开展“三必访三必谈活动”(“三必访”即党员、职工有困难、生病住院、家庭发生重大灾祸必访，“三必谈”即党员违纪违规、发生异动、有思想问题必谈)。

(二)关于“党员骨干双培养”制度

为了更好发挥党员的先锋作用，激发员工干事创业热情，公司管理层提出并坚持实施“把党员培养成业务骨干，把业务骨干培养成党员”的人才培养计划。

一是把生产技术骨干培养成党员。在技术、管理、营销等一线职工中广泛开展“推优育苗”活动，通过工会推荐、团组织推荐、党员推荐、党委推荐等方式，重点培养生产技术骨干入党。近三年，新发展21名党员，其中14名都是技术骨干。

二是把党员培养成生产技术骨干。创新“三会一课”制度，紧密结合生产经营管理开展党员培训和教育管理，促进党员政治素质和专业技能双提升。近年来，先后有30余名车间一线党员经过专业技能培训，成长为班组长、技能标兵。

三是把党员生产骨干培养成管理干部。通过建立党员责任区、党员示范岗、党员技术攻关小组等，开展党员身边“无事故、无次品、无违章”“双争双创”“技术比武”等活动，增强党员骨干岗位责任意识和岗位建功能力，将他们培养成公司各条战线的行家里手和带头人。目前，公司中高层管理人员60%以上都是党员。

（三）关于“渗透式”思想教育方式

“渗透式”不同于“灌输式”思想教育，它是指将思想教育贯穿日常工作之中，坚持从解决职工衣、食、住、行和脱贫致富入手，一点一滴地做到职工的心坎上，产生“润物细无声”的效果。从而起到净化心灵、激发斗志、提升品质的作用。

1. 坚持“政治仪式”渗透

“坚持跟共产党走”是建国集团不变的初心，学习、弘扬和借鉴中国共产党的奋斗精神和奉献精神是建国集团多年的坚持。集团党委通过举行各种仪式将红色精神渗入职工内心。

一是坚持十年如一日的升旗仪式。每周一在集团各个园区举行升国旗仪式。公司管理层及全体职工点名、整装、列队、行注目礼，会场庄严肃穆。同时辅之以总裁讲话及党委书记讲故事环节，宣扬爱国主义和奉献精神，以浓浓的家国情怀激发职工爱党爱国的感情和工作动力。

二是坚持重温入党誓词仪式。组织党员集体重温入党誓词，教育党员不忘初心，履行诺言。

三是举行国家公祭日纪念仪式。自 2014 年以来，建国集团于每年 12 月 13 日在全川园区举行纪念南京大屠杀活动，以缅怀同胞，铭记国耻，激发职工为企业发展和国家富强不懈奋斗的信念。

2. 坚持“核心价值观”渗透

紧密结合公司实际，精心提炼与党的指导思想、方针、政策、根本宗旨和社会主义核心价值观相一致的企业文化理念。比如“诚信做人，靠谱做事”“与党同心，与祖国同行”等。通过官方网站、文化墙、企业号等各种形式的宣导，在职工心中打上价值观的烙印。

3. 坚持“五个对得起”文化基因渗透

坚持开展以“五个对得起”为主要内容的思想教育活动，即“对得起国家，对得起企业，对得起父母，对得起家庭，对得起自己”，引导职工从自爱和自我管理做起，进而扩展至孝顺父母、关心家庭、服务企业、奉献社会。“为家、为企、为国而奋斗”已成为建国人工作的不竭动力。

4. 坚持“志愿者精神”渗透

集团党委经常组织志愿服务活动，党支部成员、企业员工还积极利用业余时间参与所在社区的志愿服务活动，帮助他人，奉献社会。全川各园区的志愿服务队积极参与当地社会事业发展，为社会做贡献。2017 年，建国集团组建志愿服务队，围绕企业生产经营，广泛开展“党员学雷锋日”“党员亮身份・做贡献”“党员接待台”“党员先锋岗”等一系列公益活动，引导党员立足岗位做贡献，有效地推动企业健康发展。

5. 坚持“工匠精神”渗透

建国集团着眼百年企业目标，以“工匠精神”提升职工的创造力和专注力。一方面，通过表彰技术先进和服务标兵，着力于激励职工热情和提升技能的积极性；另一方面，为职工提供技能培训和开展技能竞赛，在互帮互助的氛围中弘扬“工匠精神”，营造“追求卓越”的工作氛围。

6. 坚持“红色记忆”渗透

建国集团通过组织职工参访红色革命根据地和历史博物馆，身临其境感受中国共产党为国家、为人民不懈拼搏、无私奉献的精神。近两年，公司组织部分职工赴四川、贵州等地学习，参观红军长征纪念馆，听红军长征历史解说，为革命烈士敬献花篮，以红色力量激发职工的斗志。

三　喜迎“党的十九大”召开，集团党建驶入快车道

（一）党的十九大召开之前，以实际行动喜迎盛会

为了迎接党的十九大的召开，集团党委紧密结合“红色动力”党建工程的推进，紧锣密鼓开展了巩固和发展“群众路线”“三严三实”“两学一做”成果的活动，有效地推动了可持续发展的落实。

1. 3月，党员先行——“党员亮身份，传阳光正气”

集团党委书记任川康曾讲道：“我始终相信，当一个人充满了阳光正

气，那么他的家庭必然幸福美满。当我们的职工充满了阳光正气，那么企业必能健康发展。党员就是要在职工中起到太阳的作用，让每一个职工都成为一棵向日葵。”

例如，3 月 13 日，广安支部召开支部大会，倡议每位党员及园区管理人员要时刻牢记党员身份，以责任之心，立足岗位争先锋，努力提高服务本领，适应新形势、新任务，掌握新知识、新技能，为职工做表率，努力创造出一流的工作业绩。会后，园区全体党员和园区管理人员纷纷在倡议书上签字。

2. 4月，党员先行——“环保出行”

为教育职工贯彻绿色环保理念，集团党委发出了“党员先行——环保出行”的号召，并制作文案在集团企业号中进行预热。此次活动以党员为先锋，入党积极分子和广大职工积极参与。活动启动当天，共减少 768 台汽车出行，拼车上下班共计 288 辆，乘坐公交车上下班共计 533 人，徒步上班 207 人，纯电动自行车出行 337 辆。人民网对此次活动进行了详细报道。

3. 5月，党员先行——“立标杆、树榜样”

董事长黄建国说：“要抓好建国汽车园区党建工作，从形象上和质量上，都要力求高标准，要充分发挥党员先锋模范作用，为集团公司发展要敢于挑重担，积极献计献策，做出更大贡献。”例如，集团优秀党员倪文佳，充分发挥党员的先锋模范作用。所带领的 7 人团队中，有 5 名正式党员、2 名预备党员。其部门业绩在全川的排名长期居于前三。

4. 6月，党员先行——“做遵守纪律先锋”

集团党委高度重视党员的纪律意识，要求每一名党员必须坚守党的纪律底线，时刻保持高度警惕。同时，在企业中做遵章守纪先锋。党委根据公司经营实际，结合公司已有的各项制度，对党员加大考核力度。自 2015 年实施以来，无一名党员出现违规违纪现象。此次活动的目的就是让党员时刻在思想上敲响警钟。

5. 7月，党员先行——“重温入党誓词”

集团党委要求，全川各园区组织党员开展“七一重温入党誓词”活动。重温入党誓词，就是要让企业中的党员“不忘初心，牢记使命”。自贡雪佛兰党员杨凤娟在活动后写道：“入党誓词，是我们对党的庄严承诺，是我们要坚定理想信念、坚守行为准则、践行党员的标准。当我们站在党旗下，举起右手，庄严地向党组织宣读入党誓词，我的内心无比激动，入党誓词的十二句话，句句千钧……”

6. 8月，党员先行——“传承‘工匠’精神”

集团党委和工会坚持党工共建，与成都市锦江区总工会共同举办锦江区百万职工技能大赛；坚持用党的思想来指导“工匠”评选工作。企业职工陈良说“干一行，爱一行，我喜欢这个职业，我也相信我能把这个工作做得更好”。他经常挂在嘴上的就是“扳好每一颗螺丝，让客户开车更安全”。这就是“工匠”精神的最好体现。

7. 9月，党员先行——“党员服务月”

建国集团结合自身经营特点，在成都国际车展期间，首次把党员服务岗和接待台搬进了车展。车展期间，接待岗共计接待参观群众3万余人，发放饮用水近2000余件。

以上一系列的主题教育实践，进一步提升了党员、职工对“群众路线”等主题教育活动的认知和推动可持续发展的自觉性。

（二）党的十九大召开以后，以实际行动贯彻精神

1. 2017年10月贯彻党的“十九大精神”系列活动

建国集团党委发出通知，要求各个园区、各个部门在全川园区200多个电子显示屏打出“党员先行——创最佳业绩，喜迎党的十九大”宣传标语，营造浓厚的学习氛围。党的十九大召开当天，各个园区由专人负责组织员工收看党的十九大直播，聆听习近平总书记的报告。

同时，集团党委邀请公司董事长黄建国等高层党外人士参与集团党委贯彻学习党的十九大精神的扩大会议，与党外人士共同领会精神，学

习要旨。

2017年10月18日，集团党委发出《关于开展“十九大精神百天百问”阅读活动的通知》。党委在集团公众号、“红色动力”网络党委群，共产党员群、职工代表群、党委纪检群、入党积极分子群同时发布，每天在微信中发布相关资料，供全体党员和职工学习。

为了确保活动落到实处，各支部书记负责将每天推出的“百天百问”推送到各自园区职工微信群让所有党员、职工积极参与阅读，要求在学习阅读后，统一在群中回复“已阅读”，并统计阅读量向集团党委上报。为了丰富学习形式，在各个园区开展“百天百问”学习征文。集团党委对获奖的征文将给予奖励，并将优秀征文推送到“成都两新党建”公众号以及其他媒体发表。

为了深入推进“党的十九大”精神的学习，公司投入50余万元对全川园区党建阵地进行了全面提挡升级。仅在成都锦江区建国汽车集团幸福梅林汽车产业园区就投入近十万元。开放式党群服务活动中心设有党员培训室、党员会议室、党员读书区、职工摄影中心、客户休息区、电影观影区、职工活动区等多项服务功能。以党群服务活动中心为载体，以交流为纽带，形成集团党员、职工、客户共推党建落实、共享党建成果的氛围。

2. 2017年11月贯彻“十九大精神”系列活动

建国汽车集团党委开启园区宣讲十九大报告的学习活动。首个宣讲活动在建国汽车集团幸福梅林销售园区开放式党群服务活动中心的党员培训中心开讲，集团党委书记任川康同志带来党的十九大报告解读，幸福梅林园区部分党员、职工、管理干部参加了本次宣传活动。

为贯彻党的十九大精神，不忘初心，牢记使命，集团党委在全川各个园区开展“党员之行—重温入党誓词，不忘初心，砥砺前行”的主题党日活动。如11月中旬，建国汽车集团广安园区党支部组织全体党员、入党积极分子来到广安的邓小平铜像广场，举行了庄重而神圣的“重温入党誓词”活动。进一步激发党员以实际行动贯彻落实党的十九大精神和为企业、为国家奉献的积极性。

3. 2017年12月贯彻“十九大精神”系列活动

12月2日，在全国学习党的“十九大精神”的热潮中，以建国汽车集团主导的非公企业党建工作研讨会在建国集团党群服务活动中心召开，会议主题为“学习十九大，永远跟党走”，来自成都市委组织部、中国人民大学、四川省社科院、富士康（成都）、创新家具、彩虹集团、大邑非公学院、高新志协、泰和泰律师事务所等单位的企业家、党务工作者和专家学者共22人分享党建经验和理论观点。与会人员围绕党的十九大报告，就非公企业和社会组织党建工作交流发言。大家一致表示，要深入学习贯彻党的十九大精神，坚定不移地坚持中国共产党的领导，不断创新非公企业和社会组织党建工作，践行“与党同心，与国同行”。

四　紧跟新时代步伐，可持续发展实践谱新篇

紧跟新时代的步伐，建国集团在习近平新时代中国特色社会主义思想的指导下，紧密联系企业发展的实际，全力推进公司治理体系的改革和创新，紧跟党的十九大提出的“两个一百年”目标，全面推进集团“百年世界品牌”建设，全面推进可持续发展，为实现中华民族伟大复兴的中国梦做出应有的贡献。

（一）迎接新时代的第一个春天，推出自我革命的新计划

2018年春节过后上班的第一天，建国集团的员工收到来自总部党委的一条微信。这条微信披露了几个最新信息，一是节后的第一件事，是要求公司高层领导学习习近平总书记在四川考察时的重要讲话；二是集团董事长黄建国向全体党员和员工发出了全力推进“合伙人制”内部改革的号召；三是集团党委书记任川康要求全体共产党员在公司“合伙人制”的改革中当先锋、做表率。

其实，这个信息所说的“合伙人制”，正是公司在党的十九大召开前后，酝酿谋划推出的一项2018～2020年内部深化改革的大动作，它的本质在于对公司原有体制的颠覆。这个“合伙人制”不同于一般的社会资本合

股，而是将集团公司长期积累的资本与单店部分赢利作为合股，这个创新就形成内部资本积聚发力，用三年的时间造就一大批企业内部投资合伙人，激励所有职工奋发拼搏。

具体来说，这项计划就是要放弃原来实行 20 多年的品牌事业部制度，组建以集团董事局、党委工会、监事会、各地区园区为主，其他各行政部门积极配合的全新组织架构（见图 1）。

这个组织架构形象地说明了，改革后的公司治理体制，已经形成企业决策者和执行者同心协力、党委和企业同心协力、管理者和普通员工同心协力的新格局。

“投资人合伙计划”发布以后，在公司上下引起了强烈的反响。一是公司高层纷纷下园区，考察基层落实情况并给予相应指导。二是各园区纷纷主动制定相应的目标和考核机制，一改过去由集团总部下达任务才被动执行的局面。三是全体员工无不摩拳擦掌、跃跃欲试，迅速形成了“撸起袖子加油干”的态势。

（二）迎接新时代第一个春天，吹响全面落实可持续发展的号角

面对不断变化的行业和市场，建国集团以不进则退的危机意识、积极向上的学习精神、不懈奋斗的战斗姿态，向着“打造百年世界品牌”和争做新时代推进企业可持续发展标杆的目标再出发。

1. 坚持以员工为中心，努力让员工富起来

集团完善职工福利制度，为职工发展拓展空间。职工是建国集团生存和发展的关键保障。公司深刻认识到职工的潜能和价值，通过保障待遇、加强培训、提升技能、完善激励等方式，尊重职工的价值，重视职工的发展，激发职工的潜能，提升职工的归属感和责任感。

一是保障职工基本工资福利。建国集团以职工的生存和发展作为企业前进的最大动力。公司将利润的大部分用于职工工资福利的支出，为职工提供具有行业竞争力的工资以及年度体检、带薪休假等配套福利，确保职工基本生活无忧，并且逐步富裕起来。

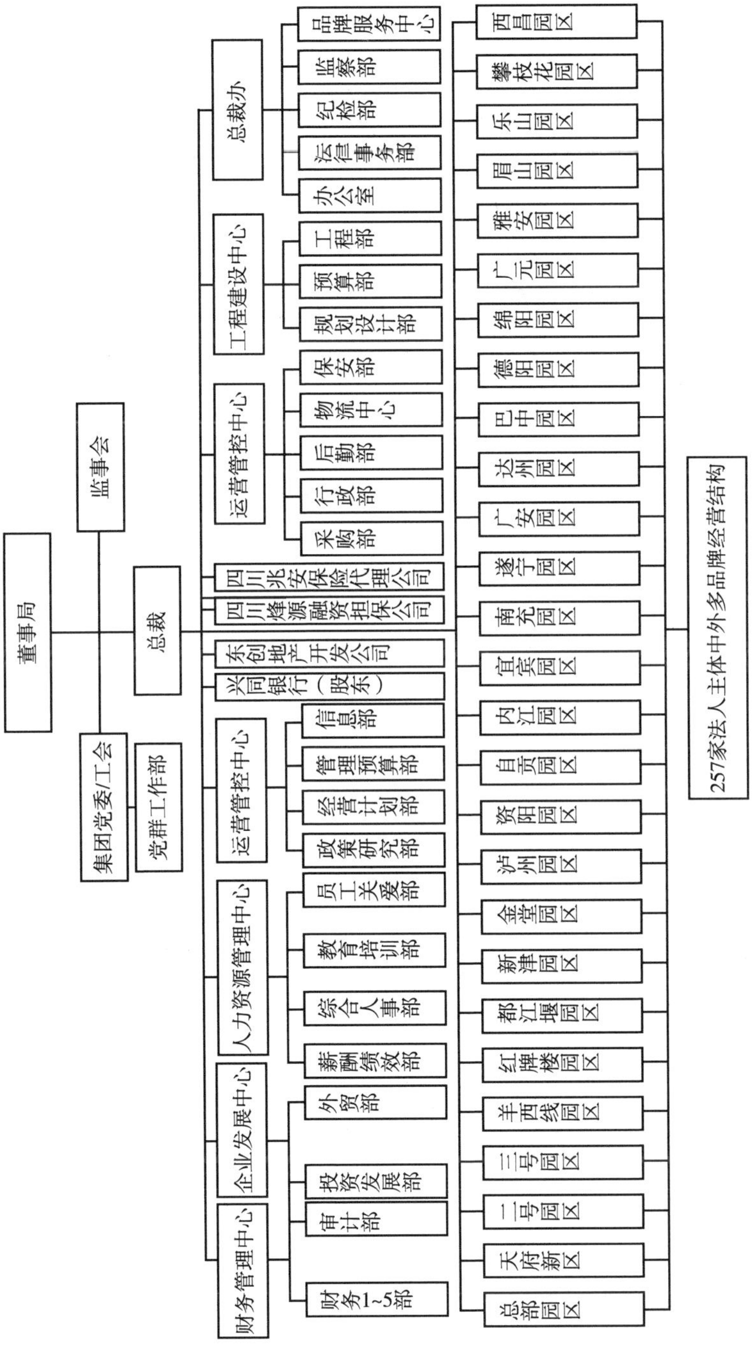

董事局
监事会
集团党委/工会
党群工作部
总裁
总裁办
品牌服务中心
监察部
纪检部
运信事务部
办公室
工程建设中心
工程部
预算部
规划设计部
运营管控中心
保安部
物流中心
后勤部
行政部
采购部
四川兆安保险代理公司
四川烽源融资担保公司
东创地产开发公司
兴同银行（股东）
运营管控中心
信息部
管理预算部
经营计划部
政策研究部
人力资源管理中心
员工关爱部
教育培训部
综合人事部
薪酬绩效部
企业发展中心
外贸部
投资发展部
财务管理中心
审计部
财务1~5部
西昌园区
攀枝花园区
乐山园区
眉山园区
雅安园区
广元园区
绵阳园区
德阳园区
巴中园区
达州园区
广安园区
遂宁园区
南充园区
宜宾园区
内江园区
自贡园区
资阳园区
泸州园区
金堂园区
新津园区
都江堰园区
红牌楼园区
羊西线园区
二号园区
一号园区
天府新区
总部园区
257家法人主体中外多品牌经营结构

图1　东创建国汽车集团组织架构

二是设立职工专项关爱基金。建国集团坚持职工利益无小事，公司于2007年成立“建国集团职工专项关爱基金”，基金包括集团专项划拨资金、管理层和普通职工捐款，集公司和职工的力量，为困难职工提供资金帮扶，实现企业内部“无贫困”。

三是激励职工各项潜能发挥。“开心工作三十年，幸福生活一辈子”是建国集团一直以来坚持贯彻的企业文化理念。建国集团关心关注职工生活，用心组织丰富多彩的职工活动，让职工体会到企业的关爱。建国集团注重为职工提供拓展训练，增强职工的团队合作意识。坚持优秀职工评选和奖励，激发职工各项潜能，为企业发展助力。

2. 坚持以客户为根本，全力打造星级服务体验站

追求主营业务精细化，为顾客提供精致服务。建国集团围绕“汽车”做文章，以所代理的中外汽车品牌为依托，对全川各区域汽车消费市场进行有效的培育和经营服务，坚持对这种模式和渠道不断拓展与完善，志在实现全川服务渠道网络无盲区。同时注重提升优化网络服务质量和效能，努力让更多客户在享受省钱、方便、标准服务的同时，获得真正的满意。

一是为顾客提供全面客观的产品介绍。建国集团要求各园区和分部的销售人员，必须熟悉本销售区域的总体情况，包括园区所有汽车品牌概况，单个汽车的生产时间、性能、特色、价格，汽车保险购买流程，车牌上户等综合信息，为顾客提供最多元的产品选择。

二是为顾客提供便捷真实的产品体验。建国集团在每个园区均设立专门的产品展示和体验区，在销售人员专业讲解下，顾客可以最快速、最深入地了解和感受产品性能，减少购买的后顾之忧。

三是为顾客提供量身定做的购买方案。购买方案制定是各园区和分部的销售人员的必修课，要根据顾客的经济条件、工作性质、驾乘需求等制定备选购买方案，使顾客优中选优，获得最满意的服务。

四是严把源头关，为顾客提供安全优质的产品。公司以“安全舒适、环保节能、价格适中”的标准严把产品质量关，让消费者在最短时间内购买到满意产品。

3. 坚持以利益相关方为对象，营造多方共赢“生态圈”

一是与汽车生产商建立战略互信合作，相信品牌的力量。建国集团目前与 20 多个国内外汽车品牌建立战略合作，例如大众、宝马、沃尔沃、长城、奇瑞、中华等，保证优质产品的供给。在助力汽车生产商实现销量和利润增长的同时，也保证了建国集团为消费者提供“无忧产品”的渠道畅通。

二是以专业机构负责汽车品质检测，相信专业的力量。建国集团在内部设立专业技术检测部门，负责整车、二手车的产品质量检测，严把汽车入厂和出厂关。在提升集团品质和信誉的同时，为客户提供安全舒适的驾乘体验。

4. 坚持以社会和谐为己任，鼎力支持区域社会发展

第一、专注教育发展。打造校企合作升级版，为教育发展注入活力。建国集团注重内部人才培养，也注重对未来之星的教育帮扶和支持。多年来，公司坚持补齐贫困短板，创新教育理念，助推教育综合性、飞跃式发展。

一是继续开展教育扶贫帮扶活动。坚持学校教育扶贫是建国集团的经典履责活动。公司立足全川，目前已经与部分贫困地区学校建立长期帮扶关系，为学校提供物资援助。

二是探索开展青少年技能拓展项目。“建国集团 · 新光杯”校园科技节是建国集团与新光小学合作的经典案例。截至目前，建国集团与新光小学致力于“提升教育质量、助力孩子成长”的合作已 6 年有余，摸索出校企互动的良好模式。未来，建国集团将进一步加大资金投入力度、不断提升校企合作效益。

第二，关怀民生冷暖。多年来，建国集团聚焦社会热点，致力于解决农民工就业问题。在公司的招聘中，为待业的进城务工人员设置和预留岗位，解决农民工的生存问题。截至目前，公司职工的 50% 为农民工，他们在建国集团学到了生存技能。此外，建国集团还关注农民工的发展问题，为子女入学、升学困难和罹患重疾的职工提供物质帮扶，为青壮年农民工提供技能培训。

5. 坚持以环境保护为抓手，携手共建美丽清洁家园

建国集团在专注企业发展的同时，也关注企业赖以生存的自然环境状况，遵循中央、省、市有关绿色发展的政策指示，聚焦“雾霾”等焦点问题，将绿色产品销售和绿色交通宣讲相结合，为打造绿色家园贡献力量。

一是党员做绿色发展的表率。建国集团积极践行五大发展理念，在全川29个基层党支部和26个汽车产业园区开展“环保先行·党员先行”活动，把绿色发展理念注入党员灵魂，不断提升党员的环保意识，助力企业环保发展。

二是提升绿色产品销售比例。公司立足市场需求，提升低能耗、轻污染产品的销售比例，并与国家对新能源汽车的优惠政策相结合，为有需求的客户提供性价比最高的产品。

6. 坚持以党委政府为指导，专注建设现代规范企业

建国集团专注依法经营，助力国家民族兴旺。建国集团经营的“硬指标”是依法足额缴纳企业税款。自成立以来，公司严格遵照中央和国家对民营企业的各项政策法规，及时足额缴纳税款，为国家建设、经济发展和社会和谐注入资金活力。

构建“亲清”政商关系也是建国集团从领导层到普通职工的共识。公司以积极响应中央号召、落实国家政策为根本，加强与政府部门在政策落实、规划制定以及财税收缴方面的沟通，确保企业发展符合国家整体目标。同时，在与政府部门及其工作人员打交道的过程中，集团领导层注重原则和分寸，不搞行贿受贿，不搞权钱交易，以规范化的经营打造“亲清”政商关系。

7. 迎接新时代第一个春天，让党建春风吹遍每个角落

为了结合公司2018年“投资人合伙计划”的推进，集团党委于年初开展了“不忘初心，牢记使命”的主题教育活动（见表1），具体安排如下。

（1）创新以“党员俱乐部”为主要平台的学习教育载体。在集团总部和各园区分别成立以集团党委和支部领导的，行政负责人（非党员）参与、

党员和工会会员为主体组成的俱乐部，作为学习教育活动的载体。

（2）筹措和提供教育活动经费，即集团公司支持一部分，党费、工会会费支出一部分，地方政府党组织和工会各类活动经费开支一部分，确保教育活动经费的落实。

（3）以“重实效”为目的的教育活动流程。牢牢把握“学用一致、重在落实、统一部署、灵活安排、项目带动、注重效果”的原则。

表1　建国集团主题教育活动一览

序号	活动名称	活动要求
1	“不忘心，牢记使命”宣讲巡回演讲活动	由集团党委、集团企划部、集团培训中心、园区党支部、地方党组织组成党的十九大报告宣讲团，全体员工参与
2	党员之行—弘扬雷锋精神“我奉献，我是雷锋”	每个党员在园区内为员工做一件好人好事。党员之行—担当可持续发展，义务献血，人人有爱
3	全川支部开展一次义务献血活动	各园区支部与当地献血中心取得联系，确定具体献血时间、宣传事宜，力争在当地进一步提高园区影响力、知名度
4	4党员之行—心系员工“我奉献，关爱留守儿童”	排查园区内员工留守儿童情况，上报集团党委和工会
5	党员之行—为祖国点绿，贡献绿色，共享蓝天	为园区点绿或参加当地政府组织的植树活动
6	全川支部开展销售、售后技能各一次大赛	各园区精心组织售后技能大赛、销售技能大赛（可接受地方工会主办的售后比赛，可派员工参与市一级的一类售后比赛）
7	党员之行—环保出行，点亮健康生活骑行大赛	各园区组织开展建国集团第二届环保出行活动，活动形式内容可按照园区具体情况开展
8	党员之行—学习就是进步，知识是力量知识竞赛	由园区组织知识竞赛，评出前一名选手参加集团公司组织的知识决赛活动
9	党员之行—企业是我家，“我为企业献计献策”活动	各园区组织党员、员工向集团公司献计献策活动
10	党员之行—创业绩，争先锋，树形象	成都国际车展期间开展党员业绩比拼活动

五 结论

建国集团是本土企业中推进可持续发展的标杆。如前所述，“跟着共产党走”这句普通的话语，是该公司成立20多年来，经历从无到有、从小到大的创业历程的深切体会，深情地表达了他们对中国共产党的领导的认知和信心，也反映了许多民营企业家的愿望和心声。“跟着共产党走”，不仅反映了公司董事长黄建国的责任担当，而且成为全体员工的思想共识。可贵的是，该公司在人才培养上，坚持“把党员培养成骨干，把骨干培养成党员”，不仅使党员人数由创业初期的几人发展到目前的500多人，而且使100多名党员成为公司中层以上骨干或全省各地的党代表、人大代表或政协委员。可喜的是，占员工总数5%的党员，连年完成公司年度业绩的30%以上。还应特别提到的是，该公司高度重视良好的政商关系的构建，坚持既“亲”又“清”的行事方式，对廉政建设起到积极影响。

如前所述，该公司是以党建工作创新引领可持续发展落地的。正是在“坚持跟共产党走”这一政治信念的作用下，公司坚持不懈地推进党建工作创新，坚持可持续发展管理运作方式创新，形成了“党建创新+可持续发展创新”的本土化可持续发展模式。主要经验有以下几方面。

（1）创新“党企融洽”的公司治理组织架构。为了确保“跟共产党走”政治理念变为政治行动，公司实行党委书记任副总裁、参加公司重大决策的制度；公司总裁（无党派）出席党委会，并发表重要意见。有效地解决了公司决策者与党务工作“各管各”的问题。

（2）创新“德能并重”的人才考评机制。通过考评员工推进可持续发展的表现和工作业绩，有计划、有重点地将优秀党员培养成骨干，将优秀员工发展成党员。

（3）创新“党群共享”的利益相关方沟通平台。成都总部和各地市园区都建有以党员活动室为平台的员工、顾客、供应商和社区民众共同参与的俱乐部。这在公司内外都产生了积极影响。

（4）创新“渗透式”全员教育方式。开展以“核心价值观朗诵”“五个对得起问答”等为主题的“渗透式”教育活动，有效提升员工思想道德素质。

（5）创新以升国旗仪式和“集体点名”为主要形式的责任意识和组织纪律性培养制度。坚持每周一早上全员参与的升国旗仪式并进行“集体点名”，有效培养员工爱党爱国的思想觉悟和遵守纪律的良好习惯。

党建工作的创新和企业可持续发展运作机制的创新，既有力地推进了公司党组织的建设，充分发挥了党组织的战斗堡垒作用和党员的先锋模范作用，也有效地引领企业文化建设，起到了凝聚人心和激发全员奋斗精神的主导作用，形成了企业业绩大提升和可持续发展全面落实的新局面。

B.6

益于人类，益于地球

——瑞典宜家·中国集团分公司案例

韩雪　薄涛　兰雅琦*

摘　要： 宜家将可持续发展的理念与战略全面落实到日常的生产经营活动中，从战略、组织、运营实施多个环节入手，围绕与企业相关的社会责任核心主题，制订系统的计划并稳步推进实施，取得良好效果。宜家落地了“益于人类，益于地球”的可持续发展战略，确立了“为大众创造更加美好的日常生活”的目标，制定了“循环宜家”与“宜家闭环”的可持续发展路径。宜家推行民主设计，严格控制产品质量；制订员工发展计划，为员工创造福祉；加强战略合作，与供应商共同成长；遵循循环经济理念，创造绿色运营商场；撬动公益力量，心念社会民生。

关键词： 瑞典宜家　产业链合作　可持续发展　循环经济

一　企业概况

从1990年宜家业务进入中国至今，宜家已经在中国走过了近30年的时间，其先进的商业理念和可持续发展意识使其在中国取得了令人瞩目的成

* 韩雪，四川广播电视大学教师；薄涛，四川省社会科学院研究生院研究生；兰雅琦，宜家成都公司企业社会责任专员。

绩。目前，宜家在中国与300余家供应商成为战略合作伙伴，其全产业链为中国提供超过百万的就业机会。仅在2016财年，宜家在中国的采购额达到38.8亿欧元，占宜家全球采购份额的26%。作为世界上最大的家居用品零售商，宜家也积极发挥其推进可持续发展的表率作用，推进可持续发展战略，带动员工、合作伙伴和社区一起，为实现人民大众更加美好的生活而努力。

二　可持续发展战略的落地

（一）“益于人类，益于地球”的可持续发展战略

宜家基于“益于人类，益于地球”的可持续发展战略，制订了“与社会共同成长2020+”的计划。在这一战略思想的指引下，宜家不断推进业务转型，不断创新企业发展模式，并通过引导顾客选择可持续的消费方式，共同落实“益于人类，益于地球”的可持续发展战略。

2016年，联合国制定了可持续发展目标（SDG 17项目标），明确了可持续发展所涵盖的具体领域，以确保所有人都能享受和平与繁荣。宜家将SDG作为业务战略方向，采取切实有效的行动，支持并推动了17项目标的落实，并做出了庄严承诺：宜家所实施的一系列举措，都应切实有利于消费者，消除贫困，改善儿童教育，保障员工、业务合作伙伴及与业务息息相关的人们的安全、健康与福利。例如，在关注全球变暖的问题上，宜家注重从产品设计，原材料选择、生产、运输、仓储、销售和使用，直至产品寿命结束的整个价值链最大限度地减少碳排放。并以较少的自然资源消耗来生产更多的产品为重要价值观之一，发起了“循环宜家”的理念：宜家通过与供应商合作将废弃物转化为新材料，使其所制造的产品能充分体现再利用、再制造循环经济理念，以减少地球资源的消耗量。

在长期的发展过程中，宜家始终秉承着“益于人类，益于地球”的可持续发展战略，用于指导其业务工作，并利用其优势，与顾客、员工和社会

携手，力求为人类和地球带来更加积极的影响。例如，宜家在可持续发展观念上从三个层次对员工进行培养。首先，将可持续发展作为一种企业文化，并将“关爱人类，关爱地球”定义为宜家的核心价值观；其次，在新员工的入职培训上介绍可持续发展的理念和成就，通过培训和活动强化员工的可持续意识；最后，要求员工从细节入手，节约用水、随手关灯、节省打印纸张，还着重强调对废弃物的分类回收。

宜家希望可持续发展的战略目标能够最终渗透到企业运营的各个方面，并将可持续发展的观念融入每位同事每天的工作中。可持续发展战略并不单单是一个部门的工作职能之一，而将成为整个企业运营中的一个重要理念。

（二）“为大众创造更加美好的日常生活”的目标

可持续发展是宜家的价值观和文化基石。从宜家进入中国市场以来，一直不懈努力地将可持续发展的理念融入业务的各个方面。

首先，宜家致力于引领可持续的居家生活。宜家启发顾客灵感，以尽可能低的价格开发和推广产品和解决方案，帮助顾客节省甚至制造能源。宜家为中国顾客提供的各种可持续解决方案和居家灵感，让数百万顾客过上更可持续、更健康的居家生活。同时，宜家还与世界自然基金会（WWF）及其他主要组织合作，提倡垃圾分类和提高用水效率，鼓励人们绿色消费，避免或减少浪费及污染。

其次，宜家力求资源能源独立。比如，宜家确保原材料都来自更可持续的来源，以最大限度地减少对地球有限资源的依赖，并致力于产出比自身消耗得更多的可再生能源来提升整个价值链的能源效率。同时，宜家在不依赖外界资源能源的条件下，通过在商场门口设立电动汽车充电桩、在屋顶铺设太阳能发电板以及在整个商场和办公室中使用 LED 照明设备等各种措施，为节约能源和减少碳排放而努力。

最后，宜家帮助与业务息息相关的人和社区创造更加美好的生活。在整个价值链中，宜家积极贯彻其行为准则，以树立良好的邻里形象，并通过落地实施一些公益项目，最大限度保障儿童利益。比如，宜家通过销售毛绒玩具和 LED 产品，支持 IKEA Foundation 的慈善事业。此外，宜家通过支持社区活动以及与公益机构合作等方式共建美好社区。

（三）“循环宜家”与“宜家闭环”的可持续发展路径

宜家推出了“循环宜家”的概念，是希望以循环的方式更加有效地使用资源。在原材料领域，考量原材料是否可持续、可再生；在产品和服务领域，设计和开发更具可持续性的产品，力求使产品更容易回收处理，材质材料更容易分解；同时，考察产品的寿命周期，如力求做到使一把椅子的使用周期达到 10 年、15 年或者更长的时间；在生产和运输领域，宜家与供应商及合作伙伴合作，以最高效的方式生产和运输产品；同时，宜家还通过修复再利用和回收的方式，延长产品的使用寿命，变废为宝。例如，宜家在中国实施床垫回收计划，邀请顾客退回旧床垫以供能源或材料回收利用。在 2017 财年，宜家在中国回收了 30971 个床垫。到 2018 财年，宜家将推出沙发回收服务，帮助顾客回收旧沙发，并在服务提供商的帮助下，以负责任的方式进行回收处理。

宜家以循环生产与销售的方式，影响和带动千千万万的家庭走循环消费的可持续之路。以“循环宜家”的口号打造独特的“宜家闭环”模式，既推动了公司的可持续发展，又是宜家主动承担可持续发展责任的体现。

三　推进可持续发展战略的概况

（一）推行民主设计，严格控制产品质量

1.“民主设计”的特色

随着可持续发展理念和战略的深入推进，在我国，越来越多的消费者想要享受绿色生活，并且为此积极寻找居家灵感和解决方案。宜家认为绿色产品不应当成为只有少数人才能消费得起的奢侈品，不应该让消费者在美观、实用、优质、低价或可持续性中间做抉择。因此，宜家致力于提供经济实

惠、随手可得且舒心的可持续产品和解决方案，启发顾客灵感，让千百万中国顾客过上更可持续、更健康的居家生活。为此，宜家提出了“民主设计”的概念，包括实用、低价、美观、优质及可持续性5个指标要求。这是宜家的一个独特的发展理念，宜家希望其全部产品不仅在设计、质量和可持续性方面都有出色的表现，而且还能够保持低价格，从而实现有效地利用资源、减少污染的排放。

“民主设计”是一个具有无限可能性的理念，但在实现它的过程中，需要极大的创新精神、创新的设计、创新的工艺、创新的材料和高超的技巧等，才能将美观、优质、实用、可持续性和低价这五大元素集于一件产品。为了打造出“民主设计”产品，宜家的产品开发团队集思广益，汇聚各方面的智慧：从设计师到材料专家，从产品开发人员到宜家供应商，每个人都在设计过程中发挥着自己的作用。为了方便获知本区域消费者需要的第一手资料，更贴近中国乃至亚太区广大消费者，宜家把第一个瑞典之外的产品开发中心设立在了中国，为中国和亚太地区的消费者设计贴近市场需求又物美价廉的产品。

在全球，宜家有超过1138件产品都可纳入“更可持续的居家产品”系列，给消费者带来更可持续且更健康的生活。到2016财年，这些产品的销售额超过18亿欧元，比2015年增长37%。宜家不断坚持开发具有这样性能的产品，力争在2020年前，使这类家居产品的销售收入占到总销售收入的90%。

2.“质量透明化”的支柱

宜家一贯坚持“为生活创造品质”的质量战略。为实现这一战略，宜家分别将“以较低的价格获得长久的价值”、“在每次接触中的质量体验”以及“质量透明化”作为支柱，严格做好产品的品质监控工作。以较低的价格获得长久的价值，即利用“民主设计”，使消费者以可以负担的价格，获得期待的设计、功能、产品可持续性和质量。为做到顾客在每次接触中的质量体验，宜家对产品质量的追求，不仅体现在使用过程中，还充分考虑到围绕产品使用前后的每一个环节，做到与顾客的每一次接触，都能有高品质的整体质量感知。为实现质量透明化，宜家以开放的态度，主动走出设计室，深入市场考察，做顾客忠诚的聆听者。

这些理念，充分贯穿于宜家每一件大大小小的产品之中。比如宜家有一款名为“莫拉”的毡头笔，每件价格仅为1.66元，却凝聚了极致周到和体贴的设计观。由于这款产品的主要受众为儿童，考虑到儿童在使用时或许会将笔放入口中、经常将笔在画板上用力敲打、喜欢随处涂画等特性，因此需要选取无毒、材质较硬的原材料，使用的染料除了颜色鲜艳外，还需具备容易清洗的特点。为了同时满足这些条件，宜家在设计前端便与供应商充分沟通，并做了大量的顾客调研，历经多个版本修改，才完美成就出这支小小的毡头笔。

除了通过以上的努力保障产品质量，宜家对于供应商的产品及生产过程也有一套完整的管控和评判标准，这在宜家内部称为“质量符合性承诺书”和“供应商索引/技术规范索引”。这被作为供应商与宜家开展业务的前提条件，确保了宜家与业务合作伙伴的长期发展。

3. “安全至上”的根本要求

宜家把产品安全作为工作的重中之重，要求宜家商场出售的所有产品必须符合严格的健康、安全和环境要求，并加大对产品创新、开发和解决方案测试的投入，以提高所有产品的质量和安全。为了保障产品安全，宜家的许多产品都在宜家的认证实验室、宜家测试及培训中心（ITTC）进行测试。宜家在中国上海市奉贤区设立了测试及培训中心，这是宜家在瑞典阿姆霍特以外所设立的第一家自己拥有的集产品测试以及供应商和员工培训为一体的实验室。宜家的每个产品都要经过测试中心的测试，而这些测试采用的都是全球最严格的标准，符合不同国家的规定。例如在甲醛释放方面，采用的是美国加州的CARB标准，使用这一标准生产的木材，经过独立的第三方测试机构检测，其甲醛释放量也远低于国标。宜家的纺织品中禁止使用损害健康的溴化阻燃剂和荧光增白剂。同时，宜家的产品为统一采购，全球供应，对每一批产品都做到抽样检测。这对宜家降低生产成本，控制产品质量，为更多消费者提供健康、安全、价廉物美的宜家产品做出了重要贡献。

（二）制定员工发展计划，为员工创造福祉

宜家关心内部员工福利，在提供同行业中具有竞争力的薪资待遇的同时，通过多种途径为员工提供学习和发展机会，促进员工与企业共同发展。

1. “Tack!”员工忠诚计划

在中国，宜家为员工提供同行业中具有竞争力的薪资待遇。员工不论职位高低，都会获得包括员工折扣、使用员工餐厅、FIKA（茶歇）、国际调动项目及许多其他内部福利在内的相同的福利。除此之外，宜家致力于与员工分享商业成功的硕果。从 2014 财年开始，宜家在全球范围内启动了“Tack!”员工忠诚计划。该计划每年为每位在宜家工作五年以上的员工奖励一笔收益，该笔收益将存入他们的个人退休方案中，以表达对其忠诚和贡献的感激。根据该计划，所有全职员工不论部门、职位或薪资如何，都将获得相同金额的补贴。兼职员工也会根据其工作小时数获得相应的金额。2016 年，宜家总共拨款 4.43 亿欧元。其中 1.08 亿欧元用于“Tack!”员工忠诚计划，剩余 3.35 亿欧元用于奖金发放。其中，针对中国员工发放的“Tack!”员工忠诚计划总额达到了 1560 万元。

2. 员工个人发展计划

宜家为每位员工提供个人发展计划，根据员工兴趣的不断变化和发展，鼓励员工根据个人的才能、技艺和经验申请在宜家内部进行调动，因而为他们提供透明的宜家职业发展路径。为了帮助员工发掘在宜家发展的职业机会，宜家还推出了全新在线工具 IKEA Journeys。该工具通过提供大量激励人心的故事和案例，介绍多位宜家员工的成长和发展经历，以及员工们如何在各个部门和职能之间流动、发掘适合自己才能的岗位，帮助大家规划各自发展的职业生涯。

3. 女性员工的成长

女性员工在宜家起着不可或缺的作用。在宜家奉贤分拨中心，提高女性员工的比例也一直是业务发展计划中的一项重要任务。从 2008 年 12 月分拨

中心开张，宜家奉贤分拨中心只有一位仓库女员工祝存兰，到2015年4月和2016年4月，先后有四位女性员工加入仓库操作员的队伍，她们良好的工作表现以及积极的工作态度是值得肯定的，让宜家对女性员工的招聘工作更加充满信心。2016年11月奉贤分拨中心又迎来第一位女性拣货员——罗维春，这又是一个新的里程碑。

法克图售后协调员祝存兰在分享她的经历时说："我在宜家工作了近十年，从松江宜家分拨中心到奉贤分拨中心，从检验员到法克图售后服务协调员。在宜家发展的同时，我也收获了成长。我为宜家的成就贡献了微薄的力量，而我的个人发展却离不开宜家。我也参加过英语培训，并在宜家人才集中周代表分拨中心做过演讲。当我第一次加入宜家时，我从未想过这些事情会梦想成真。在宜家工作，我最深的感受是'平等'——我们可以自由表达个人意见，并说出自己的想法。"

奉贤分拨中心运营经理Jack Cheng说："未来，我们还将继续女性员工的招聘工作，还将为她们提供更完善的培训与发展机会。会有更多的女性出现在我们的拣货团队、中转补货团队、卸货团队甚至装车团队。我们也会让我们女性员工更快地融入团队中，也有信心我们的仓库之花会给我们带来更优异的表现。"

（三）加强战略合作，与供应商共同成长

在长期的发展合作过程中，宜家和供应商成为战略合作伙伴，共同分享同样的价值观和经营模式，和供应商共同成长。

1. 制定特别的供应商行为准则

在全球，有超过60万人为宜家的家居用品供应商工作。宜家借助其供应商行为准则（简称IWAY），在全球推行了数千个改进工作条件的项目，在倡导劳工仅利、工作安全环境保护、遵守当地法规、禁用童工和合理工作时间等方面做出了重要贡献。

例如，为了达到"可持续发展"的战略目标，宜家每年都会统计全供应链内的水耗、用电量以及二氧化碳排放量等相关能耗指标，并要求供应商

提前做来年的节能计划，交由宜家亲自把关、审核。通过审核，宜家会挑选规模及能耗较大的供应商，聘请第三方专家深入企业内进行能源诊断，帮助工厂降低能耗、制订可持续发展计划，使这些供应商能成为典范，进而推广至其他供应商。宜家还主动监督，派出审核团队到供应商内部，从合规方面进行评分，并针对存在的问题提出意见。如有供应商超过一定的违规次数，将被淘汰出宜家的供应链。

到 2016 年，97% 宜家在中国的供应商（不是 100% 的原因在于有些不满足 IWAY 准则的供应商，宜家会让对方在固定时间内进行整改；还有另外一些新的供应商还在 IWAY 审核阶段。这两部分供应商构成了那 3%）通过了 IWAY 的审核。此外，宜家还对其产品供应商、配件供应商、运输供应商及其他供应商进行了 622 次审核，以确保所有供应商为其员工提供合乎环境和社会要求的可持续的工作条件。同时，宜家扩展了二级供应商的范围，将绿色植物种植者纳入 IWAY 的合规范围，并继续扩大覆盖范围，力求将更多的特别是棉花、羊毛和再生聚酯纤维等关键产品的二级供应商纳入 IWAY 合规的行列。此外，宜家还支持中国的供应商对其下属的主要供应商进行培训和审核，以确保二级供应商遵循 IWAY 初级标准。

通过与宜家的合作，很多供应商从宜家的各项“苛刻”标准中认识到：企业在各个方面都逐利的基础上，不应只关注眼前的短期利益，而是应当在各个方面严格要求自己，从而更有效率、更节约地实现包括社会、环境和商业在内的各个利益相关方的可持续发展。这些外围各方的健康发展，会通过各个环节，以不同的形式为企业带来效益。

2. 创造与供应商共成长的良好环境

宜家通过向供应商提供客户需求和家居生活的知识、新技术新实践的行业参照，帮助合作供应商成为具有全球领先水平的生产商。在合作过程中，宜家通过组建一支专业团队，通过对供应商系统结构、人员组织、运行方式和市场供求等方面的变革，协助供应商进行精益生产，使生产系统更快适应用户需求的不断变化，最终达到包括市场供销在内的生产的各方面最好结果。同时，宜家对供应商还提供战略性支持，将宜家未来三至五年的发展规划与供应商分享，以便供应商可以对自身的生产规模、人员结构提前做好相关匹配，做到最大限度的战略匹配，从而降低成本，提高生产效率。

此外，宜家对于现有供应商，特别是确认为长远战略合作伙伴的供应商，更希望它们能在产品或者生产上提供更加创新的解决方案，打造供应商自有的独特优势，能够屹立于行业领先位置。宜家鼓励它们跟大学、院校、科研所、行业协会等多多交流合作，帮助供应商建立良好平台，确保供应商能够全面发展。宜家为供应商搭建了沟通交流的平台，定期邀请供应商聚合分享、组织供应商相互访问交流等，使宜家的供应商群体中，保持着公平竞争、相互优化、共同成长的关系。

例如，位于山东省滨州市的愉悦家纺有限公司（以下简称“愉悦”），就是通过与宜家合作、茁壮发展的典型供应商之一。在双方合作伊始，针对愉悦业务及开发能力薄弱等环节，宜家利用自身资源，为其组织领导力工作坊，开展各类提升企业人员能力的项目。宜家在前期与供应商领导层进行充分沟通，确定项目主题，向企业中高层人员分享相关案例及工具，如宜家先进的内部管理模式、新工具的介绍和使用等。通过这种对管理层的培养，仅用了一年左右的时间，就极大地提高了愉悦的业务水平。愉悦现在已成为宜家全球级别的供应商代表。这家仅有十几年历史的企业，如今已从一间普通的生产型企业，发展成为拥有流行纺织品的研发设计—棉花购销与加工—纺纱—织布—印染整理—成品缝制—品牌销售及自营进出口贸易完整产业链的现代化家纺企业，每年为欧洲、美洲、非洲及亚洲数亿消费者提供绿色环保的纺织类家居用品。此外，宜家组织全球的同类供应商前往愉悦参观学习，就彼此的发展方向进行交流。

与众不同的是，宜家的供应商合作链条不仅包括了产品生产商，与宜家商场合作的安保、保洁和送货公司等都被宜家同等地视为合作伙伴，共同构成了宜家的供应商合作链条。当然，对这些供应商的选择，宜家也同样执行严格的标准，保证其员工的各项福利。

3. 为供应商分忧解难

宜家通过不断提高自身品牌对于社会、地球资源、人类的贡献，进而带动了其供应商乃至供应商工作人员共享价值，共同实现可持续发展。

作为IWAY的进一步延展，宜家将供应商对员工和社区的关爱行为列入宜家对供应商的评分项目中，从而推动供应商与宜家一起，共同实现可持续发展。为解决供应商员工家庭的留守儿童问题，宜家认为，与供应商一起帮助员工家庭团聚，一方面有助于促进从业人员心态上更加稳定、业绩表现更好，另一方面也能给孩子更好的教育机会，最大限度减少留守儿童的人身安全问题。宜家位于广东省东莞市的供应商美盈森，在宜家的帮助下，在帮助员工与留守儿童家庭团聚方面取得了很好的效果。在宜家的大力支持与推进下，美盈森为厂内的夫妻员工提供带有独立套间的宿舍，并为员工孩子提供放学后的学习、玩乐场所，让员工安心上班。同时，宜家为这些宿舍以及儿童场所提供装修设计等技术支持和家居产品的实物支持。宜家将这个项目总结经验并在供应商内推广。不仅如此，宜家还致力于让供应商关怀周边社区，鼓励其开放自身的体育设施、图书室，定期安排员工到敬老院等福利机构做公益服务。这些行为都被列为宜家对供应商的评分项目中，并占到相当大的权重。

4. 共同为社会创造无形的观念财富

宜家通过与供应商合作，在共同获取经济效益的同时，也动员供应商一起，为社会、民生创造无形的观念财富。除了用文字上的众多规定和标准向供应商乃至社会传递宜家的可持续发展观外，更多地从自身做起，担当表率作用。如为了推动良好棉花及LED灯的普及，宜家投入了大量的资金及其他资源，从行业上游开始改造，从而传递绿色及可持续发展观念，改变整个行业的生态。

（四）遵循循环经济理念，创造绿色运营商场

1. 创造“资源能源独立”的绿色体系

宜家致力于实现资源和能源独立。所谓资源和能源独立，是指宜家要坚持资源和能源优化和节约的原则，构建本企业独立的能源替代创新和运作体系。宜家在全球已投入超过30亿欧元的资金以实现能源和资源独立目标。

2016 年，宜家所产生的可再生能源（不包括宜家中心）相当于能源消耗的 71%。目前已在 12 个国家拥有自己的风电场，并网的风电机组有 400 余台，有 70 多万片光伏组件构成了全球宜家商场的光伏屋顶，其计划在 2020 年，所产生的可再生能源等同于其所消耗的能源。

为了实现资源独立，宜家在产品设计方面，倡导用更少的资源制造更多产品，高效利用资源，将可持续发展作为不断创新的动力。宜家积极探索使用原材料设计产品的新方法，提高功能效率，并且易于回收处理，确保其创造出来的产品价值。在木材方面，宜家家居 61% 的木材都得到 FSC 认证。在棉花方面，宜家从 2010 年 9 月 21 日以后，就可以保证 100% 的棉花有更可持续的来源。目前，超过 80% 的棉花经过良好棉花认证，这些棉花种植更少地使用水、化肥、杀虫剂，20% 来自回收。在采购方面，宜家一直走在负责任采购的前列，坚持取材自可持续的来源。中国占宜家全球采购份额的 26%，宜家力图在中国完全以可持续方式运营，为国家的可持续未来做出贡献。

为了实现能源独立，宜家带头利用可再生能源，并在运营过程中提高能源效率。宜家在中国已在 11 家商场的屋顶安装了 37894 块太阳能发电板，累计发电量达 1169 多万度。宜家在亚洲最大的可再生能源项目——宜家工业集团南通工厂绿色建筑项目，通过在南通工厂 50% 的屋顶上安装太阳能发电板，年发电达到 350 万度，可供 1100 多户家庭使用一年，减少二氧化碳排放 3600 吨。此外，宜家尽可能提高商场运营的能效，以减少碳排放并削减成本。例如，宜家商场 2017 财年的能源效率性能为 163 千瓦时/平方米，比 2010 年同期水平提高了 26%。

2. 提升“绿色产品”的循环能力

宜家致力于生产更可持续的产品，遵循循环经济的理念，宜家目前已从塑胶、纺织以及纸板类产品着手循环材料使用项目，开发了例如 TANUM 平织地毯、TOMAT 洒水瓶、FJÄLLA 储物盒等产品。另外，宜家花费了四年的时间使用波纹纸、相模压纸等纤维材料作为新的可回收包装材料，逐步淘汰几乎所有宜家平板包装中的 EPS 泡沫这种不可降解材料，极大地减少了对环境的压力。对于塑胶类产品，宜家计划在2020年全面达成塑胶原材料由循环材料供给的目标。此外，宜家立志到2030年，所有产品将通过民主设计具有包括维护、更可持续的材料、修理、再利用和转售在内的循环能力，并在产品开发过程中对所有产品定义预期的使用寿命。到2030年，宜家希望其所生产的产品，50%以上的原材料是来自工业或消费回收品等循环材料，为消费者提供可持续的居家生活选择。

为了帮助社会实现可持续发展，降低能耗，宜家在推广LED灯的普及方面，也做出了重要贡献。据了解，LED灯的寿命可达20年左右，且消耗的能源要比白炽灯少85%。宜家自2015年9月1日开始，在全球范围的门店中只出售LED灯具，成为全球首个做出此举的零售企业。为达成普及LED灯这一计划，宜家提前谋划布局，进行战略部署。2014年，宜家对苏格兰主营高效节能LED照明的Design LED Products公司进行了投资，专注LED的研发设计。在生产方面，宜家与LED制造供应商合作，优化生产流程、变革设计和材料，使LED价格从三年前的三四十元，降至如今的八到九元，降价幅度达75%左右。让LED灯成为普通家庭承担得起的可持续日常照明灯具，成为创造美好家居生活不可或缺的一部分。为表彰宜家在照明领域做出的杰出贡献，以及只出售LED灯具的承诺，联合国环境规划署授予宜家“高效照明的领导者”这一称号。

3. 塑造“绿色运营商场”的品牌

可持续发展是宜家的基本发展理念。多年来，宜家始终致力于推广循环经济，选择更环保的材料，并不断提高供应商和当地社区环保的标准。同时与公众环境研究中心（IPE）展开为期三年的合作，以期与供应商一道，共同打造绿色供应链，提升其可持续发展水平。

首先，宜家与其家具和配件供应商合作，并使用供应商可持续发展指数（SSI）作为衡量供应商在减少废弃物、提高能源和用水效率、消除煤炭作为直接能源来源等方面的可持续发展表现。

其次，宜家积极建造和运营绿色的商场。2017年开业的宜家济南商场是第一家被BREEAM评级为“优秀”的商场，该等级相当于中国绿色建筑评价标准中的“二星评级”。宜家立志做到，在未来中国的所有新商场都能达到BREEAM的“优秀”评级。同时，宜家在垃圾分类方面的工作非常出色。宜家商场有专门的回收房，对垃圾进行细致的分类，包括塑料、纸、金属、玻璃、木材和纺织品等，对金属的分类会细分到不锈钢、铁、铝等类别。同时，宜家在每个商场使用统一的回收分类标准，并要求废弃物回收服务商按照这一标准进行不同类别的分类处理。

（五）撬动公益力量，心念社会民生

1.“宜家·爱家”等特色公益项目

随着农村劳动力流向城市，留守儿童和流动儿童的问题成为一个重要的社会问题。宜家通过“宜家·爱家”公益项目，与供应商合作提供员工家庭宿舍，让外来务工人员能与子女团聚。同时宜家协助供应商为这些外来务工人员子女提供入学机会，提供其子女放学和课外活动的场所，让更多家庭团聚。同时，宜家与上海真爱梦想公益基金会、当地社区和公益合作伙伴，一同开设了社区梦想中心，为流动儿童提供安全的课后学习和玩乐场所，同时帮助孩子们建立自我意识、创造力、适应性和团队合作能力，使他们发挥才华，融入社会快乐成长。2016年，宜家已和两家供应商合作提供员工宿舍，使54个家庭团聚。

另外，宜家在深圳和上海建立了社区梦想中心，并准备在更多宜家业务所在的城市建立梦想中心，以多方共建的模式为社区儿童提供一个延伸的家，在这个家里孩子们能够安全地学习和玩耍，快乐地成长。作为西南地区首家社区梦想中心，成都市武侯区晋阳社区梦想中心得到了社区和街道的大力支持，经过前期紧锣密鼓的筹备，从设计到完工历时23天，建立了多个功能区域，配备了现代化的教学设备。在这里成都宜家与武侯区彩虹岛青少年关爱中心合作，在工作日为孩子们提供放学后的晚托服务，以减轻社区及家庭的压力；在周末提供素养课程，培养孩子的自我认知力、创造力、适应性及团队协作力；同时，还逐步增加丰富多彩的活动，培养孩子良好的生活理念，促进社会融入。

宜家非常重视对儿童的关爱。2017 年 11 月 20 日至 2018 年 1 月 20 日，宜家中国将捐出部分玩具产品的销售收入，支持壹基金壹乐园计划，帮助中国西部地区的乡村儿童更好地玩耍和成长。在共青团成都市武侯区委员会、共青团甘孜州白玉县委员会的帮助下，11 月 11 日至 12 月 11 日，宜家成都商场连同成都市武侯区新空间青少年发展中心发起“玩具再动员”“义卖体验”等活动，关注中国西部地区孩子玩耍与发展的权利。2017 年，宜家成都商场加入新浪四川第七季暖冬行动“爱陪伴”公益活动爱心同盟，为孩子送上温暖的毛绒玩具。每一个毛绒玩具都将是一个小小的伙伴，温暖孩子的整个冬天。

宜家每年最多将 9 个新的供应商纳入公益计划，并为已加入项目的供应商多建造 5 套员工宿舍，力争到 2020 年，让 1086 个外来务工家庭团聚，并希望建造 15 个社区梦想中心，为外来务工人员的子女提供安全的学习和玩乐场所，帮助他们快乐健康地成长。

2. 倡导绿色环境的责任担当

在联合国环境署（UNEP）、联合国气候变化与环境专题组（UNTGCCE）及联合国—中国可持续消费伙伴关系的支持下，WWF、中国连锁经营协会（CCFA）和中国零售业可持续发展圆桌（CSRR）每年在中国举办可持续消费周（SCW）。SCW 鼓励消费者多留意自身行为对环境的影响，智慧消费，为绿色生活贡献自己的力量。2016 年 SCW 于 8 月 6 日至 14 日举办，这是宜家中国连续第三年参与该项活动，启发并引导顾客享受更可持续的、更健康的生活。在此期间，宜家商场举办了 62 项活动，约有 3000 名顾客参与其中。

宜家通过自身的影响力，积极倡导绿色、低碳的生活方式。宜家鼓励员工和顾客借助绿色交通前往宜家商场，并在商场为电动车提供充电站。目前宜家已在北京、上海、成都等 8 家商场安装了 347 个 EV 充电桩，并在宜家北京荟聚中心的地下停车场安装了 150 个交直流 EV 充电桩，使其成为亚洲最大的 EV 充电站。此外，宜家也鼓励员工低碳工作和生活。例如，宜家北蔡商场在每周三关闭办公室电梯，鼓励员工多走路节能并减少碳足迹。

此外，宜家努力实现变“废”为宝，倡导循环利用。2017 年，宜家在中国的 24 家商场回收了 16116 吨纸板和纸张、710 吨塑料和 707 吨金属。而宜家商场产生的废弃物，有 85.4% 被回收利用或者送去焚烧，以实现资源和能源回收。在这些废弃物中，很大一部分来自运输途中损坏的产品或包装。宜家通过重新包装、维修或以折扣价出售的方式，使这些受损产品得到充分利用。

“蓝盒子探秘”项目是宜家邀请公众参与关注可持续生活的主题活动，成都宜家支持周边学校和社区增强可持续发展生活知识的系列活动。结合 2017 年“垃圾分类”相关政策的背景。6 月，成都宜家邀请了群星美术小学的 20 个小朋友及他们的家长，来成都宜家高新商场进行了一次生动活泼的“蓝盒子探秘”活动。之后，成都宜家将开发更多“蓝盒子探秘”的主题活动，以帮助周边学校和社区的孩子们在活动中学习和发展，支持他们以更好的方式爱护我们的星球。

四　宜家可持续发展的新打算

（一）响应《中国制造2025》，做“绿色制造”的领先者

2015 年，中国政府颁布实施《中国制造 2025》，提出坚持“创新驱动、质量为先、绿色发展、结构优化、人才为本”的基本方针；坚持“市场主导、政府引导，立足当前、着眼长远，整体推进、重点突破，自主发展、开放合作”的基本原则。宜家积极响应《中国制造 2025》的方针及原则，并结合自身情况，制订了一系列的行动计划，以积极支持国家发展战略，为中国的经济转型、发展贡献应有的一分力量。

作为行业领先者，宜家早于市场标准多年就对供应商实施特殊工艺（印染、油漆、金属粉末喷涂等）的全流程监管。在接下来的发展过程中，宜家将在材料、工艺等技术方面寻求突破和升级，寻找可替代解决方案，从

根本上解决污染问题。宜家积极响应国家“十三五”规划大力发展循环经济的要求，将全面提升循环经济和循环材料的比重，并覆盖至产内循环、产间循环及消费后循环中。同时，作为在可持续发展以及合规领域领先的企业，宜家希望在《中国制造 2025》战略规划的基础上，进一步加强与政府部门的合作，促进关键工艺升级带动产业升级，促进工业信息流体系建设，打造行业标杆，使供应商与宜家组成的庞大供应链成为行业升级的引领者，从而推动绿色制造，打造绿色供应链，推动区域企业的可持续及合规发展。

（二）融入“一带一路”，创新“智慧制造”模式

2013 年，国家提出“一带一路”倡议，推进中国企业沿着“一带一路”走出去，参与全球化竞争，拓展外部市场。宜家结合“一带一路”，鼓励并帮助中国企业走向欧洲市场。作为一家总部在欧洲的企业，宜家利用自身的资源优势在欧洲进行布局，让中国企业在平台竞争上更具成本和物流优势。

在“一带一路”指导下，宜家将推动中国供应商从传统制造迈向高质量制造，实现制造业高端化的跨越发展，抢占具有国际产业竞争力的战略制高点，最终走到智慧制造，实现创新与转型。宜家将通过自身的实力以及计划，为“中国制造—中国质造—中国智造”贡献自己的力量。

展望未来，宜家希望能够用自己的力量给予“一带一路”沿线国家更多的支持，配合沿线国家的政策，提供更多的采购机会，更重要的是将中国制造业的经验推广。

（三）投入“精准扶贫”行动，为中国全面实现小康做贡献

宜家深知，扶贫对企业来说是责任，也是机会。在“精准扶贫”口号的号召下，宜家希望能够加入具体的扶贫项目，真正参与到当地的活动中。宜家希望能够将商业活动和扶贫行动结合在一起，增强针对性，提高实效性，通过自身的可持续发展，给当地发展带来根本上的改变。

在宜家中国长期的发展历程中，宜家秉承着“益于人类，益于地球”

的可持续发展战略，在产品生产上，坚持民主设计，严格监控质量，为消费者提供许多价格实惠的产品和解决方案，引导建立可持续发展的生活方式。在能源和资源利用上，力图实现用更少的资源制造更多产品，坚持循环经济，实现能源独立。在社会公益方面，宜家也与供应商一起坚持不懈地为社会做出更多贡献。心系民生，共泽社会，宜家以其明确的价值理念，成为积极践行可持续发展的一个标杆企业。

B.7 巴山牧业公司可持续发展案例

张古月　肖文艳*

摘　要：　巴山牧业作为一家食品企业，始终把食品安全放在首要的地位，坚持并建立了消费者责任、社区责任、股东责任、员工责任、政府责任、环境责任和公益责任相结合的具有“巴山”特色的责任管理机制。在不断推动青峪猪产业发展的同时，公司秉承“诚信为本，创新联动，爱心奉献”的可持续发展理念，结合自身的产业特点，按照“公司＋基地＋专业合作社＋农户”产业化运营方式，带动农户进行青峪猪绿色猪养殖，帮助他们脱贫致富，对积极推动通江县的“精准扶贫”工作、推动地区的经济繁荣做出了突出的贡献。

关键词：　巴山牧业　可持续发展　“精准扶贫”　食品安全

一　企业简介

通江县巴山生态牧业科技有限公司（以下简称“巴山牧业”）成立于2011年5月，位于四川省通江县工业园，注册资本3500万元，是一家专业致力于国家优良地方猪种——青峪猪保种及全产业链开发的民营企业。公司是四川省和巴中市农业产业化重点龙头企业、四川省优秀诚信企业、四川省优良地方猪种重点保种场和四川省畜禽标准化养殖示范场，是巴中市第一家

* 张古月，四川省社会科学院研究生院研究生；肖文艳，四川省社会科学院研究生院研究生。

中外合资企业、巴中市首批上市培育企业、巴中市科技型创新企业。公司生产的“巴山土猪”“青峪黑豚”“青峪黑猪”系列冷冻肉、冷鲜肉先后通过了欧盟有机产品认证、国内有机产品认证、绿色食品认证、ISO 9001 质量管理体系和 ISO 22000 食品安全管理体系认证、出口猪肉备案养殖场认证。2014 年“青峪猪”获得了国家地理标志产品认证，2015 年获得了世界农场动物福利协会“福利养殖金猪奖”。公司现有青峪猪种猪 1500 多头，年可提供商品仔猪 2 万多头；现存栏青峪猪育肥猪 15000 多头，2016 年出栏青峪猪有机生态猪 9000 多头。

公司聘请畜牧、兽医、管理、运营等方面专家，组建专家团队，成立青峪猪产业化开发研究中心，并与中国农业科学院畜牧研究所、中国农业大学、西南大学、四川农业大学、华南农业大学、四川省畜牧科学研究院养猪研究所等院所紧密合作，实现青峪猪保种、扩繁、产品开发、疾病防控等“官、产、学、研、销”大联动。

公司开发的高品质猪肉供应国内大、中城市并出口，为社会提供“安全、有机、营养、原生态风味”高品质猪肉。产品系列为鲜肉、冷鲜、腊肉、香肠、腌制等特色风味食品，提供高品质的猪肉，为社会高端人群提供一站式服务。公司市场运营模式为自营专卖店 + 网络营销。公司品牌运营模式：与中央电视台合作，拍摄录制了《巴山土猪——从远古起来》《深山万里寻猪记》《养猪人的春天》《巴山土猪复兴记》等专题片，并在中央电视台 2 频道、7 频道、10 频道播放。在大中城市电视台以及公共汽车、地铁、高速公路等媒体宣传推广；每年举办四川通江年猪文化活动，提升“巴山土猪”品牌的知名度。

二　企业可持续发展的管理机制

巴山牧业结合自身的产业模式，重点关注食品安全责任、消费者责任、社区责任、股东责任、员工责任、政府责任、环境责任和公益责任，持续贯彻“诚信为本，创新联动，爱心奉献”的可持续发展理念，并建立了“巴山”特色的责任管理机制。

（1）完善企业可持续发展治理机制的总体安排。公司牵头，全员参与，全面推动企业可持续发展，做到消费者放心、股东同心、员工贴心，使公司成为食品安全的倡导企业、环境保护的示范企业、公益事业的爱心企业，模范履行政府责任和社区责任，把推进可持续发展作为企业的生存之本和发展之基。

（2）构建有效的责任监督机制。一是内部监督。将企业可持续发展计划每年都在企业予以公示，接受员工的监督。二是社会监督。将企业可持续发展计划和实施情况定期向社会公布，接受社会的监督。

（3）构建可持续发展目标管理制度。将企业可持续发展作为企业工作的重要组成部分，纳入年度工作计划，每月进行检查，将目标执行情况作为部门考核的重要内容并给予奖惩。

在责任承担方面，巴山牧业坚持内部责任承担与外部责任承担相结合的模式。公司依托企业内部的组织架构，不同部门承担与其职能相匹配的责任；同时，坚持“全员履责”与“全面履责”相结合，主动开展可持续发展实践活动。

在责任沟通方面，巴山牧业通过其官网进行动态披露，编撰企业可持续发展报告；不断进行企业可持续发展的交流与合作，参与各级企业可持续发展论坛，不断创新“巴山牧业”的企业可持续发展建设。

三　企业可持续发展实践情况

（一）认真履行消费者责任，保证食品安全

作为一家农产品公司，保证食品安全是对消费者最主要的责任。巴山牧业组建最专业化的科技团队对保种场、扩繁基地、专业养殖户实行24小时生产全过程监控，饲养全过程实施HACCP管理体系，达到从养殖场到餐桌100%可追溯，做到“统一标准、统一种源、统一饲料、统一防疫、统一管

理、统一销售”，实现全过程是“良心猪、放心猪、同心猪”。

1. 原种保护

青峪猪是我国优秀的地方猪种——湖川山地猪的代表猪种，具有耐粗性好、适应性强、雪花肉多、肉味香浓、口感细腻、肥而不腻、营养价值极高等特点，已获国家工商总局地理标志证明商标。

经考古学家鉴定，青峪猪距今已有数千年的历史。据青宫膳食档案记载，历史上执政时间最长、年寿最高的皇帝——乾隆将巴山猪列为皇室御品。

20 世纪末，随着外种猪的大量引进，青峪猪濒临灭绝。2009 ~ 2010 年，巴山牧业创始人张育贤与畜牧业专家深入青峪猪的原产地中国通江县青峪、板桥口、砥坝等乡镇及周边城口、万源等地，最终甄选出血统纯正的青峪猪种，使这一濒临灭绝的国家地方优良猪种得以保存。2015 年，公司又联合四川畜牧科学院养猪研究所、四川农业大学成立了巴山土猪研究所。

2. 有机饲料

在土壤、水源、空气等都通过了有机认证的环境种植纯天然的，不含农药、化肥、激素、转基因和辐射技术处理的有机植物饲粮作为巴山土猪的主要食材。

经第三方专业检测机构检测，巴山土猪在公司通过有机认证的放牧场环境下放养，并食用自主种植的有机饲粮，巴山土猪各种对人体有益的营养元素大大高于其他同类产品。

3. 生态牧场

巴山土猪放牧场的四个标准：①水质必须达到国家有机食品水质标准，巴山牧场全采用 150 米地下山泉水；②土壤不含重金属；③放牧场的植被和生态环境要和谐一体化；④放牧场设计按照轮牧模式。

在如此独特的生态环境下快乐成长的巴山土猪，其肉质通过农业部食品监督检验中心测定：独有的大理石纹（肌内脂肪）含量是其他猪种的 2 倍以上，挥发性呈味氨基酸是其他品种的 2 倍以上，人体必需的微量元素硒、锌的含量是其他品种的 3 倍以上。巴山土猪不仅品质安全、肉味香浓、口感细腻、肥而不腻，而且营养价值极高。

4. 有机屠宰

青峪黑豚符合出栏标准后，在进入屠宰场前，经过国家指定检验检疫部门严格检疫，经检疫合格后在自主建设的专用无菌屠宰分割车间进行屠宰加工。同时采用了0℃～4℃定时排酸24小时以上，使肉熟化，肉质柔软有弹性，口感细腻、味道鲜美、营养价值高。预冷分割等国际先进技术确保青峪黑豚的肉质绝对安全，并减少肉品营养流失。

5. 气调包装

巴山牧业采用的气调包装技术是当今世界领先的食品保鲜技术，在真空环境下充入氮气来保证巴山土猪的新鲜和营养。氮气是一种中性、懒惰气体。不会和食物发生化学变化。能抑制氧化、酸败，确保在0℃～4℃保鲜15天。

6. 全程冷链

经过气调包装好的青峪猪肉，使用全程冷链环境的冷链车直接送至各直营体验店或机场发货部空运至客户，充分保证猪肉的新鲜和营养。

7. 时时追溯

追溯系统是指青峪黑豚在整个生长及加工过程中，消费者可以通过二维码扫描方式实时查看到自己所购买的产品完整的生产过程。

（二）积极履行社区责任，推动产业扶贫建设

巴山牧业在不断发展青峪猪产业的同时，助推地区的经济繁荣。公司结合自身的产业特点，按照“公司＋基地＋专业合作社＋农户”产业化运营方式，带动农户进行青峪猪绿色猪养殖，每年向农户提供纯繁父母代优质母猪，并在通江县北部中山、中部中山乡、镇，建设青峪猪扩繁场基地，积极推动通江县的精准扶贫工作，积极履行社区责任。

巴山牧业还探索创新了“政府＋企业＋金融机构＋保险公司＋专业合作社”五方联动的青峪猪产业扶贫模式，走出了一条政府引导、企业主体、金融支持、保险保障、收益兜底的产业扶贫新路子。

在“五方联动”的产业扶贫模式下，政府主要负责规划确定精准扶贫

产业布局，精准选择养殖区域和养殖户，同时派驻畜牧业专家技术支持；企业负责提供合格仔猪、饲料，免费技术指导，养殖过程监控和绿色育肥猪保底回收，企业在收购育肥猪时同数补给猪苗，确保产业持续性，保证贫困户脱贫不返贫；金融机构如银行主要给予金融贷款支持；保险公司为养殖户办理生猪保险；专业合作社负责养殖和经营，精准贫困户以贷款入股为社员，合作社与精准贫困户确定保底收益（按入股额最低年化收益不低于6%）和签订兜底合同（贷款本金偿还）。

公司从2015年开始已在通江县广纳镇金堂村、铁佛镇小岭子村等13个村1000多户精准贫困户中开展了“五方联动”养殖青峪猪的产业帮扶活动，已累计发放青峪猪仔猪3170头，回收青峪猪育肥猪1000多头，实现产值200多万元，户均增加纯收入2000多元，计划到2020年在全县100个村带动5000户农户养殖绿色青峪猪，年出栏10万头，实现产值2亿多元。

（三）创新履行政府责任，把巴中打造成有机食品高地

巴中有机产业是巴中经济腾飞的突破口。巴中由于地理位置和交通条件，注定不可能像沿海地区城市那样走工业化的道路，它所具有的优势就是巴中的生态条件，而要把这种得天独厚的自然条件转变成经济优势的唯一出路就是大规模、大手笔、大范围地推进有机产业。按照一般概念，有机产品的价值应该是同类产品的2～4倍，如果巴中真正有60%的农、林、牧、水产品都成了有机产品，那么巴中总产值就不是增长百分之几的问题，而是翻几倍的问题。

近年来，巴中市委、市政府提出并制定了“把巴中打造成西部绿色经济示范区”的规划蓝图，巴山牧业积极响应市委、市政府号召，从食品安全级别的最高级——有机产品入手，以创造有机品牌带动企业扩群增量、加快发展，目前已取得显著成绩。

（1）有机理念深入人心。“有机”不再是一个空洞的概念和一种可望而不可即的想象，它实实在在来到了我们每个人的身边，上至政府领导，下到

普通农户都对有机生产说得出个一、二、三。

（2）有机品牌快速增加。从 2011 年巴山生态牧业科技有限公司取得全市第一块青峪猪有机品牌开始，短短的四年多时间，全市的有机品牌已达到 37 个，涉及的产品品类分布在农、林、牧、水等各行业，从事有机开发的企业已达到 46 家，有机产品的产值已达到 3.4 亿元，巴中市已成为全国有机产业发展最快的地区。

（3）有机体系逐渐健全。2014 年巴山牧业所在的通江县获得国家认可的中国有机食品生产创建示范区认证，也是全国 33 个和四川省 6 个有机示范县之一。在市民政局、质监局等部门的大力支持下，2015 年 12 月 16 日，巴中市有机产品产业协会正式成立，该协会的成立标志着巴山市有机产业正式进入体系建设新时代，有机生产企业以协会为纽带，取长补短，抱团出击，将形成巴山市强大的有机产业整体气势。

（4）有机产品得到广泛认可。消费者是有机产品的终极检验员。前几年，许多消费者不相信巴山牧业生产的东西达到了有机标准，产生了怀疑，这很正常，毕竟有机产品为食用品的最高安全级别。但巴山牧业坚持按标准生产，强化自身管理，确保产品质量，现在越来越多的消费者真正认可了巴山牧业的产品，销售直线上升，好多有机产品在北、上、广、深等大城市站稳了脚跟，开辟了市场，赢得了中高消费群体的广泛赞誉。

（四）坚持履行股东责任，完善产业运作模式

巴山牧业流转土地 2 万余亩生产有机饲料，建成 1 个省级原种场、3 个扩繁场、5 个有机猪放牧场，现有青峪猪种猪 1000 多头，年可提供商品仔猪 2 万多头；现存栏青峪猪育肥猪 15000 多头，2016 年出栏青峪猪有机生态猪 9000 多头。

巴山牧业引进德国、意大利国际先进设备建成 1 个年屠宰 10 万头的有机猪专用屠宰加工厂，开发出“巴山土猪”“青峪黑豚”“青峪黑猪”系列冷冻肉、冷鲜肉及精深加工产品午餐肉、腊肉、香肠、猪油等 100 多个有机、绿色产品。

巴山牧业自建终端专卖店51家，自建冷链物流体系，自主开发APP和产品全链追溯系统（互联网+物联网+大数据），实现线上认养+线下体验（OTO+FTC）、互联网+青峪猪现代营销模式，产品畅销全国，部分产品出口国外。2016年实现销售收入4000多万元，实现利润1000多万元。

巴山牧业立志成为中国土猪产业的领军企业，成为中国优秀的优质猪肉供应商，通过企业的快速发展建成巴中市第一家国家级农业产业化重点龙头企业，并择机上市，履行对股东的经济责任。其发展目标是：2017年出栏有机生态猪15000头，实现产值7000万元，利润1500万元；2018年出栏有机生态猪30000头，实现产值15000万元，利润3000万元；2020年出栏有机生态猪50000头，实现产值30000万元，利润6000万元；2025年出栏有机生态猪20万头，实现产值120000万元，利润20000万元。

（五）持续履行员工责任，优化人才队伍建设

通江县巴山生态牧业科技有限公司虽然地处偏僻落后的城市，但其定位是要建设成为高新技术企业，建设高新技术企业就必须有一支高素质的专业性的人才队伍。目前，公司的专业人才在企业中发挥着重要作用。公司现有博士1人，硕士2人，大专生（本科生）62人，占比40%。

为了建设一支高素质的人才队伍，公司抓住“引、育、用、留”四个关键环节，创新工作机制，营造重视人才的氛围，注重员工责任，为企业高速发展提供强有力的人才支撑。

1. 立足企业发展“引”人才

始终围绕以“人”为本，科技强企。一是产业“引”，以优厚的待遇及工作环境吸引一批高素质人才加盟公司；二是主动“招”，为适应公司发展需求，先后从四川农业大学、西南大学招聘优秀毕业生30人，从达州农技校等招聘20多人；三是外“聘”，先后从四川农科院、通江县农业局等科研单位聘请5名专家、教授担任企业顾问；四是“请”，从2013年起，通江县县委组织部、农业局给予企业支持，安排本科、硕士生到企业挂职，开启企业技术创新之路。

2. 实施外培内训“育”人才

一是派出去学。几年来，公司针对关键岗位选派20多名管理人员和技术骨干外出参加各种培训，有效地提高了他们的管理水平和业务能力。二是请进来讲。每年邀请国内知名专家学者到公司讲学10余次，与同行业广泛交流，获取先进信息、技术和理念。三是公司内部育。针对每名管理人员、技术员、员工、店员、店长等实际，科学制订培训计划。同时，积极开展中高层管理帮带活动。2017年以来，共举办培训班78期，40多名管理人员接受培训20次以上，一线员工80多名与中高层干部“一对一”结对帮扶学习。

3. 优化人文环境“留”人才

公司从打造企业文化、优化人文环境、营造重才氛围着手，保证了公司人才队伍的稳定。一是“事业留人”，为经理级以上管理人员和业务骨干设计职业蓝图，为员工创造自我展示的平台，挖掘和开发员工的潜能，使其把公司的发展当成自己的事业。二是“情感留人”，执行“谈心、谈话”制度，通过开展经常性谈心谈话，了解掌握员工的思想、工作、生活情况，倾听合理诉求，解决实际困难，消除后顾之忧；职工婚嫁、生儿育女、子女升学、过生日等，企业均给予同等级别的贺礼；对生活困难员工给予资助。三是“待遇留人”，每年划拨10万元列入学习、考察基金等，对骨干员工实施股权激励。四是文化留人，开展“五讲五提倡”活动，牢固树立员工的企业团队精神和价值观。建立篮球场、网球场等，每年组织开展运动会，以及知识、技能竞赛等活动，积极打造健康向上的企业文化。

4. 坚持合理公正“用”人才

公司实行月度考核、季度最末淘汰制，年度评优，将综合评比结果作为提拔晋升的依据，实施“优者上、平者让，庸者下”的公平机制，坚持“三公四用”原则，即“公开、公平、公正”“用当其时，用当其位，用当其长，用当其愿”。

（六）不断持续履行公益责任，将爱心奉献社会

1. 捐款捐物

公司积极参与并号召广大员工参与向贫困人员捐钱捐物，解决他们的燃眉之急。公司已捐款捐物30余万元，资助了60多户贫困家庭，包括“最美林业员”景祥俊等约50余人。

2. 解决就业

公司在招聘时，同等条件下优先雇用贫困家庭人员，目前公司近1/4的一线员工来自贫困家庭，2015年人均收入超过3.5万元。

3. 捐资助学

结合近几年的助贫经验，大部分贫困人口主要是由于教育的缺失导致家贫。2014年7月，公司创始人张育贤联合公司及社会的爱心人士向通江县捐赠现金50万元，专项用于表彰扎根山区教育事业的优秀教师。2015年3月，公司向通江县民胜小学的贫困学生家庭捐款6万元，并决定自2015年1月1日起每销售1头巴山有机土猪捐出100元现金用于救助贫困学生。该活动实施至今，已累计为贫困山区的学生捐献达50余万元。

4. 融E购义卖

公司与中国工商银行合作，借助银行融E购平台开展“巴山土猪”义卖捐赠活动。每定购一头欧盟有机认证价值8888元的年猪，捐赠500元善款给通江县贫困山区留守儿童；每定购一头国内有机认证价值5888元的年猪，捐赠300元善款给通江县贫困山区留守儿童；除年猪以外的其他产品，按照销售金额3%作为善款给通江县贫困山区留守儿童。目前公司已通过这种方式向留守儿童捐赠14.8万元。

巴山牧业用实际行动认真践行企业的可持续发展理念，兑现企业的庄严承诺，让百花盛开，让春色满园，让企业发展惠及更多的群众，为通江县的经济社会发展贡献自己应有的力量。

（七）带头履行环境责任，实现可持续发展

青峪猪原种场坐落于环境优美、山清水秀的通江县青峪乡，是巴山土猪

的最佳生态牧场。青峪猪的培育离不开无污染的水质与土壤，离不开放牧场的植被和生态环境的和谐，良好的生态环境保证了青峪猪的有机生长。巴山牧业在发展青峪猪产业的同时，始终坚持绿色发展、可持续发展的理念，在青峪猪培育、养殖、加工的各个环节都把保护生态系统放在首要的位置上。

一是公司成立了环境保护工作的专业班子，做到了有机构、有人员、有专门经费。二是制定了环境保护管理制度和应急预案，做到了有环保工作目标、有措施、有考核、有奖惩。三是严格执行国家的环保政策，所有建设项目都做到了开工前有环境保护评估报告，投产运营前有环境保护评估验收。四是舍得环保投入。

四　企业可持续发展的实践

1. 爱心捐赠巴山土猪肉

2016 年 3 月 9 日，巴山牧业在四川通江思源实验学校举行了爱心捐赠巴山土猪肉的启动仪式，县农业局总畜牧师高成忠、县畜牧站站长龚平、公司代表和思源实验学校的全体师生参加了启动仪式。

爱心捐赠巴山土猪肉是为了改善学生生活，让学生吃上安全、健康、高品质的有机猪肉，公司联合县农业局向思源实验学校捐赠巴山土猪肉。公司和县农业局承诺，每周捐赠 1 头巴山土猪，毛重不低于 180 斤，是经过检疫、检验合格的有机猪肉，捐赠期为 1 年。

公司代表在会上说，通江县巴山生态牧业科技有限公司是省级重点龙头企业，是公司总经理张育贤回乡创业成立的生产高品质猪肉的股份制企业，生产的巴山土猪肉通过了国内有机食品认证和欧盟有机食品认证，每头猪的销售价格为 8888 元；将这种猪肉捐赠给学生们食用，是为了让学生们生活好、学习好，用健康的身体投入紧张的学习中。校领导对巴山牧业的爱心捐赠表示感谢，并希望同学们要知恩感恩，努力学习，以优异的学习成绩来报效县农业局、巴山牧业的无私捐献。

2. “八一”慰问活动

2016 年 8 月 1 日上午，在中国人民解放军建军 89 周年之际，巴山牧业常务副总刘建春一行分别到县消防中队、县武警中队拜访，送上节日的问候和美好的祝福，并送去有机土猪午餐肉罐头、巴山土猪鲜肉等慰问品。

刘建春一行到部队后受到了官兵的热烈欢迎。刘建春代表公司对消防以及武警官兵多年来对公司的指导和培训，为公司稳定发展做出的贡献表示感谢，并表示将一如既往地支持部队的建设，不断巩固和发展军民鱼水关系。武警中队领导也对公司长期以来心系部队、讲政治、顾大局，关心和支持军队建设表示感谢，同时表示将继续关心和支持公司的发展建设，为企业和谐稳定发展做出新贡献。

此次“八一”走访慰问活动，进一步促进了军企关系融洽，营造了“军爱民、民拥军、军民团结一家亲”的浓厚双拥氛围，巩固了军企互动、双向奉献、融合发展的良好局面。

3. “员工技能大赛”

为激发全体员工学知识、学技能的积极性和主动性，营造爱岗敬业、精益求精、追求卓越的良好氛围与工作作风，巴山牧业在铁佛养殖基地举行了 2016 年第一届员工技能大赛。

2016 年 8 月 13 日，公司常务副总刘建春、总经理助理廖坤、人事行政总监陈硕秋等管理层对参赛选手进行了动员，来自金堂养殖场、铁佛养殖场等 5 名选手报名参加了本次仔猪阉割比赛。为体现比赛的权威性、公平性，公司特地邀请了通江县农业局总畜牧师高成忠担任评委组长，广纳镇畜牧站姚站长、铁佛镇畜牧站刘站长担任评委。在动员会上，刘建春指出，希望以本次仔猪阉割比赛为契机，在公司掀起一股“学知识、学技术、学技能”“比、学、赶、超”的学习热潮，在互相学习、交流中取长补短，实现共同进步、共同发展的目标，从而为学习型组织的建立奠定坚实的基础。

本次岗位技能比武大赛，极大地调动了员工学习业务知识、学习技术技能的积极性。通过比赛，员工之间的经验得到了交流与传承，展示了巴山牧业人永不满足、追求卓越的精神风貌。同时，激发了公司全员的学习热潮，为人才队伍建设、提升员工的整体素质、增强企业的核心能力打下坚实的基础。

五　愿景

未来，巴山牧业将继续贯彻“诚信为本，创新联动，爱心奉献”的可持续发展理念，持续进行“巴山”特色的企业可持续发展实践，推动原种保护、产业扶贫、队伍建设和产业发展。

（1）原种保护。力争 2018 年将公司建设成为国家级优良地方猪种保种场。

（2）产业扶贫。2017 年帮扶发展 10 个乡镇 20 个村 2000 户精准贫困户养殖绿色生态猪；2018 年帮扶发展 20 个乡镇 40 个村 4000 户精准贫困户养殖绿色生态猪；2019 年帮扶发展 30 个乡镇 80 个村 8000 户精准贫困户养殖绿色生态猪；2020 年帮扶发展 40 个乡镇 100 个村 10000 户精准贫困户养殖绿色生态猪。

（3）队伍建设。从 2017 年开始，每年引进高素质人才不低于 20 人，员工培训人均不低于 1 次，其中到大专院校和科研院所培训每年不少于 5 人。

（4）产业发展。2017 年出栏有机生态猪 15000 头，实现产值 7000 万元，利润 1500 万元；2018 年出栏有机生态猪 30000 头，实现产值 15000 万元，利润 3000 万元；2020 年出栏有机生态猪 50000 头，实现产值 30000 万元，利润 6000 万元；2025 年出栏有机生态猪 20 万头，实现产值 120000 万元，利润 20000 万元。

B.8

志愿服务聚人心 党建引领促发展

——成都高新区志愿者协会案例

郭玲丽　张古月　肖文艳*

摘　要：　成都高新区志愿者协会是四川地区专业的志愿者平台，专注于社会责任，成为枢纽型社会组织，并积极坚持党建引领，以思想建党、开展公益活动以及文化建设活动发挥志愿者平台作用，通过与政府、企业、院校智库、社区等联合联动，推进社会治理的可持续发展，助力推动企业员工社会责任意识，促进企业与当地社区的沟通互动，营造促进企业可持续成长的良好社会环境。

关键词：　志愿服务　平台建设　社区发展

成都高新区志愿者协会立足枢纽型社会组织定位，在了解群众需求与提供公共服务之间搭建“桥梁”。自成立以来，协会秉持高度的责任感和使命感，在承接政府任务、对接公众需求、培育社会组织，开展公益事业等方面成效显著，赢得各界肯定和赞誉。特别是协会在实践中探索出的以“党建引领、发挥合力、服务民生”为主要内容的“1+5+5”工作模式，为新时期社会组织的发展提供有益借鉴。

---

* 郭玲丽，四川大学马克思主义学院博士研究生；张古月，四川省社会科学院研究生院研究生；肖文艳，四川省社会科学院研究生院研究生。

一 专注责任，枢纽型组织建设成果丰硕

成都高新区志愿者协会成立于2010年3月，是以企业会员为主要特色的独立法人社团，定位为枢纽型社会组织。近年来，协会立足成都高新区“服务产业、服务民生”的发展方向，秉持“凝聚区域力量、助力文明和谐”理念，集组织党建、志愿服务、社区治理等工作于一体，发展注册志愿者8.7万人、志愿服务队伍516支，每年在社区直接提供2000场次以上的活动，服务群众20万人次左右，日渐成为推动高新区社会发展的一股不可忽视的力量，为提高区域整体文明程度、提升居民文明素质，为成都高新区打造国际创新创业中心提供了强大的精神动力和充沛的道德滋养。

（一）组织成立背景

成都高新区志愿者协会的成立源于内生动力与外部需求的结合，是建设服务型政府的需要，是创新社会治理的需要，是满足企业团体和居民个体需求的产物。

一是源于服务型政府建设的需要。服务型政府建设是21世纪以来国家政治体制改革的重要组成部分。立足自身定位，如何更好地为区域内的企业和居民提供优质服务成为高新区发展的重点工作。基于自身事务繁杂，公共服务提供存在不到位、不及时的问题，高新区管委会以服务型政府建设总体要求为基准，积极吸纳社会力量弥补公共服务供应不足，以更好地提供公共服务，提升政府形象，推动区域发展。协会在政府的关注和支持下应运而生。

二是源于社会治理多元化的需要。社会主体需求多元化，要求对公共服务的供给不足进行弥补。一方面，高新区汇集了以英特尔公司为代表的众多国际知名企业，它们本身对企业可持续发展实践已有深刻认知和主动实践，立足公司的长远和健康发展，它们有强烈的履责意识，需要适当的平台予以

支撑。另一方面，高新区复杂的人口构成和经济社会的高速发展，使居民对公共服务的要求日益多样化，需要适当的组织填补服务缺口。

（二）组织发展历程

成都高新区志愿者协会的发展与高新区的改革和发展密不可分。2017年，伴随着高新区机构改革的推行，协会自身也开始转型发展，组织的行政色彩逐步淡化，市场意识、竞争意识、服务意识和创新意识不断提升。

1. 发展初期，组织的行政色彩较浓

协会秘书处成立三年后，于2013年扩大组织规模成立6个街道分会，该协会是在成都高新区开启探索实施培育并采购志愿服务组织模式以来，对全区志愿服务工作模式的有益探索和尝试。5年来，协会主要围绕党政中心工作，机构的主要使命是承担政府转移职能，为区域企业和居民提供特定的公共服务。机构的主要经费源于政府对志愿服务管理工作的人员购买。协会通过管理社区志愿服务、协助精神文明和群团工作等发挥了积极作用，形成了独有的“高新模式”，但自主性、创新性发挥不够充分。

2. 转型时期，组织的市场意识激发

转型时期，政府的主要作用在于把握协会改革和发展方向，协会自主发挥的空间得以释放。协会紧跟新时代，以社会和居民的需求为导向，一方面不断拓展业务范围、扩大服务对象、提升服务品质，另一方面健全组织结构，优化部门职能，科学制定人员分工，完善协会内部治理工作，积极促进“政会分开”转型升级，努力打造模式创新、管理规范、上下联动、横向联合的开放型、枢纽型、平台型志愿服务平台。协会工作更具创新性、专业性和高效性。

（三）组织设置详述

机构设置日趋科学完备。成都高新区志愿者协会作为枢纽型组织，已建成比较完备的组织架构，基本适应日常行政、党建团建、发展会员、项目规划等工作需要。目前已发展团体会员152个，建成2个园区服务站、3个二级组织、6个街道分会、50个社区服务站，在医院、公园、学校、商场等内部设立若干公共场所服务点。

人员管理日趋规范合理。一是人才招纳日益规范。协会目前共有员工70人，基本实现大学本科学历全覆盖。这其中有拥有丰富理论知识的社会工作专业毕业生，有拥有丰富实践经验的各类赛会志愿者，还有拥有极大公益热情的各类社会人士，汇聚各方智慧的专业化团队已经形成并不断成长。二是人员管理日益规范。协会参照公务员和事业单位管理规定，已形成有效的聘用制度、考勤制度、请假制度、激励制度等，制发《成都高新志愿者协会工作手册》。2013年，成都高新区志愿者协会成立三级组织体系，成为全国唯一在区、街道、社区三级均设有专职工作人员的社会组织，从制度上根本保障了基层基础工作有人干的具体问题，同时基层工作人员日常受协会和街道、社区多重管理，有效保证了人员管理的规范、有效。

员工福利稳步有效增进。从业人员福利待遇低、流动性较强是社会组织发展面临的困境。协会以“富有活力和动力的员工是组织发展的有效生命力”为理念，以保障员工的基本工资福利为基点，激发员工的主动性和创造力。那么保障的资金来自哪里？一方面，高新区管委会为扶持组织的发展，每年为协会提供近500万元的经费支持，这是协会最主要的经费来源。另一方面，辅助以会员单位的捐赠、各类项目的利润等，拓展渠道丰富员工福利，一是在协会整体经费中留置特别经费，为员工发放节假日福利；二是与会员单位和兄弟单位合作，为员工提供年度体检、拓展训练、外出交流等福利，提升员工的身体素质和专业技能。

二　党建引领，各项工作开展扎实有保障

党建工作是协会工作的重中之重，是协会发展的政治保障。多年来，协会将组织建设、思想建设、文化建设相结合，将党建工作融入各项活动中，以“党建+”模式凝聚组织合力，推动组织发展。协会支部先后荣获全国志愿服务优秀党组织、成都市2016年“先进基层党组织”、成都市“双强六好”示范党组织等殊荣。

（一）健全组织建设，党建工作根基稳

抓好组织建设是党建工作顺利开展的基础。协会在壮大自身党组织建设的同时，引导和帮助相关公益组织建立党小组，逐步实现党的基层组织在社会组织中全覆盖。一直以来，协会坚持开展党的基层组织建设和延伸，初步构建“1＋3”三级组织体系。“1”即在芳草社会组织孵化园牵头建立党总支，总支下设9个党支部，“3”即在区级设立协会秘书处，在6个街道设立分会和48社区设立专员，逐步实现党的基层组织全覆盖。此外，积极与相关公益组织负责人接洽，宣传基本党务知识和政策。目前，在成都市委组织部的关心下，党支部已发展为市委常委、组织部部长胡元坤的个人示范联系点，极大地带动了高新区工委组织部和芳草街道党工委对协会支部建设的亲力指导，整体推进了协会党建工作的长足发展。

（二）坚持思想建党，党建工作方向准

坚持思想建设是党建工作顺利开展的保障。协会把“思想建党”置于党建的重要位置，从日常学习、参访活动、理论探讨等方面筑牢成员的思想防线。

注重相关政策理论学习。协会不断推进“两学一做”常态化制度化，从严落实“三会一课”、固定党日、双重组织生活等党内生活制度，强化党员意识。注重将党务学习与业务专题学习紧密结合，确保党员战斗力提升和支部战斗堡垒作用发挥。

注重革命历史参访学习。回顾中国共产党为实现中华民族独立和富强的光荣奋斗史是坚定理想信念、永远跟党走的必要步骤。协会党支部划拨专门资金，组织协会党员和入党积极分子多次参观红色革命纪念场所，以追思革命先烈，学习光荣事迹，交流学习体会，坚定理想信念，夯实党建工作。

注重党建知识理论总结。协会在注重对党和国家最新政策、理论学习的基础上，根据自身党建工作的实际，结合其他公益组织、民营企业的党建实

践，先后编写多部有关志愿服务与党建工作的著作，如《基层志愿服务活动的策划与传播》等，在业内产生积极影响。

（三）开展公益活动，党建工作成效好

开展志愿服务是党建工作扎实有效的支撑。党组织成员的理想信念和服务意识坚定不坚定，思想建设的成果牢固不牢固，开展党员志愿服务是“试金石”。协会实施“党建＋志愿服务”，将党建工作与志愿服务相融合，以志愿服务为载体，推动党建工作扎实推进。

一是整合服务对象资源，服务党建工作。依托社区志愿服务“项目管家”载体，为党组织和党员报到提供服务平台。紧密结合社区群众最切实的需求，引导党组织和党员参加各类民生志愿服务活动，密切党群干群关系。

二是整合机关资源，推动志愿服务。在成都市委组织部支持下，争取省委组织部、省委研究室、市委办公厅、市委组织部等到肖家河、中和街道和高新公益园开展志愿服务。在机关工委支持下，联合机关部门成立15支党员志愿服务队，发展1万余名党员志愿者，承办全区“我们的节日”等系列活动。主动融入城市区域化党建当中，与桂溪街道党工委、中和街道党工委、芳草街道党工委共同开展“全民健康周”“践行两学一做，七一党员主题活动”“党团引领，情暖桂溪”等志愿活动。

三是整合社会资源，服务社会民生。依托协会会员企业、机关和社会组织，经常性开展义卖、义捐活动，如在“4·20”芦山地震和“8·3”鲁甸地震后，协会党支部与软件园公司党委共筹集30万元善款；整合企业资源，建立企业可持续发展表达平台，开展企业CSR项目推进发布会，组织企业赴高新东区开展精准扶贫献爱心活动，每年举办慈善健康跑和常规公益助学服务，近年来共筹款67万元。

（四）坚持文化建设，党建服务入人心

协会实施“党建＋文化建设”，坚持将志愿服务文化与党的宗旨紧密融

合，秉持“志愿服务聚人心，党建引领促发展”理念，以志愿服务工作为抓手，不断加强党的精神文明和群众工作。传播志愿服务理念，通过创作“幸福高新·花开缤纷”“IM’IN”志愿者歌曲、出版全市首本志愿服务教材等方式，培育和弘扬志愿服务文化，增进群众对“友善”“公益”的认同。

近年来，协会致力于推广高新区志愿文化。在党组织和党员、党员服务队的示范引领下，形成了“组织健全有保障、项目创新接地气、党建引领促发展”的富有高新区特点的志愿服务文化。志愿服务与党建工作相融合的文化建设先后被《中国青年报》《四川日报》《成都日报》报道，协会文化建设的经验和亮点也为社会所熟知。

三　联合联动，推进社会治理可持续发展

“社会治理”的提出，是为了弥补政府失灵，鼓励社会组织和公民个人参与到社会发展中来，凝聚合力以改进社会面貌。“奉献、友爱、互助、进步”是志愿精神的核心内涵，志愿服务是帮助他人和实现自我的结合，是集助人与互助于一体的行为。可以说，志愿服务是社会治理的题中之义。协会秉持志愿精神，宣扬志愿文化，凝聚社会合力，参与社会治理，以“五个联动”推进志愿服务的广泛覆盖和迅速发展，提升社会治理水平。

（一）与政府机关联动，公共服务有效供给

作为枢纽型社会组织，协会是在政府部门注册、接受政府部门监管，并作为政府机构和社区居民的“连接器”的身份存在的。因此，与政府机关联动是协会生存和发展的必然要求。

与本区域政府机构联动，为辖区群众提供服务。协会自成立以来，与高新区管委会及所辖部门保持良好的合作关系。一是接受管委会的管理和监督。协会严格遵守管委会的各项规定，及时领会管委会的相关政策，积极协助管委会的各项工作。二是满足管委会的需求和要求。协会在管委会内设立专职工作人员，与管委会保持实时沟通，了解管委会在提供公共服务方面的

需求和要求，为辖区居民提供丰富的公共服务，如高新区2012“七彩高新”关爱农民工志愿服务项目、高新区2010年“人文高新”公益讲坛志愿服务项目、肖家河正街社区“爱心助教”志愿服务项目、石羊新北“启点&理发”志愿服务项目、“幸福高新”敬老助残（爱幼）志愿服务项目、“大手牵小手·你我同欢乐”2014成都高新区国际家庭日主题活动、石羊新北“社区心理辅导”志愿服务项目、神仙树社区2015年公益跳蚤圈活动项目、双源社区“人人参与消防，共创平安和谐”消防安全专题讲座志愿活动、“爱在芳草+”微心愿点亮计划、高新区芳草街街道2017微公益创业项目等。

与区域外政府机构联动，为公共部门提供服务。随着协会在志愿服务方面的专业化和影响力不断提升，与各级各类公共部门的合作也不断增多。目前协会主要为各级各类公共部门提供志愿服务队伍建设、志愿服务活动策划、志愿服务项目培训、志愿服务成果考评等服务内容，先后与成都市妇联、武侯区文明办、成华区组织部、大邑县政府、温江区政府等公共部门合作，已合作建成“成都市妇联巾帼志愿服务队”“武侯区志愿服务联合会”等志愿服务队伍，为成都市妇联策划环保骑行、妇幼保护等多项志愿服务活动。

（二）与群团组织联动，社会组织活力迸发

志愿服务的常态化开展，需要汇聚不同类型社会组织的力量。志愿服务的制度化开展，需要专业规范的社会组织的参与。协会在推动自身专业化、规范化发展的同时，注重与其他社会组织共同发展和进步。在各类社会组织的共同努力下，区域社会组织的整体实力不断提升。

注重社会组织的孵化培育。通过建设运营高新区群团社会组织服务园和芳草街道社会组织孵化园，协会对入驻园区的十多家社会组织进行培育，在能力建设、党建工作等方面进行培训，为入园机构提供资源链接，将区、街道、社区的政府购买项目与入园机构对接。例如，在协会的协调下，2017年芳草街道的“公益创投”项目与入园机构实现对接，截至12月底，20个项目已圆满完成，实现入园机构的服务能力和社区居民的生活品质“双提升”。

接待各类组织的参访交流。协会坚持开放的发展理念，在输出自身经验的同时，也输入各类特色做法。近年来，随着协会在业内知名度和影响力的提升，来自全国各地的政府机构、社会组织、知名企业多次前来参访，在了解协会发展历程和特色的同时，交流彼此的心得和体会。2017 年，协会派工作人员赴北京、上海、浙江、广州及香港等地参访学习，并在协会内部交流学习心得。2017 年，来自湖北、浙江、湖南及四川省内的各级统战部门、组织部门多次来协会参访，来自成都市的各类社会组织也先后来协会参观学习。

（三）与会员企业联动，志愿服务遍地开花

协会是以企业会员为主的独立法人社团，目前已发展会员单位 150 余家，包括英特尔产品（成都）有限公司、通威集团、宜家（成都）、皇城老妈、建国汽贸、泰和泰律师事务所等各类知名企业。协会与会员单位保持联系，将企业可持续发展实践与志愿服务有效结合，在提升企业知名度的同时，扩大志愿服务的主体和受众，提升志愿服务的质量。

了解企业可持续发展的需求，链接志愿服务对象。在协会已有的会员单位中，多数企业对推动可持续发展有着深刻的认识、迫切的需求和坚实的保障。基于这一认识，基于服务宗旨，协会将企业履责与志愿服务对接，实现志愿服务遍地开花。

一是与会员企业保持良好沟通，实现服务输入。了解会员需求，规范会员管理，协会在秘书处专门设立会员部，由专人负责会员单位的相关事宜。一方面，日常通过电话、QQ、微信等平台，及时收集会员单位的履责需求，建立会员单位需求台账；另一方面，利用各类重大节日的契机，派 1 ~ 2 人小分队走访会员单位，在联络感情的同时，了解会员单位的需求及对协会工作的建议，如协会先后走访安利四川公司、安邦财险四川公司等。同时，热情接待各类企业的参访交流，扩大会员数量，如建国汽车集团、北京碧水源净水科技有限公司来协会参访，并建立合作关系。

二是为会员企业搭建服务平台，实现需求对接。为了使会员企业用于推动可持续发展的人、财、物得到充分利用，协会致力于搭建企业与社区的合

作平台。协会在收集企业履责需求与社区所需服务的综合信息后，通过与社区的联络，结合企业实际，通过专业的项目设计，为企业制定针对性的实施方案，实现供给与需求的对接。如联合大型企业、行业协会、专科医院等为社区居民免费提供义诊、义务维修、慰问演出等各类志愿服务，形成资源共享。

三是协助会员企业服务成效提升，实现服务输出。为了使会员企业履责实践更加富有成效，协会为企业提供全程的指导和协助。一方面，由协会项目部牵头，与企业、社区协调，敲定最佳活动实施方案，实现协会、企业与社区三者需求的统一，减少活动开展中的摩擦；另一方面，对参与活动的企业员工提供专业化的社工培训，提升志愿服务的质量。协会与普华永道、华尔道夫、中建三局、英特尔、神马专车等企业进行项目合作，开展志愿活动，服务居民群众。例如为庆祝第 39 个“植树节”，来自英特尔、四川航空、澳新银行、中建三局、敦豪货运和城市之音电台等高新区志愿者协会成员单位以及中和街道、社区的 330 名党员和青年志愿者共同为“高新绿洲”植树献绿。再如由协会承办的中建三局“党的十九大精神进企业”活动，在组织企业员工学习中央精神的同时，还为困难员工送去慰问品，为员工带去物质和精神温暖。

四是强化与非公企业党建合作，提升整体党建水平。协会与会员企业在加强志愿服务合作的同时，也注重党建工作的交流与合作。加强党组织之间日常交流，定期开展党建工作座谈会分享党建心得，组织企业、社会组织党员共同参加志愿服务活动，实现党建理论与党建实务“双交流”。例如 2017 年 12 月，协会与建国汽车集团、泰和泰律师事务所、富士康（成都）公司、成都（大邑）非公企业学院等机构举办基层党建研讨会，就民营企业和非公组织的党建工作交流经验。

（四）与院校智库联动，智慧人才强力支撑

协会在注重实践活动开展的基础上，也注重志愿服务、党建工作的理论总结和提升。

一是利用院校和智库的智慧资源。充分借助四川大学、四川省社会科学院等相关研究机构的学术资源，建立跨领域的社会化的研究平台，从事区域企业可持续发展研究与培训等工作。联合中经联在蓉机构等智库，运用市场化方式，建立本土化公司化咨询机构，为辖区企业提供 CSR 报告编制与咨询、建立内部 CSR 沟通体系、开展可持续发展资源对接、提供可持续发展能力培训、举办社会公益活动策划等直接性服务。与商道纵横等咨询公司合作，加强在企业可持续发展研究和实践方面的合作。

二是引进院校和智库的专家人才。邀请院校和智库的专家为协会发展做理论提炼和未来设计，涵盖协会的志愿服务、党建工作等方面。协会与四川大学、西南民族大学等合作编著《志愿服务大家说》，与四川省社会科学院合作开展社会工作、党建工作专题培训。吸引四川大学、西南民族大学、四川师范大学等院校社工专业毕业生到协会任职工作。提升了协会整体的理论水平，充实了协会的人才队伍储备。

（五）与社区居民联动，幸福家园携手共创

推动和谐社区建设是协会的重要职责。在社会组织涌入社区营造后，社区居民的参与也极为重要。协会注重联系社区活动的积极参加者和志愿服务的积极提供者带动身边人参与社区营造，注重创新社区居民参与志愿活动的管理方式，注重建设社区居民参与志愿活动的激励机制。与社区合作，与居民联手，建设幸福家园。

注重热心居民的发展和联络工作。协会以志愿服务活动开展为平台，发现参与活动的个体中具有领导力、号召力和奉献精神的社区居民。保持与他们的沟通和联络，以志愿服务“领头雁”激发社区居民参与志愿服务的热情。以高新区芳草街道义工总队队长虎永芳为例，自 2012 年起成为一名义工以来，她不计报酬、持之以恒地组织和参与志愿服务，被义工们尊称为“虎妈妈”。在她的带领和鼓励下，众多社区热心公益的退休职工、年轻白领等陆续加入义工队。他们实实在在地陪伴孤残老人、关爱留守儿童、帮扶贫困学子，并为社会弱势群体奔走呼吁、募集善款。截至 2017 年 10 月底，

吸纳志愿者1100余名加入队伍，全队志愿服务总工时达10000小时以上。社区的志愿服务氛围愈加浓厚，志愿服务主体愈加多样。

创新社区志愿服务参与管理方式。通过创新管理方式，社区居民可以便捷、全面参与活动。一是通过多种渠道发布社区志愿服务活动信息。利用成都高新区志愿者网、微信等网络平台和社区工作人员、社区宣传栏等实体平台，提前发布社区志愿活动信息。二是社区居民参加活动采取“打卡制”。在活动现场设立二维码，通过入场扫码和离场扫码记录参与者活动时长。在老旧院落，立足居民年龄偏大、对新技术使用不够熟练的情况，在现场设立签到台，在工作人员协助下完成活动记录。

建设社区志愿服务参与激励机制。一方面，在活动经费允许范围内，为活动参与者提供物品奖励，表彰志愿服务行动；另一方面，实施志愿服务参与“积分制”，依托互联网平台，结合居民参与志愿服务活动时长、次数、质量、活动等级、媒体报道情况等综合得分，以不同积分档次兑换不同礼品，多积多得，激发居民参与志愿服务的热情和动力。

四　秉承服务，助力区域经济社会发展步入新时代

“我们只做两件事，一是服务，二是更好地服务”，这是协会工作的核心理念。着眼该理念的践行，协会将为大局发展服务、为会员企业服务、为社区营造服务、为弱势群体服务、为农村致富服务作为工作主线，以全面优质的服务提升组织形象和影响力，以踏实细致的服务共推区域协调可持续发展。

（一）竭尽全心为大局工作服务，共赴区域发展“新征程”

围绕党委、政府明确要求和工作核心发起志愿服务是协会工作的基本立足点。服务党委、政府战略部署和政策规划落实志愿服务是协会工作的基本落脚点。协会坚持长期组织员工学习党委、政府相关政策规定，严格按照有关要求，从区、街道、社区层面组织开展志愿服务活动。从陪伴交流、矛盾化解等细微之处着手，以志愿服务的方式感染群众、教育群众，建设和谐社

区；用传统节日知识普及、习俗回顾等方式设计活动，普及中国传统文化，建立和谐邻里关系；坚持党建引领，时刻保持思想学习，坚定不移围绕党的核心工作开展业务活动，营造良好的社会氛围，为打造友善公益之城积极贡献力量。

2017 年，协会紧跟高新区政府机构改革的趋势，进一步精简和规范机构和人员设置；协会明确领会习近平总书记有关社会组织发展的讲话，继续深化协会各方面工作；协会积极学习和践行“党的十九大精神”，成立“党的十九大精神宣讲队”。协会服务大局，围绕核心的能力进一步提升，战略定力和理想信念更加坚定。

（二）细致贴心为会员企业服务，注入志愿服务“新活力”

企业推进可持续发展是志愿服务的重要组成部分。协会以企业履责为抓手，为会员单位搭建服务平台，发挥会员单位示范作用，推动区域企业履行可持续发展义务。

一是定期组织会员单位开展“企业文化”“可持续发展”等专题培训，为企业履责行动提供全面、系统、科学的指导，切实解决企业面临的实际问题。

二是结合街道社区基层党建工作与社区治理，联合经信委与慈善会确立一批企业可持续发展点示范单位，引导企业在推进可持续发展的同时服务社区发展，服务群众社会民生。

三是协助党工委管委会巩固办好全区“最具可持续发展感企业”评选活动，充分发挥英特尔等企业可持续发展示范单位的引导作用，带动更多企业实现可持续发展。

（三）坚持恒心为社区营造服务，共创社区治理“新局面”

社区是志愿服务活动的主阵地，志愿服务与社区营造是相辅相成的。协会以社区为基点，将志愿服务与社区营造融合，为社区提供资源链接、志愿培训等服务，与社区共同致力于打造和谐家园。

一是为社区营造链接资源。协会依托已有的会员企业，将企业志愿服务活动与社区需求结合，将企业的爱心捐助用于社区的营造，弥补社区公共服务资金不足。依托已有的社会组织，将社会组织的业务与社区居民需求结合，由社区购买服务，由社会组织提供服务。

二是动员社区居民共同营造。协会始终重视社区居民在社区营造中的重要作用。依托已有的专业团队和智库专家，为社区居民提供专业的社会工作和志愿服务培训，提升居民参与服务的成效。

（四）汇聚爱心为弱势群体服务，绘制社会平等“新蓝图”

弱势群体是志愿服务的重点对象。协会在开展提升生活品质的项目的同时，也注重对老弱病残等弱势群体的基础保障项目。在社区志愿服务活动中保持一定比例的扶助弱势群体的项目，包括助老、助残、儿童保护等。与专业提供助弱服务的社会组织合作，进行知识宣讲，引发社区居民对弱势群体的关注。将“授鱼”与“授渔”相结合，提高弱势群体生存和发展的能力。以2017“芳草公益创投”项目为例，助弱项目占总项目的1/5，涵盖儿童防欺凌教育、助困就业项目、精彩人生助老、微公益创业活动等。项目的开展提高了社区待业居民的创业就业能力，提高了老年人的生活品质，增强了儿童抵御风险的能力。

举办主题活动为弱势群体筹集善款。对于因自然灾害、就医就学等产生的弱势群体，协会充分发挥平台作用，举行主题活动，征集善款和物资，以解燃眉之急（见表1）。

表1　高新区志愿者协会为弱势群体筹集善款汇总

单位：元

序号	交易时间	支出金额	捐赠方（捐赠用途）
1	2013－07－11	85529.30	转款至德格教育局
2	2013－11－26	257200.00	泡桐树小学
3	2013－12－12	250052.50	慈善跑
4	2014－01－20	189879.60	慈善跑

续表

序号	交易时间	支出金额	捐赠方（捐赠用途）
5	2014－05－28	30008.40	河南省儿童希望救助基金会
6	2014－06－25	100008.40	河南省儿童希望救助基金会
7	2014－08－08	32982.20	明速维科技有限公司
8	2014－08－08	84890.50	鲁甸县民政局社会捐赠专户
9	2014－08－19	12594.60	鲁甸县民政局社会捐赠专户
10	2014－08－20	6735.00	鲁甸县民政局社会捐赠专户
11	2014－10－08	240030.00	高新区培训联盟 英特尔捐款购买培训设备
12	2015－01－07	1504.00	和谐社区发展慈善基金“罗波小学”
13	2015－02－06	18876.70	英特尔捐款购买工具零件
14	2015－04－30	148791.80	西藏地震日喀则
15	2016－06－07	5004.00	企业可持续发展沙龙支持
16	2016－07－19	14217.90	脑瘫儿童捐赠
17	2016－08－18	14400.00	困难母亲捐款
18	2016－08－26	3000.00	中外亲子慈善跑 流动儿童家访项目
19	2017－09－15	18000.00	微梦想活动费用
20	2017－09－21	94439.50	九寨第四小学应急示范站
21	2017－09－21	20000.00	九寨第四小学应急示范站
22	2017－09－26	69160.00	九寨捐赠计算机费用
23	2017－10－17	125.00	九寨捐赠计算机费用
24	2017－10－17	41650.00	九寨捐赠计算机费用
25	2017－10－17	4109.00	九寨捐赠仪式工作人员费用
合计		1743188.40	

（五）独具匠心为农村发展服务，共辟精准扶贫“新路径”

协会在紧抓城市社区志愿服务的同时，紧密结合精准扶贫的政策，将会员企业的发展与农村脱贫结合，以志愿精神推动农村健康发展。协会依托现有的企业和智库资源，由专业人士为农民开设创业讲坛，信息技术讲坛，提升农民对新事物的了解和对新技能的掌握。此外，实现企业扩展与农村发展相融合。目前已实现红旗连锁股份有限公司在简阳农村建立连锁超市，在便民的同时实现农民就地就业。

未来，协会将继续发挥平台作用，搭建企业与农村之间的桥梁，使更多的企业关注和支持农村发展。立足新的历史方位，高新区志愿者协会将以习近平总书记新时代中国特色社会主义思想引领机构发展方向，将以高度的责任感和使命感推动志愿服务、党建工作和服务民生深度融合，将以更加坚定的信念、开放的理念、创新的方法和专业的服务推动组织可持续发展，服务发展大局，助推社会治理，为建设宜居宜业新成都汇聚力量，提供动能。

B.9
家乐福“空山黄牛”案例

张古月*

摘　要： 通江“空山黄牛”养殖项目是家乐福国际基金会和四川省扶贫基金会栋梁工程分会在国家级贫困县通江县组织实施的家乐福农民技能培训暨创业扶持项目，解决了33户贫困农户脱贫的问题。该项目具有项目选择的准确性、项目推进模式的创新型、项目成果的显著性三大特点：在帮扶项目的选择上具有准确性；在项目推进模式的选择上具有创新性；具有显著的经济效益和可持续的社会效益。

关键词： 家乐福　空山黄牛　CSR评估报告

2017年3月28日，四川省社会科学院企业社会责任研究与评估中心与家乐福集团公司和四川省扶贫基金会栋梁工程分会的代表，专程赴四川省巴中市通江县对家乐福的可持续发展投资项目——通江“空山黄牛”养殖项目进行调研与评估。参与评估的人员有：平文艺，张古月，郭玲丽，肖文艳。现将主要情况报告如下。

一　项目投资概况

家乐福国际基金会成立于2000年，在全球范围与非营利组织进行紧密

* 张古月，四川省社会科学院研究生院研究生。

合作，致力于紧急救援、食品援助等项目，高度关注农民、学生等社会群体。近年来，家乐福国际基金会已为雅安地震、海南台风、深圳滑坡等提供紧急援助，并大力倡导食品健康类活动，如通过食品的捐赠和收集帮助社会弱势群体，同时大力支持农业产业的发展，并倡导健康均衡的饮食及生活方式。截至目前，家乐福国际基金会和家乐福中国参与的企业可持续发展公益项目已达上亿元。

四川省扶贫基金会栋梁工程分会是四川省扶贫和移民工作局主管的扶贫开发社会组织，紧紧围绕四川“脱贫攻坚、精准扶贫”的有关部署开展社会扶贫工作，主要以栋梁工程、立德树人工程、百工技师工程、农业产业扶贫和产业投资扶贫开发五大板块开展业务。其中，“栋梁工程”“立德树人工程”“百工技师工程”三大教育扶贫项目均被纳入四川省委、省政府社会扶贫重点实施项目。

“家乐福农民技能培训暨创业扶持项目”是在2008年“5·12”汶川大地震和2013年“4·20”芦山地震发生后，家乐福国际基金会联合四川省扶贫基金会栋梁工程分会共同发起的赈灾扶贫项目。家乐福先后向栋梁工程捐赠共计400万元，帮助灾区人民尽快恢复生活和生产。自2009年起，先后实施了“绵阳关帝土鸡项目”“玫瑰花技能培训项目”“羌绣技术培训项目”“安岳科学养兔项目”“雅安市荥经县天麻种植项目”“天全县山葵种植项目”等6个子项目。2014年底，四川省扶贫基金会栋梁工程分会与家乐福再次商定，将项目帮扶地区扩展到四川四大“特殊困难扶贫连片地区”（秦巴山区、川南乌蒙山区、大小凉山彝区、高原藏区），帮助更多贫困农户脱贫致富。经过多次考察，最终确定了“雅安市荥经县天麻种植项目”、“天全县山葵种植项目”和“巴中市通江县空山黄牛养殖项目”三个帮扶子项目。

2015年5月，家乐福国际基金会和四川省扶贫基金会栋梁工程分会在国家级贫困县通江县，组织实施家乐福农民技能培训暨创业扶持项目——定点帮扶通江空山黄牛养殖项目，发放小额无息贷款99万元，帮扶33户贫困农户养殖通江空山黄牛326头，截至2016年11月底，帮扶项目实现总产值近3900万元，共出售育肥牛287头，生产牛犊30头，现圈存栏牛69头，收入达到 401.2 万元，纯利润实现 102.3 万元，贫困农户户平增收 3.4 万元，人均增收 8100 元，解决了 33 户贫困农户脱贫的问题。

二　帮扶对象选择的准确性

家乐福国际基金会和四川省扶贫基金会栋梁工程分会经过多次考察，最终确定了“巴中市通江县空山黄牛养殖项目”为其帮扶对象，因地制宜选择发展前景看好的通江“空山黄牛”养殖项目，其帮扶对象的选择具有准确性，其原因有三点。

1. 选择通江县的准确性

通江县地处川东北秦巴大山区，基础条件差，交通不便，农民生产生活全靠爬坡上坎、肩挑背磨，贫困面大且程度深，其扶贫难度也较大。

首先，基础设施建设成本高。通江县贫困面大，贫困村大多位于高山峡谷地带，居住分散，配套实施交通、水利、有线电视、宽带网络等基础设施建设成本较高，所需资金投入量大。

其次，增收主导产业培育难度大。受区域条件、贫困农户致富能力等制约，以茶叶、核桃为代表的主导产业发展规模化、集约化程度低，周期较长，管护成本较高，短期内不能见到经济效益。一些短平快的产业规模小，类型趋同，市场价值不高，群众增收幅度较小。

最后，集体经济稳定持续难度大。村级集体经济收入渠道少，来源稳定性差，难以持久。目前大多数村集体经济，一方面是通过土地塘库流转、闲置房屋租赁、为企业提供协调服务获取一定收入，但很多属于“一锤子买卖”，收入不可持续，受市场波动影响大。因此，就更加需要政府、企业和社会的帮扶。

但是，通江县的产业扶贫工作也具有其自身的优势。通江虽然是一个典型的山区农牧业生产大县，畜牧产业存在生产方式落后、生产效益低下、产品开发不足等现状，但是通江县充分利用资源优势，循着品种良种化、养殖设施化、生产标准化、防疫制度化、粪污无害化的路径，走循环养殖和可持续发展路子，使畜牧产业再上新台阶，能在激烈的市场竞争中立于不败之地，甚至脱颖而出。

2. 选择通江县犁夫牧业公司和三套车生态农业专业合作社的准确性

三套车专合社和犁夫牧业公司以空山黄牛全产业链的开发为契机，以品牌创建为抓手，一直把“做给农民看，带着农民干，帮着农民赚”作为自己的行动纲领，创新“五统五包”帮扶激励机制（即统一牛种包牛源补栏、统一配料包饲草供应、统一培训包技术指导、统一防疫包疾病治疗、统一销售包保底价收购），采用集中和分散养殖相结合的模式，对凡是具有养殖愿望的贫困户，按照科学设计和环境保护的要求，指导对其养殖圈舍进行规范新建或改造，并负责对贫困户进行全面的技术培训、提供核心精饲料和防疫消毒等社会化服务、定期监管指导。专合社和公司直接与所有养殖户均签订肉牛养殖包销协议，确保贫困户养牛增收致富。

实施项目要有强大的技术作支撑，为了帮扶通江“空山黄牛”养殖项目实施，犁夫牧业公司和三套车专合社专门聘请了由四川农业大学动物科学院国家二级教授、国内著名的养牛专家赖松家教授带领的专家团队定期进行现场指导，并与四川农业大学深度合作，向空山黄牛养殖农民提供技能培训，让农民掌握养殖技能，并在公司及合作社的指导下进行了标准化圈舍建设和规范化养殖，使养殖顺利进行、效益成倍增加。

2016 年 8 月，犁夫牧业公司投资 4471 万元，在火炬镇苟家坝村，建设通江空山黄牛标准化屠宰分割冷链加工厂，建设年屠宰分割 3 万头通江黄牛自动化生产加工线 1 条，标准化冷链冻库 1 座，连接企业通江黄牛保种选育、肉牛育肥、屠宰加工产业链条，调动公司帮扶带动的专合社、家庭牧场、贫困农户养殖肉牛的积极性，实现肉牛养殖销售无忧，增值增收。项目全面营运可直接安排就业 82 人，通过肉牛养殖示范作用，直接带动周边养殖贫困农户 360 户，可直接带动通江县火炬镇等 18 个乡镇发展养殖肉牛 20000 头，可以间接解决 4000 人的农村劳动力问题，并实现参与养殖人员人均年增收 2.5 万元的目标。

3. 选择“空山黄牛”养殖项目的准确性

一是“空山黄牛”具有地方良种优势。空山黄牛在通江地区已有 2000

多年的养殖历史，具有抗逆性强、耐粗饲、繁殖力强、育肥性能良好和肉质风味好等特点，1982 年被列入世界牛种名录，2007 年被纳入四川地方畜禽品种志。

二是“空山黄牛”具有基础群体优势。可以将已有的基础转化为产品优势，进而形成商品优势和经济优势。

三是有丰富的饲料资源。通江以生产稻谷、玉米、小麦、红苕、油菜等粮油作物为主，年农作物总播种面积达 9.9 万公顷，年粮食总产量达 36.2 万吨，各类农作物秸秆年产量达 50 万吨以上（风干），同时有草山草坡 309.5 万亩，年产草载畜量 50 万个黄牛单位，丰富的饲草资源为发展养牛业奠定了良好的物质基础。

四是有生态优势和传统的养殖习惯。通江地处秦巴山区腹心地带，境内气候温和，四季分明，雨量充沛，森林覆盖率高达 62.8%，生态环境良好。特别是空气、水源、土壤未受到任何工业污染，是生产绿色生态有机农产品的最佳区域，养殖通江空山黄牛是贫困农户脱贫致富的重要首选经营项目。

三 项目推进模式的创新性

“空山黄牛”养殖项目的推进，构建了“投资 + 执行 + 监管”保障模式和“龙头企业 + 协会 + 基地 + 贫困农户”实施模式两大创新模型。

1. “投资 + 执行 + 监管”的保障模式

“空山黄牛”养殖项目采取“投资 + 执行 + 监管”的保障模式。家乐福作为项目的投资方，对贫困农户发放小额无息贷款；四川省扶贫基金会栋梁工程分会作为项目的执行方，负责项目的前期考察和筛选，并对项目的实施进程进行落实；四川犁夫牧业公司作为项目的监管方，监督从帮扶对象选择、资金发放、养殖过程到资金回收等项目实施的全过程，并为帮扶对象提供担保。

“投资 + 执行 + 监管”的保障模式，能有效地为项目运营的全过程提供可靠的保护。一方面，保障了家乐福农民技能培训暨创业扶持项目——定点帮扶通江空山黄牛养殖项目的资金安全性和可回收性；另一方面，保障了项目选择的准确性和项目实施的可操作性，促进了“空山黄牛”养殖项目的可持续发展。

2.“龙头企业 + 协会 + 基地 +贫困农户”的实施模式

推行“龙头企业 + 协会 + 基地 + 贫困农户”的发展模式，充分发挥“空山黄牛”养殖项目中，龙头企业辐射和中介组织桥梁纽带作用，使原料生产、原料供应和产品加工、销售有机地结合在一起，形成完整的产业链。发挥专合组织的作用，稳定供求关系，促进“产、加、销”协调发展，使企业与农户建立稳定的“利益共享、风险共担”共同体，形成以龙头带农户、以农户促龙头，各环节相互促进的一体化经营机制，增强通江空山黄牛养殖产业发展后劲。

三套车专合社、犁夫牧业公司在实施家乐福帮扶贫困户发展通江空山黄牛养殖生产中，开展“一帮二扶六提供”。一帮：帮助贫困户发展通江空山黄牛养殖产业。两扶：扶志气，扶智力。三套车专合社，犁夫牧业公司先后6次召开会议，宣讲家乐福、省扶贫基金会对贫困户的关心关爱，并跟踪指导贫困户发展通江空山黄牛养殖，以坚定贫困农户脱贫致富的信心和决心。六提供：一是提供示范。犁夫牧业公司在杨柏乡仙人嵌村建设了“核心肉牛养殖示范场”，用现身说法证明养殖肉牛增收确实可行。二是无偿提供圈舍。肉牛养殖采用集中养殖和分散养殖相结合，对没有圈舍又没钱建设圈舍的贫困农户，无偿让他们把牛养在公司修建的圈舍里。三是无偿提供技术培训和指导。凡是从事通江空山黄牛养殖的贫困农户，必须参加公司无偿举办的技术培训，接受公司的技术指导。四是提供牛犊。对资金不足又买不到牛的贫困农户，公司将犊牛提供给贫困户养殖。五是提供防疫治病服务。公司聘任8个有资质、有经验的畜牧专业技术人员，对贫困户养殖的肉牛，定期打预防针、圈舍消毒，对养殖的肉牛出现的突发疾病及时治疗。六是提供销售和收购。公司与帮扶养牛的贫困户，全都签订了肉牛养殖及销售协议，公司除按高于当地市场3%的价格收购贫困户养殖的肉牛外，每交1头育肥牛，由公司奖励现金300元，以解决贫困户养牛害怕市场波动的后顾之忧。

四 主要成果

1. 经济效益的显著性

首先，解决了贫困户资金困难。家乐福国际基金会和四川省扶贫基金会栋梁工程分会在贫困农户发展肉牛养殖初期，雪中送炭及时解决资金短缺问题，为贫困农户发展肉牛养殖注入了生机和活力。

其次，真正实现了增收致富。家乐福国际基金会和四川省扶贫基金会栋梁工程分会投资支持33户贫困农户发展肉牛养殖100%实现了增收。火炬镇马家坪村贫困户闫联才计划养牛8头，实际养牛12头，全部销售，纯收入达到4.5万元，人均增收1.1万元；火炬镇园铧山村贫困户张家洪计划养牛7头，实际养牛10头，已全部出售，纯收入达到3.6万元，人均增收1.2万元；火炬镇苟家坝村贫困户杨永丰加上自筹资金购买架子牛，运用培训的技术快速育肥通江空山黄牛，已出售肉牛16头，收入达到21.4万元，实现利润6万元，人均增收1.5万元。

2. 社会效益的可持续性

首先，实现了帮扶带动。家乐福国际基金会和四川省扶贫基金会栋梁工程分会定点帮扶通江空山黄牛养殖项目实施的成效，有力地促进和带动了通江空山黄牛的养殖，截至2016年11月底，全县新增通江空山黄牛养殖农户203户，专业合作社16个，养牛3400头，实现收入2800万元。

其次，增强了贫困农户发展生产的决心和信心。帮人要帮心，扶贫先扶志，家乐福国际基金会和四川省扶贫基金会栋梁工程分会投资支持贫困山区农民发展生产，这种大爱的精神，让贫困农民异常感动，33户贫困农户多次在不同的场合表示，要用自己的智慧和辛勤的劳动，努力从事通江空山黄牛养殖，以优异的成绩来感恩家乐福国际基金会和四川省扶贫基金会栋梁工程分会对他们的关心和关爱。

最后，获得了一致好评。家乐福国际基金会和四川省扶贫基金会栋梁工程分会定点帮扶通江空山黄牛养殖项目，受到了当地党委政府和人民群众的一致好评，该项目的发展模式也对通江县其他扶贫项目的投资与实施产生了重要的影响。

五　结论与建议

我们认为，“空山黄牛”养殖项目具有项目选择的准确性、项目推进模式的创新性、项目成果的显著性等特点，对通江县“精准扶贫”工作的开展和被帮扶贫苦户的脱贫摘帽具有促进作用。在家乐福国际基金会和四川省扶贫基金会栋梁工程分会的帮扶下，在通江县三套车专合社和犁夫牧业公司的带动下，通江县“空山黄牛”项目的养殖农户走上了一条合作致富的道路，不仅贯彻落实了“精准扶贫”“精准脱贫”的战略举措，还创立了符合通江特色的“合力扶贫”发展模式，为巴中市乃至四川省扶贫工作的开展提供了一个范本。

但是，“空山黄牛”养殖项目还存在贫困户覆盖率低、扶贫资金回收难等问题。在项目资助的33户农民当中，只有10户是“建档立卡户”，其他23户均为一般贫困户。另外，个别农户对家乐福农民技能培训暨创业扶持项目并不了解，加上对四川省扶贫基金会栋梁工程分会性质的曲解，误将企业的小额贷款项目看作政府性质的无偿捐赠，缺乏基本的还款意愿。再加上一些农户缺乏诚信意识，不遵守与犁夫牧业公司签订的回购合同，选择高价卖给别人，造成了资金回收的不可控制性。

综上所述，我们对“空山黄牛”养殖项目提出以下建议。

（1）帮扶对象选择的标准化、规范化。在帮扶对象的选择上，建议在农户有养殖黄牛的意愿且有能力掌握养殖技术的情况下，优先选择符合条件的建档立卡的贫困户，尤其是“建卡户”中的特困户为帮扶对象，贯彻落实以“建卡户”为主、一般贫困农户为辅的基本原则。在“企业连大户，大户连农户”的运作方式下，应当充分发挥大户的牵头带动作用，但并不代表就要将大户作为帮扶的对象，帮扶重点还是要落实在因贫困而缺乏通江空山黄牛养殖资金的有养殖意愿的农户上。项目在实施的前期，由于宣传等各种原因，有养殖意愿的建档立卡户较少，这是项目起步阶段可以理解的现象。在项目顺利推进且取得显著成果的情况下，应当加大“空山黄牛”养殖项目的宣传力度，将该项目普及更多有意愿参与黄牛养殖的贫困户，带动通江县的农户脱贫致富。

（2）程序上更规范，制度上更完善。虽然关于“空山黄牛”养殖项目，家乐福及四川省扶贫基金会栋梁工程分会已经制定了实施细则，即《栋梁工程·家乐福农民技能培训暨创业扶持项目实施细则（通江空山黄牛项目）》，但是该实施细则仅从五个方面对该项目实施的主要事项进行规定，更多关注的是项目运行过程中各个主体的关系及资金管理的问题，对于申请无息贷款的农户的选择、审核、资金发放和资金回收等程序上的问题并没有具体的规制，实施过程中的自主权完全掌握在贷款主体——三套车专合社手中，而三套车专合社内部还未构建起一套系统的实施方案。因此，我们建议：①在项目的实践中应当建立更规范的程序规则和更完善的制度选择，推动“空山黄牛”养殖项目的科学化、标准化、系统化、程序化、制度化，并真正做到可持续发展；②应当进一步推广“空山黄牛”养殖项目帮扶双层模式，以利于帮扶资金更好落地和风险防控；③在项目选择与实施的过程当中，注重“扶贫项目评估”标准化体系的开发与构建，进一步推进对所有重大扶贫项目的调研评估工作。

综上所述，我们认为，家乐福定点帮扶通江“空山黄牛”养殖的 CSR 投资项目值得肯定，符合当前全面落实“精准扶贫”战略的重要举措，符合《关于切实做好就业扶贫工作的指导意见》的基本方针，在结合企业自身特点与优势的同时，通过小额贷款、开发岗位、劳务协作、技能培训等措施，帮助一批未就业的贫困劳动力转移就业，帮助一批已就业的贫困劳动力稳定就业，直接带动通江县 33 户贫困农民脱贫，并间接推动整个通江县产业扶贫的发展。建议家乐福继续对“空山黄牛”养殖项目给予支持，除了对原本投入的“种子基金”进行续贷外，建议再增加资金或者其他方面的支持。

附　　录

Appendices

B.10 2017年四川企业可持续竞争力评价的总体得分情况

附表　2017年四川企业可持续竞争力评价的综合得分情况

序号	证券简称	股票代码	企业属性	综合得分
1	兴蓉环境	000598	地方国有企业	80.59
2	乐山电力	600644	公众企业	77.82
3	硅宝科技	300019	公众企业	74.1
4	新希望	000876	民营企业	74.08
5	卫士通	002268	中央国有企业	73.14
6	广安爱众	600979	地方国有企业	72.57
7	川润股份	002272	民营企业	71.31
8	博瑞传播	600880	地方国有企业	71.25
9	成飞集成	002190	中央国有企业	71.2
10	天齐锂业	002466	民营企业	71.06
11	岷江水电	600131	中央国有企业	71.03

续表

序号	证券简称	股票代码	企业属性	综合得分
12	蓝光发展	600466	民营企业	70.82
13	云图控股	002539	民营企业	70.67
14	四川成渝	601107	地方国有企业	70.39
15	东方电气	600875	中央国有企业	70.26
16	四川双马	000935	民营企业	69.76
17	天原集团	002386	地方国有企业	69.69
18	北化股份	002246	中央国有企业	69.51
19	四川长虹	600839	地方国有企业	69.32
20	汇源通信	000586	公众企业	69.06
21	明星电力	600101	中央国有企业	68.88
22	茂业商业	600828	外资企业	67.71
23	印纪传媒	002143	民营企业	67.68
24	通威股份	600438	民营企业	67.65
25	国金证券	600109	民营企业	67.21
26	长城动漫	000835	民营企业	67.02
27	川投能源	600674	地方国有企业	66.99
28	五粮液	000858	地方国有企业	66.8
29	台海核电	002366	民营企业	66.74
30	国光股份	002749	民营企业	66.7
31	环能科技	300425	民营企业	66.7
32	沱牌舍得	600702	民营企业	66.58
33	四川路桥	600039	地方国有企业	66.26
34	创维数字	000810	公众企业	65.99
35	依米康	300249	民营企业	65.72
36	宏达股份	600331	民营企业	65.56
37	西昌电力	600505	中央国有企业	65.42
38	泸天化	000912	地方国有企业	65.4
39	银河磁体	300127	公众企业	65.39
40	利君股份	002651	民营企业	65.05
41	科伦药业	002422	民营企业	64.97
42	浪莎股份	600137	民营企业	64.96
43	东材科技	601208	民营企业	64.73
44	新筑股份	002480	民营企业	64.72
45	中铁工业	600528	中央国有企业	64.62
46	吉峰农机	300022	民营企业	64.43

续表

序号	证券简称	股票代码	企业属性	综合得分
47	和邦生物	603077	民营企业	64.39
48	明星电缆	603333	民营企业	64.35
49	红旗连锁	002697	民营企业	64.21
50	科新机电	300092	民营企业	64.07
51	四川九洲	000801	地方国有企业	64.07
52	水井坊	600779	外资企业	64.03
53	天翔环境	300362	民营企业	63.96
54	华西能源	002630	民营企业	63.74
55	雅化集团	002497	民营企业	63.72
56	迈克生物	300463	民营企业	63.68
57	川大智胜	002253	民营企业	63.66
58	利尔化学	002258	其他企业	63.66
59	泸州老窖	000568	地方国有企业	63.57
60	金路集团	000510	民营企业	63.39
61	富临精工	300432	民营企业	63.23
62	厚普股份	300471	民营企业	63.18
63	四川美丰	000731	中央国有企业	62.69
64	大西洋	600558	地方国有企业	62.64
65	振芯科技	300101	民营企业	62.6
66	中光防雷	300414	民营企业	62.59
67	创意信息	300366	民营企业	62.57
68	峨眉山 A	000888	地方国有企业	62.41
69	大通燃气	000593	民营企业	62.4
70	日机密封	300470	集体企业	62.3
71	富临运业	002357	民营企业	62.29
72	康弘药业	002773	民营企业	62.21
73	航发科技	600391	中央国有企业	62
74	鹏博士	600804	民营企业	61.65
75	运达科技	300440	民营企业	61.38
76	天科股份	600378	中央国有企业	61.1
77	金石东方	300434	民营企业	60.86
78	成都路桥	002628	民营企业	60.85
79	海特高新	002023	民营企业	60.72
80	浩物股份	000757	地方国有企业	60.62
81	久远银海	002777	其他企业	60.6

续表

序号	证券简称	股票代码	企业属性	综合得分
82	升达林业	002259	民营企业	60.4
83	高新发展	000628	地方国有企业	60.04
84	山鼎设计	300492	民营企业	59.92
85	易见股份	600093	民营企业	59.64
86	四川金顶	600678	民营企业	59.55
87	国栋建设	600321	民营企业	59.52
88	泰合健康	000790	民营企业	59.25
89	旭光股份	600353	民营企业	58.92
90	金亚科技	300028	民营企业	58.86
91	西部资源	600139	民营企业	58.55
92	宜宾纸业	600793	地方国有企业	53.57
93	华塑控股	000509	民营企业	48.47
94	*ST 钒钛	000629	中央国有企业	66.58
95	*ST 三泰	002312	民营企业	59.84
96	*ST 华泽	000693	民营企业	59.45
97	*ST 川化	000155	地方国有企业	58.91
98	*ST 天仪	000710	民营企业	54.94
99	S*ST 前锋	600733	地方国有企业	54.68
100	*ST 金宇	000803	民营企业	54.31
均值		64.58		
中位数		64.14		
标准差		5.05		
最大值		80.59		
最小值		48.47		

B.11
2017年四川企业可持续竞争力评价具体指标的评价结果

附表1　2017年四川企业可持续竞争力评价一级指标具体得分

序号	证券简称	可持续发展推进	可持续经济价值	可持续社会价值	可持续环境价值	沟通优化	综合得分
1	兴蓉环境	54.5	80.88	45.13	27.87	74.2	80.59
2	乐山电力	78.5	78.13	69.86	55.29	59.75	77.82
3	硅宝科技	38.08	72.15	73.47	26.33	62.33	74.1
4	新希望	73.5	76.5	59.01	50.84	58.28	74.08
5	卫士通	22.5	73.35	46.02	40.73	67.7	73.14
6	广安爱众	38	74.75	49.86	24.25	63.78	72.57
7	川润股份	46.25	66.13	58.19	47.59	61.85	71.31
8	博瑞传播	43.25	65.63	51.49	27.6	69.05	71.25
9	成飞集成	22.5	69.75	48.97	44.51	55.15	71.2
10	天齐锂业	35	71.5	56.9	39.99	52.15	71.06
11	岷江水电	49.25	77.5	39.9	20.95	54.9	71.03
12	蓝光发展	43.75	80.88	50.28	27.95	51.83	70.82
13	云图控股	32.5	72.75	46.34	20.99	66.1	70.67
14	四川成渝	32.75	74.25	37.26	39.82	54.25	70.39
15	东方电气	65	63.23	42.53	28.25	74.25	70.26
16	四川双马	80	69.75	51.01	60.66	40.55	69.76
17	天原集团	21.25	74.33	23.29	29.67	59.48	69.69
18	北化股份	61.25	61.05	57.49	28.75	70.15	69.51
19	四川长虹	35	75.63	40.95	27.83	51.28	69.32
20	汇源通信	57	78.1	41.41	36.2	27.38	69.06
21	明星电力	54.5	68.38	39.36	15.1	59.55	68.88
22	茂业商业	39.5	78.88	25.86	21.65	35.4	67.71
23	印纪传媒	24.5	69.2	36.87	27.6	49.43	67.68

续表

序号	证券简称	可持续发展推进	可持续经济价值	可持续社会价值	可持续环境价值	沟通优化	综合得分
24	通威股份	25	80.63	24.79	14.12	35.33	67.65
25	国金证券	38.05	75.25	32.54	11.95	48.16	67.21
26	长城动漫	35	80	24.59	10	41.65	67.02
27	川投能源	38.5	69.5	36.47	30.54	46.45	66.99
28	五粮液	32.5	74	36.01	17.75	44.43	66.8
29	台海核电	52.5	79.03	33.36	13.33	39.38	66.74
30	国光股份	23.75	69.4	42.92	20.21	50.48	66.7
31	环能科技	18.75	71.13	38.16	28.38	46.95	66.7
32	沱牌舍得	36.25	69.75	34.92	18.74	45.03	66.58
33	四川路桥	80	77	31.39	6.25	39.05	66.26
34	创维数字	36.25	80.25	31.42	0	37.78	65.99
35	依米康	22.5	68.63	39.04	7.5	50.2	65.72
36	宏达股份	18.75	68.13	37.34	23.79	46.35	65.56
37	西昌电力	50.75	62.38	49.32	26.7	54.98	65.42
38	泸天化	23.75	65.53	26.13	10	56.98	65.4
39	银河磁体	15	69.5	39.59	20.13	45.68	65.39
40	利君股份	18.75	69.13	32.26	25.32	44.45	65.05
41	科伦药业	49.5	66.93	42.87	28.99	37.38	64.97
42	浪莎股份	23.75	71.38	28.53	0	53.78	64.96
43	东材科技	35	68.63	30.52	17.91	37.58	64.73
44	新筑股份	26.25	60.63	34.06	20.45	58.35	64.72
45	中铁工业	37.5	71.75	40.82	13.99	39.75	64.62
46	吉峰农机	45.25	65	17.79	13.25	51.25	64.43
47	和邦生物	41.25	69.5	26.64	25.66	28.13	64.39
48	明星电缆	60	55.55	39.44	26.25	56.38	64.35
49	红旗连锁	12.5	76.13	24.36	3.75	46.48	64.21
50	四川九洲	25	68.38	32.53	17.49	28.58	64.07
51	科新机电	22.5	64.5	31.6	17.23	48.5	64.07
52	水井坊	22.5	73.38	24.11	5.79	39.73	64.03
53	天翔环境	33.75	69.5	26.5	13.4	34	63.96
54	华西能源	32.5	71.13	29.2	2.66	46.33	63.74
55	雅化集团	0	73.38	40.4	17.25	43.6	63.72
56	迈克生物	50.25	69.73	41.3	21.66	31.6	63.68
57	川大智胜	20	68.38	23.88	0	53.65	63.66

续表

序号	证券简称	可持续发展推进	可持续经济价值	可持续社会价值	可持续环境价值	沟通优化	综合得分
58	利尔化学	12.5	65.13	34.83	22.91	48.5	63.66
59	泸州老窖	7.5	74.5	24.51	9.12	44.88	63.57
60	金路集团	15	65.88	34.13	30.74	34.05	63.39
61	富临精工	6.25	73.58	42.95	9.99	41.18	63.23
62	厚普股份	35	68.38	18.79	14.75	26.5	63.18
63	四川美丰	25	60.58	29.22	22.25	46.2	62.69
64	大西洋	26.25	64.75	43.6	5.55	38.7	62.64
65	振芯科技	35.5	63.38	18.73	19.29	34.98	62.6
66	中光防雷	25	68.38	27.74	3.75	35.08	62.59
67	创意信息	37.5	74.4	23.24	0	27.85	62.57
68	峨眉山 A	17.5	65.85	29.82	6.25	44.53	62.41
69	大通燃气	41.5	63.85	30.03	17.43	47.95	62.4
70	日机密封	32.5	64.5	27.36	14.95	29.5	62.3
71	富临运业	45.25	63.13	28.59	23	43.88	62.29
72	康弘药业	42.25	73	31.3	6.38	25.68	62.21
73	航发科技	20	60.75	14.66	18.01	49	62
74	鹏博士	55	65.38	30.83	0	46.88	61.65
75	运达科技	25	68.38	15.55	0	36	61.38
76	天科股份	32.5	63.2	27.82	16.75	24.43	61.1
77	金石东方	13.75	65.88	14.54	15.7	28	60.86
78	成都路桥	76	72.5	20.83	0	25.65	60.85
79	海特高新	39.25	64.75	18.23	15.29	19.35	60.72
80	浩物股份	16.25	68.73	38.81	0.63	22.95	60.62
81	久远银海	32.5	68.03	25.35	0	26.7	60.6
82	升达林业	31.25	61.38	34.9	8.13	41.35	60.4
83	高新发展	74	63.63	18.28	2.5	25.35	60.04
84	山鼎设计	80	62.25	18.04	0	36.58	59.92
85	易见股份	25.5	66.25	15.6	15.49	14.63	59.64
86	四川金顶	30	60.5	29.39	4.95	41	59.55
87	国栋建设	80	59.13	20.22	6.25	34.5	59.52
88	泰合健康	45.25	62.4	32.43	9.37	32.5	59.25
89	旭光股份	12.5	69.03	12.96	4.79	21.97	58.92
90	金亚科技	30	49.5	24.39	9.25	50.08	58.86
91	西部资源	13.75	54.45	45.66	5	43.98	58.55

续表

序号	证券简称	可持续发展推进	可持续经济价值	可持续社会价值	可持续环境价值	沟通优化	综合得分
92	宜宾纸业	0	53.63	31.31	0	32.1	53.57
93	华塑控股	72	29	14.2	0	32.7	48.47
94	*ST 钒钛	36.25	13.38	43.39	20.79	48.63	66.58
95	*ST 三泰	21.25	20.45	47.8	0	46.8	59.84
96	*ST 华泽	20	16.63	35.66	13	32.5	59.45
97	*ST 川化	32.5	28.13	24.79	8	27.45	58.91
98	*ST 天仪	13.75	21.85	19.45	2	30.53	54.94
99	S*ST 前锋	14.5	13	22.13	11.13	20.23	54.68
100	*ST 金宇	31.25	2.25	26.06	5.12	38.03	54.31
	均值	36.10	67.29	34.04	17.24	43.46	64.58
	中位数	33.25	68.38	32.34	15.60	44.20	5.05
	标准差	18.89	8.50	12.17	13.54	13.05	80.59
	最大值	80.00	80.88	73.47	60.66	74.25	48.47
	最小值	0.00	29.00	12.96	0.00	14.63	58.91

附表 2　2017 年四川企业可持续发展推进指标具体得分

序号	证券简称	可持续发展理念	可持续发展战略	可持续发展治理	可持续发展能力建设	可持续发展管理投入
1	新希望	75	72	57	42	60
2	乐山电力	85	72	27	31	47.5
3	硅宝科技	41.19	34.97	39.92	54.98	43
4	北化股份	67.5	55	41	16	15
5	四川双马	80	80	15	0	0
6	山鼎设计	80	80	15	0	0
7	四川路桥	80	80	15	0	0
8	国栋建设	80	80	15	0	0
9	东方电气	67.5	62.5	11	14.99	12.5
10	兴蓉环境	60	49	10	33.33	15
11	成都路桥	76	76	15	0	0
12	广安爱众	48	28	11	4	75
13	高新发展	74	74	15	0	0
14	川投能源	43	34	20	35	30
15	华塑控股	72	72	15	0	0

续表

序号	证券简称	可持续发展理念	可持续发展战略	可持续发展治理	可持续发展能力建设	可持续发展管理投入
16	西昌电力	61	40.5	4	13	35
17	中铁工业	25	50	26	0	50
18	蓝光发展	32.5	55	23	8.8	21
19	海特高新	53.5	25	11	36	10
20	明星电缆	65	55	3	3.33	7.5
21	明星电力	70	39	11	1	5
22	易见股份	24	27	13	38	20
23	迈克生物	52.5	48	20	0	0
24	茂业商业	49	30	7	17	17
25	富临运业	52.5	38	10	5	10
26	汇源通信	75	39	0	0	0
27	台海核电	47.5	57.5	3	3.33	2.5
28	博瑞传播	31	55.5	0	6.66	20
29	岷江水电	52	46.5	4	5	4
30	鹏博士	70	40	0	0	0
31	吉峰农机	43.5	47	6	7	0
32	四川金顶	40	20	12	10	18.2
33	科伦药业	40	59	0	0	0
34	川润股份	67.5	25	6	0	0
35	航发科技	40	0	13	29	12
36	厚普股份	45	25	9	12	2
37	大通燃气	32	51	0	9	0
38	泰合健康	40	50.5	0	0	0
39	沱牌舍得	32.5	40	8	10	0
40	四川成渝	40	25.5	10	5	10
41	天齐锂业	25	45	3	17	0
42	五粮液	22.5	42.5	0	7	16
43	国金证券	38.6	37.5	0	0	10
44	天翔环境	42.5	25	0	18	0
45	康弘药业	27.5	57	0	0	0
46	日机密封	45	20	0	12	7
47	和邦生物	45	37.5	0	0	0
48	振芯科技	38	33	0	0	10
49	环能科技	20	17.5	6	19	16

续表

序号	证券简称	可持续发展理念	可持续发展战略	可持续发展治理	可持续发展能力建设	可持续发展管理投入
50	科新机电	20	25	6	27	0
51	云图控股	30	35	10	0	0
52	创意信息	27.5	47.5	0	0	0
53	创维数字	35	37.5	0	0	0
54	长城动漫	30	40	0	0	0
55	天原集团	12.5	30	15	0	12.5
56	四川长虹	25	45	0	0	0
57	东材科技	30	40	0	0	0
58	华西能源	50	15	0	0	0
59	久远银海	32.5	32.5	0	0	0
60	天科股份	35	30	0	0	0
61	利君股份	22.5	15	6	11	9
62	升达林业	62.5	0	0	0	0
63	新筑股份	37.5	15	9	1	0
64	大西洋	37.5	15	6	3	0
65	金亚科技	30	30	0	0	0
66	水井坊	25	20	1	10	0
67	成飞集成	27.5	17.5	10	0	0
68	四川美丰	25	25	0	0	0
69	四川九洲	10	40	0	0	0
70	中光防雷	30	20	0	0	0
71	运达科技	25	25	0	0	0
72	通威股份	30	20	0	0	0
73	印纪传媒	36	13	0	0	0
74	泸天化	37.5	10	0	0	0
75	国光股份	22.5	25	0	0	0
76	浪莎股份	32.5	15	0	0	0
77	卫士通	45	0	0	0	0
78	依米康	20	25	0	0	0
79	川大智胜	40	0	0	0	0
80	金石东方	12.5	15	7	5	0
81	宏达股份	12.5	25	2	0	0
82	浩物股份	20	12.5	6	0	0
83	峨眉山 A	0	35	0	0	0

续表

序号	证券简称	可持续发展理念	可持续发展战略	可持续发展治理	可持续发展能力建设	可持续发展管理投入
84	金路集团	20	10	0	0	0
85	银河磁体	17.5	12.5	0	0	0
86	西部资源	15	12.5	0	0	0
87	利尔化学	12.5	12.5	0	0	0
88	红旗连锁	0	25	0	0	0
89	旭光股份	25	0	0	0	0
90	泸州老窖	7.50	7.50	0.00	0.00	0.00
91	富临精工	12.50	0.00	0.00	0.00	0.00
92	雅化集团	0.00	0.00	0.00	0.00	0.00
93	宜宾纸业	0.00	0.00	0.00	0.00	0.00
94	*ST 三泰	55.00	87.50	0.00	0.00	0.00
95	*ST 钒钛	45.00	27.50	9.00	7.00	0.00
96	*ST 天仪	32.50	55.00	0.00	0.00	0.00
97	*ST 川化	50.00	15.00	0.00	0.00	0.00
98	*ST 金宇	37.50	25.00	0.00	0.00	0.00
99	S*ST 前锋	5.00	24.00	3.00	14.00	4.00
100	*ST 华泽	25.00	15.00	0.00	0.00	0.00
	均值	38.43	33.78	6.20	6.01	6.27
	中位数	36.75	30.00	0.00	0.00	0.00
	标准差	20.75	21.39	9.75	11.05	13.51
	最大值	85.00	87.50	57.00	54.98	75.00
	最小值	0.00	0.00	0.00	0.00	0.00

附表 3　2017 年四川企业可持续经济价值指标具体得分

序号	证券简称	企业经营业绩	企业经济影响	提升客户满意	价值链合作	合规运营
1	华塑控股	40.00	20.00	23.50	22.00	30.00
2	金路集团	70.00	62.50	30.00	50.00	30.00
3	泸州老窖	80.00	70.00	30.50	27.60	44.50
4	汇源通信	77.00	79.00	60.00	62.40	0.00
5	大通燃气	60.00	67.00	33.00	54.60	43.00
6	兴蓉环境	85.00	77.50	55.00	67.80	76.00
7	高新发展	65.00	62.50	17.50	35.60	30.00
8	四川美丰	62.50	59.00	17.50	45.50	37.50

续表

序号	证券简称	企业经营业绩	企业经济影响	提升客户满意	价值链合作	合规运营
9	浩物股份	69.00	68.50	20.00	50.80	22.50
10	泰合健康	69.00	57.00	49.00	47.20	25.00
11	四川九洲	72.50	65.00	63.00	50.60	30.00
12	创维数字	77.50	82.50	70.00	32.90	35.00
13	长城动漫	80.00	80.00	14.00	59.40	40.00
14	五粮液	85.00	65.00	38.25	34.30	37.00
15	新希望	87.50	67.50	52.20	34.90	57.00
16	峨眉山A	67.50	64.50	17.50	24.40	42.50
17	泸天化	62.50	68.00	21.50	39.60	50.00
18	四川双马	72.50	67.50	48.50	34.80	35.00
19	海特高新	67.50	62.50	31.25	23.10	0.00
20	印纪传媒	78.00	62.00	50.00	40.64	33.00
21	成飞集成	72.50	67.50	34.00	40.20	55.00
22	北化股份	71.50	52.50	50.00	66.30	62.50
23	川大智胜	72.50	65.00	40.50	50.00	40.00
24	利尔化学	77.50	55.00	17.50	39.52	50.00
25	升达林业	60.00	62.50	59.55	49.40	17.50
26	卫士通	80.50	67.50	64.00	74.80	80.00
27	川润股份	67.50	65.00	65.50	60.60	65.00
28	天原集团	79.00	70.50	5.00	36.40	75.00
29	富临运业	70.00	57.50	0.00	41.40	37.50
30	台海核电	76.00	81.50	69.00	48.50	37.50
31	科伦药业	81.50	55.00	60.00	42.78	40.00
32	天齐锂业	82.50	62.50	45.50	49.80	58.00
33	新筑股份	67.50	55.00	69.00	41.00	60.00
34	雅化集团	77.50	70.00	15.25	58.00	47.50
35	云图控股	70.00	75.00	37.50	53.60	70.00
36	成都路桥	72.50	72.50	15.00	33.00	15.00
37	华西能源	72.50	70.00	65.00	37.20	35.00
38	利君股份	65.00	72.50	35.25	47.60	50.00
39	红旗连锁	77.50	75.00	27.75	26.00	45.50
40	国光股份	70.50	68.50	16.50	47.90	60.00
41	康弘药业	78.50	68.50	43.00	29.20	25.00
42	久远银海	70.50	66.00	21.25	38.20	22.50
43	硅宝科技	76.00	69.00	72.50	52.90	67.50

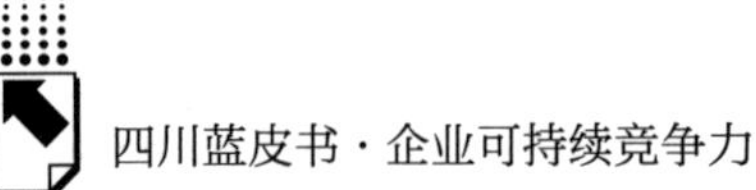

续表

序号	证券简称	企业经营业绩	企业经济影响	提升客户满意	价值链合作	合规运营
44	吉峰农机	65.00	65.00	28.00	32.80	70.00
45	金亚科技	55.00	45.00	18.75	21.20	50.00
46	科新机电	70.00	60.00	34.00	42.50	50.00
47	振芯科技	67.50	60.00	12.50	20.90	40.00
48	银河磁体	75.00	65.00	50.75	43.10	52.50
49	依米康	70.00	67.50	77.00	30.80	40.00
50	天翔环境	75.00	65.00	33.00	31.80	25.00
51	创意信息	75.50	73.50	23.25	47.80	25.00
52	中光防雷	72.50	65.00	56.00	35.60	35.00
53	环能科技	72.50	70.00	40.50	46.40	52.50
54	富临精工	75.50	72.00	20.00	38.80	52.50
55	金石东方	70.00	62.50	30.50	25.40	25.00
56	运达科技	72.50	65.00	10.00	49.80	37.50
57	迈克生物	75.50	65.00	61.00	39.90	25.00
58	日机密封	70.00	60.00	41.50	45.20	25.00
59	厚普股份	72.50	65.00	40.50	31.80	25.00
60	山鼎设计	65.00	60.00	22.50	29.20	35.00
61	四川路桥	82.50	72.50	33.25	27.40	35.00
62	易见股份	80.00	55.00	16.50	26.10	0.00
63	明星电力	72.50	65.00	52.25	47.84	66.00
64	国金证券	72.50	77.50	47.75	45.50	40.00
65	岷江水电	77.50	77.50	35.50	37.50	55.50
66	浪莎股份	70.00	72.50	27.50	61.60	37.50
67	西部资源	55.00	54.00	20.00	46.00	55.00
68	国栋建设	55.00	62.50	17.50	26.70	30.00
69	宏达股份	75.00	62.50	38.00	35.00	60.00
70	旭光股份	66.00	71.50	29.75	17.66	18.50
71	天科股份	72.00	56.00	21.25	33.20	27.50
72	航发科技	80.00	45.00	27.50	19.20	70.00
73	通威股份	87.50	75.00	23.50	24.00	40.50
74	蓝光发展	85.00	77.50	56.00	49.50	52.50
75	西昌电力	50.00	72.50	46.75	62.60	48.00
76	中铁工业	80.00	65.00	35.50	49.00	45.00
77	大西洋	67.50	62.50	35.50	51.60	33.00
78	乐山电力	85.00	72.50	52.00	68.40	59.00

续表

序号	证券简称	企业经营业绩	企业经济影响	提升客户满意	价值链合作	合规运营
79	川投能源	75.00	65.00	38.75	35.80	37.00
80	四川金顶	55.00	65.00	26.75	25.40	32.00
81	沱牌舍得	72.50	67.50	54.25	28.00	55.00
82	水井坊	77.50	70.00	33.75	28.20	47.00
83	宜宾纸业	55.00	52.50	46.75	27.60	0.00
84	鹏博士	75.00	57.50	14.00	42.20	30.00
85	茂业商业	77.50	80.00	37.00	52.20	39.00
86	四川长虹	82.50	70.00	55.00	42.00	35.00
87	东方电气	63.50	63.00	76.00	38.90	82.50
88	博瑞传播	61.50	69.00	67.50	35.20	38.00
89	广安爱众	77.50	72.50	14.75	55.40	67.00
90	四川成渝	82.50	67.50	31.25	48.20	62.50
91	东材科技	70.00	67.50	20.00	46.80	37.50
92	和邦生物	75.00	65.00	0.00	36.40	30.00
93	明星电缆	55.00	56.00	82.00	41.88	50.00
94	*ST 川化	81.50	39.00	21.50	31.60	30.00
95	*ST 钒钛	57.50	50.00	62.00	48.10	56.00
96	*ST 华泽	52.50	60.00	33.00	39.20	25.00
97	*ST 天仪	53.50	50.50	51.00	42.76	30.00
98	*ST 金宇	45.00	40.00	22.50	65.30	37.50
99	*ST 三泰	40.00	59.00	67.05	68.60	40.00
100	S*ST 前锋	47.50	57.50	26.50	28.40	15.70
	均值	70.62	64.58	37.68	41.52	41.29
	中位数	72.50	65.00	34.63	40.82	39.50
	标准差	10.10	9.57	18.97	12.56	17.34
	最大值	87.50	82.50	82.00	74.80	82.50
	最小值	40.00	20.00	0.00	17.66	0.00
企业得分区间(家)						
	0分	0	0	2	0	4
	0~20分	0	0	16	2	4
	20~40分	0	2	41	46	42
	40~60分	14	20	24	42	34
	60~80分	68	74	16	10	14
	80分及以上	18	4	1	0	2
	合计	100	100	100	100	100

附表4　2017年四川企业可持续社会价值指标具体得分

序号	证券简称	支持员工成长	支持社区发展	参与社会公益	安全生产运营
1	华塑控股	31.00	0.00	0.00	0.00
2	金路集团	29.30	40.00	45.00	21.34
3	泸州老窖	25.35	25.00	34.50	10.00
4	汇源通信	25.04	0.00	0.00	75.20
5	大通燃气	34.20	0.00	6.00	39.00
6	兴蓉环境	66.80	0.00	1.00	52.50
7	高新发展	33.70	10.00	12.00	0.00
8	四川美丰	44.70	25.00	12.00	25.00
9	浩物股份	40.70	0.00	2.50	94.00
10	泰合健康	39.85	22.50	26.00	8.00
11	四川九洲	37.20	0.00	21.00	14.00
12	创维数字	47.40	0.00	30.00	0.00
13	长城动漫	32.40	0.00	0.00	32.00
14	五粮液	38.20	14.50	38.00	48.00
15	新希望	75.15	60.00	71.00	61.00
16	峨眉山A	57.30	25.00	4.50	35.00
17	泸天化	40.20	25.00	6.00	17.50
18	四川双马	71.20	75.00	6.00	50.00
19	海特高新	15.80	0.00	35.50	9.00
20	印纪传媒	32.60	35.00	30.00	30.00
21	成飞集成	39.95	55.00	65.00	67.00
22	北化股份	77.10	37.50	24.00	70.50
23	川大智胜	41.40	0.00	0.00	0.00
24	利尔化学	66.65	12.50	22.00	40.00
25	升达林业	55.90	0.00	0.00	22.00
26	卫士通	78.00	0.00	16.00	24.00
27	川润股份	57.50	45.00	49.50	64.00
28	天原集团	53.40	25.00	9.00	7.50
29	富临运业	42.40	0.00	0.00	69.50
30	台海核电	35.50	0.00	2.50	24.67
31	科伦药业	58.15	22.50	46.50	24.00
32	天齐锂业	60.90	65.00	50.00	67.00
33	新筑股份	38.05	0.00	15.00	25.00
34	雅化集团	59.60	37.50	9.00	51.00
35	云图控股	51.60	52.50	9.00	58.50

续表

序号	证券简称	支持员工成长	支持社区发展	参与社会公益	安全生产运营
36	成都路桥	43.40	0.00	0.00	21.00
37	华西能源	42.60	0.00	3.00	9.00
38	利君股份	42.10	0.00	35.50	30.50
39	红旗连锁	28.80	25.00	30.00	12.00
40	国光股份	64.90	35.00	6.00	68.00
41	康弘药业	46.10	0.00	59.00	16.00
42	久远银海	55.35	0.00	43.00	0.00
43	硅宝科技	80.40	55.00	39.00	34.00
44	吉峰农机	29.60	0.00	1.50	6.00
45	金亚科技	54.30	0.00	0.00	33.00
46	科新机电	49.85	0.00	27.50	28.50
47	振芯科技	18.20	0.00	34.50	30.00
48	银河磁体	38.10	45.00	0.00	43.00
49	依米康	55.10	0.00	0.00	40.00
50	天翔环境	32.90	15.00	15.00	24.00
51	创意信息	43.60	0.00	15.00	6.00
52	中光防雷	54.50	0.00	3.00	0.00
53	环能科技	45.50	15.00	38.50	39.50
54	富临精工	44.50	32.50	39.50	77.00
55	金石东方	22.40	0.00	1.50	0.00
56	运达科技	30.40	0.00	0.00	0.00
57	迈克生物	56.30	5.00	53.00	29.00
58	日机密封	46.40	0.00	0.00	15.00
59	厚普股份	29.60	0.00	0.00	0.00
60	山鼎设计	45.80	0.00	0.00	0.00
61	四川路桥	46.90	0.00	55.50	28.50
62	易见股份	15.40	0.00	5.00	24.00
63	明星电力	28.40	15.00	35.00	51.50
64	国金证券	50.50	0.00	16.60	22.00
65	岷江水电	28.10	60.00	33.50	46.00
66	浪莎股份	37.70	25.00	25.00	0.00
67	西部资源	45.55	30.00	1.50	25.00
68	国栋建设	46.80	0.00	1.50	16.00
69	宏达股份	34.20	0.00	4.50	86.00

续表

序号	证券简称	支持员工成长	支持社区发展	参与社会公益	安全生产运营
70	旭光股份	21.80	0.00	0.00	0.00
71	天科股份	45.20	0.00	1.50	47.00
72	航发科技	27.40	0.00	8.00	0.00
73	通威股份	49.95	0.00	9.00	28.00
74	蓝光发展	49.60	35.60	62.90	50.50
75	西昌电力	35.40	75.00	58.50	32.00
76	中铁工业	41.60	45.00	31.00	41.00
77	大西洋	28.80	30.00	15.00	85.00
78	乐山电力	80.50	85.00	70.50	66.50
79	川投能源	37.00	0.00	42.50	58.50
80	四川金顶	24.40	0.00	1.50	76.00
81	沱牌舍得	33.60	45.00	24.00	20.00
82	水井坊	30.40	10.00	7.50	24.00
83	宜宾纸业	66.34	0.00	45.50	0.00
84	鹏博士	47.35	67.50	21.00	0.00
85	茂业商业	35.40	0.00	7.50	14.00
86	四川长虹	52.50	35.00	61.00	9.00
87	东方电气	51.45	0.00	34.00	39.00
88	博瑞传播	51.30	35.00	40.00	66.00
89	广安爱众	51.10	67.50	48.50	67.00
90	四川成渝	36.90	35.00	37.50	37.00
91	东材科技	48.50	0.00	26.00	36.00
92	和邦生物	44.40	0.00	3.00	60.00
93	明星电缆	47.80	0.00	3.00	34.50
94	*ST 川化	43.30	0.00	0.90	35.00
95	*ST 钒钛	59.60	50.00	29.50	57.00
96	*ST 华泽	35.40	0.00	3.00	79.00
97	*ST 天仪	35.70	10.00	0.00	21.00
98	*ST 金宇	33.20	12.50	12.50	10.00
99	*ST 三泰	53.00	90.00	0.00	0.00
100	S*ST 前锋	29.00	15.00	11.20	17.00
	均值	43.96	18.10	20.37	32.07
	中位数	43.35	0.00	13.75	28.50
	标准差	14.21	23.69	20.20	24.74

续表

序号	证券简称	支持员工成长	支持社区发展	参与社会公益	安全生产运营
	最大值	80.50	90.00	71.00	94.00
	最小值	15.40	0.00	0.00	0.00
企业得分区间(家)					
	0分	0	51	17	16
	0~20分	3	11	39	17
	20~40分	39	20	26	34
	40~60分	47	9	13	15
	60~80分	9	7	5	15
	80分及以上	2	2	0	3
	合计	100	100	100	100

附表5　2017年四川企业可持续环境价值指标具体得分

序号	证券简称	环境管理	三废管理	循环经济	生态环境保护
1	华塑控股	0.00	0.00	0.00	0.00
2	金路集团	55.00	54.96	30.00	0.00
3	泸州老窖	7.50	19.98	12.50	5.00
4	汇源通信	80.00	0.00	37.50	0.00
5	大通燃气	31.50	0.00	23.00	21.00
6	兴蓉环境	45.50	49.95	12.00	10.00
7	高新发展	10.00	0.00	0.00	0.00
8	四川美丰	57.00	15.00	25.00	0.00
9	浩物股份	2.50	0.00	0.00	0.00
10	泰合健康	17.50	24.98	0.00	0.00
11	四川九洲	30.00	49.95	0.00	0.00
12	创维数字	0.00	0.00	0.00	0.00
13	长城动漫	40.00	0.00	0.00	0.00
14	五粮液	25.00	9.99	40.00	0.00
15	新希望	63.00	26.45	66.00	60.00
16	峨眉山A	25.00	0.00	0.00	0.00
17	泸天化	20.00	15.00	10.00	0.00
18	四川双马	70.00	53.28	40.00	70.00
19	海特高新	26.50	4.30	16.00	0.00
20	印纪传媒	20.00	30.00	48.00	20.00
21	成飞集成	47.50	59.94	32.50	49.00

续表

序号	证券简称	环境管理	三废管理	循环经济	生态环境保护
22	北化股份	23.00	39.98	50.00	0.00
23	川大智胜	0.00	0.00	0.00	0.00
24	利尔化学	25.00	48.30	17.50	0.00
25	升达林业	32.50	0.00	0.00	0.00
26	卫士通	35.00	79.92	80.00	0.00
27	川润股份	65.00	59.94	30.00	41.00
28	天原集团	90.00	23.33	12.50	0.00
29	富临运业	36.00	30.00	20.00	0.00
30	台海核电	40.00	16.65	0.00	0.00
31	科伦药业	37.50	34.97	30.00	17.50
32	天齐锂业	55.00	49.95	23.00	31.00
33	新筑股份	0.00	0.00	30.00	39.00
34	雅化集团	57.00	15.00	0.00	0.00
35	云图控股	20.00	49.97	30.00	0.00
36	成都路桥	0.00	0.00	0.00	0.00
37	华西能源	0.00	13.32	0.00	0.00
38	利君股份	17.50	24.98	15.00	41.00
39	红旗连锁	15.00	0.00	0.00	0.00
40	国光股份	45.00	31.65	0.00	17.50
41	康弘药业	17.50	0.00	10.00	0.00
42	久远银海	0.00	0.00	0.00	0.00
43	硅宝科技	20.00	31.65	30.00	20.00
44	吉峰农机	0.00	17.00	21.00	11.00
45	金亚科技	25.00	0.00	15.00	0.00
46	科新机电	17.50	0.00	0.00	39.00
47	振芯科技	38.00	10.70	0.00	7.00
48	银河磁体	52.50	0.00	35.00	0.00
49	依米康	30.00	0.00	0.00	0.00
50	天翔环境	0.00	0.00	0.00	40.00
51	创意信息	0.00	0.00	0.00	0.00
52	中光防雷	15.00	0.00	0.00	0.00
53	环能科技	25.00	41.63	22.00	16.00
54	富临精工	0.00	49.95	0.00	0.00
55	金石东方	0.00	0.00	24.00	18.00
56	运达科技	0.00	0.00	0.00	0.00

续表

序号	证券简称	环境管理	三废管理	循环经济	生态环境保护
57	迈克生物	50.00	23.31	22.50	0.00
58	日机密封	0.00	0.00	23.00	17.00
59	厚普股份	0.00	0.00	17.00	25.00
60	山鼎设计	0.00	0.00	0.00	0.00
61	四川路桥	25.00	0.00	0.00	0.00
62	易见股份	43.00	1.70	22.00	0.00
63	明星电力	40.00	0.00	13.00	14.00
64	国金证券	15.00	31.00	10.00	0.00
65	岷江水电	51.00	0.00	32.00	12.00
66	浪莎股份	0.00	0.00	0.00	0.00
67	西部资源	20.00	0.00	0.00	0.00
68	国栋建设	25.00	0.00	0.00	0.00
69	宏达股份	30.00	49.95	0.00	42.00
70	旭光股份	12.50	8.33	0.00	0.00
71	天科股份	55.00	15.00	0.00	0.00
72	航发科技	15.00	32.78	34.00	6.00
73	通威股份	32.50	29.97	0.00	0.00
74	蓝光发展	68.00	16.75	23.00	0.00
75	西昌电力	20.00	0.00	42.00	30.00
76	中铁工业	20.00	29.97	15.00	0.00
77	大西洋	0.00	0.00	0.00	37.00
78	乐山电力	67.50	64.94	52.50	43.50
79	川投能源	55.00	29.97	29.50	10.00
80	四川金顶	0.00	0.00	0.00	33.00
81	沱牌舍得	25.00	49.95	12.50	0.00
82	水井坊	12.50	13.32	0.00	0.00
83	宜宾纸业	0.00	0.00	0.00	0.00
84	鹏博士	0.00	0.00	0.00	0.00
85	茂业商业	8.00	15.00	43.00	7.00
86	四川长虹	25.00	26.64	40.00	55.00
87	东方电气	45.00	24.98	60.00	0.00
88	博瑞传播	20.00	30.00	48.00	20.00
89	广安爱众	47.00	19.98	23.00	10.00
90	四川成渝	66.00	76.62	20.00	0.00
91	东材科技	25.00	58.29	0.00	0.00

续表

序号	证券简称	环境管理	三废管理	循环经济	生态环境保护
92	和邦生物	56.00	58.29	0.00	0.00
93	明星电缆	65.00	24.98	25.00	0.00
94	*ST 川化	20.00	15.00	0.00	0.00
95	*ST 钒钛	50.00	49.95	36.00	50.00
96	*ST 华泽	0.00	0.00	10.00	48.00
97	*ST 天仪	0.00	0.00	10.00	0.00
98	*ST 金宇	12.50	9.99	0.00	0.00
99	*ST 三泰	0.00	0.00	0.00	0.00
100	S*ST 前锋	8.30	0.00	27.00	7.00
	均值	26.37	18.89	15.78	10.40
	中位数	24.00	14.16	12.25	0.00
	标准差	22.53	21.47	17.95	17.00
	最大值	90.00	79.92	80.00	70.00
	最小值	0.00	0.00	0.00	0.00
企业得分区间(家)					
	0 分	24	42	44	62
	0~20 分	16	19	16	16
	20~40 分	31	20	28	11
	40~60 分	20	16	9	9
	60~80 分	7	3	2	2
	80 分及以上	2	0	1	0
	合计	100	100	100	100

附表 6　2017 年四川企业沟通优化指标具体得分

序号	证券简称	信息披露	相关方参与
1	华塑控股	34.00	35.00
2	金路集团	38.50	35.00
3	泸州老窖	50.25	40.00
4	汇源通信	48.75	42.50
5	大通燃气	47.00	55.50
6	兴蓉环境	78.50	67.50
7	高新发展	34.50	10.00
8	四川美丰	54.00	50.00
9	浩物股份	26.50	20.00

续表

序号	证券简称	信息披露	相关方参与
10	泰合健康	40.00	35.00
11	四川九洲	25.25	30.00
12	创维数字	34.25	45.00
13	长城动漫	45.50	40.00
14	五粮液	43.75	55.00
15	新希望	52.25	66.00
16	峨眉山 A	39.25	52.50
17	泸天化	50.75	72.50
18	四川双马	43.50	45.00
19	海特高新	44.50	20.00
20	印纪传媒	75.75	45.00
21	成飞集成	40.50	70.00
22	北化股份	80.50	70.00
23	川大智胜	45.50	80.00
24	利尔化学	45.00	50.00
25	升达林业	54.50	60.00
26	卫士通	44.00	75.00
27	川润股份	49.50	70.00
28	天原集团	40.75	57.50
29	富临运业	58.75	37.50
30	台海核电	43.75	37.50
31	科伦药业	51.25	20.00
32	天齐锂业	37.50	59.00
33	新筑股份	47.00	67.50
34	雅化集团	44.50	37.50
35	云图控股	57.00	70.00
36	成都路桥	38.00	27.50
37	华西能源	50.25	57.50
38	利君股份	34.00	47.50
39	红旗连锁	39.25	55.00
40	国光股份	38.25	50.00
41	康弘药业	37.25	15.00
42	久远银海	36.50	22.50
43	硅宝科技	60.25	57.50
44	吉峰农机	35.00	42.50

续表

序号	证券简称	信息披露	相关方参与
45	金亚科技	50.25	50.00
46	科新机电	40.00	55.00
47	振芯科技	38.25	25.00
48	银河磁体	42.25	40.00
49	依米康	49.00	65.00
50	天翔环境	30.00	50.00
51	创意信息	37.00	22.50
52	中光防雷	50.25	20.00
53	环能科技	31.50	55.00
54	富临精工	44.75	22.50
55	金石东方	30.00	30.00
56	运达科技	45.00	25.00
57	迈克生物	52.00	20.00
58	日机密封	30.00	35.00
59	厚普股份	30.00	25.00
60	山鼎设计	45.25	30.00
61	四川路桥	46.00	37.50
62	易见股份	28.75	20.00
63	明星电力	42.50	68.00
64	国金证券	72.70	34.50
65	岷江水电	40.00	69.00
66	浪莎股份	44.25	85.00
67	西部资源	35.75	37.50
68	国栋建设	37.50	37.50
69	宏达股份	27.50	47.00
70	旭光股份	29.55	19.00
71	天科股份	27.25	17.50
72	航发科技	30.00	40.00
73	通威股份	32.75	31.00
74	蓝光发展	52.75	50.00
75	西昌电力	63.75	55.50
76	中铁工业	47.50	25.00
77	大西洋	30.00	55.00
78	乐山电力	56.50	64.00
79	川投能源	56.00	49.50

续表

序号	证券简称	信息披露	相关方参与
80	四川金顶	30.00	64.00
81	沱牌舍得	50.75	26.00
82	水井坊	36.75	33.00
83	宜宾纸业	54.50	52.50
84	鹏博士	41.25	75.00
85	茂业商业	22.00	44.00
86	四川长虹	61.75	62.50
87	东方电气	60.00	77.50
88	博瑞传播	99.50	80.00
89	广安爱众	58.75	64.50
90	四川成渝	60.00	37.50
91	东材科技	47.75	27.50
92	和邦生物	33.75	20.00
93	明星电缆	43.75	77.50
94	* ST 川化	34.00	17.50
95	* ST 钒钛	48.75	72.00
96	* ST 华泽	30.00	45.00
97	* ST 天仪	31.75	30.00
98	* ST 金宇	39.25	37.50
99	* ST 三泰	56.00	80.00
100	S * ST 前锋	26.00	20.50
	均值	44.28	45.55
	中位数	43.75	45.00
	标准差	12.99	18.83
	最大值	99.50	85.00
	最小值	22.00	10.00
企业得分区间(家)			
	0 分	0	0
	0 ~ 20 分	0	5
	20 ~ 40 分	40	37
	40 ~ 60 分	50	33
	60 ~ 80 分	8	21
	80 分及以上	2	4
	合计	100	100

B.12
后　记

大凡知晓前几年连续出版的《四川企业社会责任研究报告》和全国地方同类蓝皮书的朋友，再看一下这本书，就会发现，这本书是过去已出版的包括四川企业社会责任蓝皮书在内的所有国内地方企业社会责任蓝皮书的升级版。因为它的立意、结构和内容，特别是技术路线和评价标准体系，都是创新的模样。

为了这本带有差异化特质的蓝皮书的出版，北京融智企业社会责任研究院和四川省社会科学院企业社会责任研究与评估中心，反反复复研究了很久，最终共同成立了由融智为主导的课题组，经过一年多的调研和攻关，才得以臻成。

此书在编写过程中，得到了社会科学文献出版社的大力支持，得到了中国社会科学院工业经济研究所、四川省社会科学院有关领导的大力支持，在此表示衷心的感谢。

特别是在调研过程中，得到了成都东创建国汽车贸易公司副总裁、党委书记任川康和科长王囿国，巴山牧业总裁张育贤，家乐福成都分公司总经理张震和吴静瑶、吴微，宜家成都分公司蓝雅琪，中国西部扶贫基金会总裁邹韬和部门负责人余沁佳，成都高新区志愿者协会理事长吴元兵等同志的积极支持。在此一并表示感谢！

由于本皮书的创新性较强，在编写的过程中，北京融智企业社会责任研究院院长王晓光博士和四川省社会科学院平文艺研究员负责全书的策划和终审工作；北京融智企业社会责任研究院的付先凤、王海龙、王桦、丁荣、杨阳、杨敬负责理论研究、评价分析和案例编写工作；四川省社会科学院金融与财贸经济研究所的陈杰副研究员、四川广播电视大学的韩雪参与了初稿统编工作；四川省社会科学院研究生院的张古月、薄涛、肖文艳、郭玲丽等参与了调研和案例编写工作。

2018 四川企业可持续竞争力研究报告课题小组

权威报告·一手数据·特色资源

皮书数据库

ANNUAL REPORT(YEARBOOK) DATABASE

当代中国经济与社会发展高端智库平台

所获荣誉

- 2016年，入选“‘十三五’国家重点电子出版物出版规划骨干工程”
- 2015年，荣获“搜索中国正能量 点赞2015”“创新中国科技创新奖”
- 2013年，荣获“中国出版政府奖·网络出版物奖”提名奖
- 连续多年荣获中国数字出版博览会“数字出版·优秀品牌”奖

成为会员

通过网址www.pishu.com.cn访问皮书数据库网站或下载皮书数据库APP，进行手机号码验证或邮箱验证即可成为皮书数据库会员。

会员福利

- 使用手机号码首次注册的会员，账号自动充值100元体验金，可直接购买和查看数据库内容（仅限PC端）。
- 已注册用户购书后可免费获赠100元皮书数据库充值卡。刮开充值卡涂层获取充值密码，登录并进入“会员中心”—“在线充值”—“充值卡充值”，充值成功后即可购买和查看数据库内容（仅限PC端）。
- 会员福利最终解释权归社会科学文献出版社所有。

数据库充值卡

数据库服务热线：400-008-6695
数据库服务QQ：2475522410
数据库服务邮箱：database@ssap.cn
图书销售热线：010-59367070/7028
图书服务QQ：1265056568
图书服务邮箱：duzhe@ssap.cn

S 基本子库
UB DATABASE

中国社会发展数据库（下设 12 个子库）

全面整合国内外中国社会发展研究成果，汇聚独家统计数据、深度分析报告，涉及社会、人口、政治、教育、法律等 12 个领域，为了解中国社会发展动态、跟踪社会核心热点、分析社会发展趋势提供一站式资源搜索和数据分析与挖掘服务。

中国经济发展数据库（下设 12 个子库）

基于“皮书系列”中涉及中国经济发展的研究资料构建，内容涵盖宏观经济、农业经济、工业经济、产业经济等 12 个重点经济领域，为实时掌控经济运行态势、把握经济发展规律、洞察经济形势、进行经济决策提供参考和依据。

中国行业发展数据库（下设 17 个子库）

以中国国民经济行业分类为依据，覆盖金融业、旅游、医疗卫生、交通运输、能源矿产等 100 多个行业，跟踪分析国民经济相关行业市场运行状况和政策导向，汇集行业发展前沿资讯，为投资、从业及各种经济决策提供理论基础和实践指导。

中国区域发展数据库（下设 6 个子库）

对中国特定区域内的经济、社会、文化等领域现状与发展情况进行深度分析和预测，研究层级至县及县以下行政区，涉及地区、区域经济体、城市、农村等不同维度。为地方经济社会宏观态势研究、发展经验研究、案例分析提供数据服务。

中国文化传媒数据库（下设 18 个子库）

汇聚文化传媒领域专家观点、热点资讯，梳理国内外中国文化发展相关学术研究成果、一手统计数据，涵盖文化产业、新闻传播、电影娱乐、文学艺术、群众文化等 18 个重点研究领域。为文化传媒研究提供相关数据、研究报告和综合分析服务。

世界经济与国际关系数据库（下设 6 个子库）

立足“皮书系列”世界经济、国际关系相关学术资源，整合世界经济、国际政治、世界文化与科技、全球性问题、国际组织与国际法、区域研究 6 大领域研究成果，为世界经济与国际关系研究提供全方位数据分析，为决策和形势研判提供参考。

法律声明